中国社会保障行政案例判解

胡敏洁 等 编著

·北京·
国家行政学院出版社
NATIONAL ACADEMY OF GOVERNANCE PRESS

图书在版编目（CIP）数据

中国社会保障行政案例判解/胡敏洁等编著. —北京：国家行政学院出版社，2023.6

（澄观治库文丛）

ISBN 978-7-5150-2734-0

Ⅰ.①中… Ⅱ.①胡… Ⅲ.①社会保障法—案例—中国 Ⅳ.① D922.182.305

中国版本图书馆 CIP 数据核字（2022）第 246531 号

书　　名	中国社会保障行政案例判解
	ZHONGGUO SHEHUI BAOZHANG XINGZHENG ANLI PANJIE
作　　者	胡敏洁　等编著
责任编辑	王　莹　孔令慧
出版发行	国家行政学院出版社
	（北京市海淀区长春桥路 6 号　100089）
综 合 办	（010）68928887
发 行 部	（010）68928866
经　　销	新华书店
印　　刷	北京盛通印刷股份有限公司
版　　次	2023 年 6 月北京第 1 版
印　　次	2023 年 6 月北京第 1 次印刷
开　　本	170 毫米 ×240 毫米　16 开
印　　张	22.25
字　　数	303 千字
定　　价	68.00 元

本书如有印装问题，可联系调换，联系电话：（010）68929022

前　言

社会保障行政作为民生行政的重要组成部分，关乎社会公平和人民福祉，是实现广大人民群众共享改革发展成果的重要制度安排。习近平总书记2021年2月26日在十九届中央政治局第二十八次集体学习时的讲话中指出，要从立法、执法、司法、守法各环节加强社会保障工作，在法治轨道上推动社会保障事业健康发展。

司法作为社会保障权益最终得以实现的制度保障，在司法裁判中如何理解涉及社会保障的相关立法，如何理解上下班途中、视同工伤、参照规章等不确定法律概念，进而解决法律适用问题，如何对用人单位缴费义务认定、法定退休年龄判断等待遇给付问题进行裁判，进而在程序保障、举证责任分配、审查标准和判决方式等多方面塑造司法中的权益保障取向，是本书编撰的初衷。同时，本书对近年来的新型案件，包括行政协议和规范性附带审查案件审理，以及部分案例进行了判解研究。这些案例的选择并不完全聚焦于最高人民法院裁判的案例，而是以案件的"典型性"为标准，即涉及的法律及事实等问题的审查是该领域较为突出或者容易产生争议的问题。原因在于：社会保障行政受制于财政等多方面因素，尽管各地具有一定的差异性，其他层级法院审理的案件也依然具有参考价值。此外，鉴于职业病高发、相关案件颇多，本书也对这一领域进行了全景式探讨，即以群案研究的方法对2021—2022年（截至2022年3月）涉及职业病认定的行政案件进行了梳理和研究。

社会保障领域的行政案件，尤其是工伤行政案件，一直都在行政诉讼中占据很高的比例。对该领域的案件进行细致剖析，可补充行政诉讼法中的相关问题研究。本书编撰人员为高校教师和博士研究生，熟稔案例研究方法和写作，并长期研习行政法学。当然，对于本书的不足之处，也敬希读者批评指正。特别感谢"澄观治库文丛"的资助，感谢国家行政学院出版社王莹主任和北京师范大学王静副教授为本书作出的努力和贡献。同时，本书也是部门行政法案例研究序列中的一部作品，期待同人有后续精彩作品陆续出版。借此机遇，若能推进我国部门行政法之研究，则也不失为行政法学者社会责任之实现。

浙江大学光华法学院　教授

2023 年 4 月

目 录

第一部分　可诉性 ……………………………………………………… 001

01　程序性行政行为的可诉性判定
王某德诉乐山市人力资源和社会保障局工伤认定案 … 陈锦波　002

02　政策性问题的可诉性
王某鸣劳动和社会保障行政管理（劳动、社会保障）
再审行政裁定书 ………………………………………… 黄　锴　013

03　抚恤金标准的可诉性认定
张某仁诉辉县市人民政府提高抚恤金标准案 …………… 杜昕怡　023

第二部分　法律审查 …………………………………………………… 033

04　"上下班途中"的理解与适用
北京国玉大酒店有限公司诉北京市朝阳区劳动和社会保障局
工伤认定行政纠纷案 …………………………………… 王明喆　034

05　工作原因的认定
孙某兴诉天津新技术产业园区劳动人事局工伤认定行政纠纷案
………………………………………………………………… 施婧葳　044

06　视同工伤的判定
上海温和足部保健服务部诉上海市普陀区人力资源和社会保障局
工伤认定案 ……………………………………………… 陈锦波　054

07 参照规章的认定
　　苏某淮、甘肃省兰州市人力资源和社会保障局再审行政裁定书
　　………………………………………………………… 刘雪鹍　063

08 规范性文件的合法性审查
　　白城市社会医疗保险管理局与郭某贤给付医疗保险待遇行政纠纷
　　再审案 ……………………………………………… 李　方　073

第三部分　事实审查 ………………………………………… 087

09 用人单位缴纳保费的义务
　　上海珂帝纸品包装有限责任公司不服上海市人力资源和社会保障局
　　责令补缴外来从业人员综合保险费案 …………… 施婧葳　088

10 法定退休年龄的认定
　　冯某菊、襄阳市人民政府复议再审行政裁定书 ……… 刘雪鹍　098

11 见义勇为的工伤认定
　　重庆市涪陵志大物业管理有限公司诉重庆市涪陵区人力资源和社会
　　保障局劳动和社会保障行政确认案 ……………… 张怡静　109

12 灵活用工人员的退休待遇给付
　　唐某诉十堰市人力资源和社会保障局劳动和社会保障局因病
　　退（职）休行政确认案 …………………………… 贾鹏臻　119

13 基本养老保险滞纳金的性质
　　刘某与榆次区养老保险管理服务中心行政确认纠纷上诉案
　　…………………………………………………… 安永康　129

14 医疗机构骗保行为的认定
　　广州丰国医院、广州市人力资源和社会保障局劳动和社会保障行政
　　管理（劳动、社会保障）二审行政判决书 ………… 李　方　139

第四部分　程序审查 ………………………………………… 153

15 如何追回基本养老保险待遇
　　巩义市社会保险局与张某劳动保障行政纠纷上诉案 … 安永康　154

16 信息提供与申请权
　　唐某君诉兰溪市人民政府工伤认定案 ……………… 汪敬涛　164

第五部分　举证责任……………………………………… 177

17 行政诉讼中原告延迟举证的法律后果
　　松业石料厂诉荥阳市劳保局工伤认定案 ……………… 王明喆　178
18 证明责任规则下因"工作原因"致伤的工伤认定
　　铃王公司诉无锡市劳动局工伤认定决定行政纠纷案 … 张怡静　188
19 行政诉讼原告举证责任
　　苏某诉厦门市同安区民政局、同安区街道办事处、凤山居委会低保待遇给付案 ………………………………………… 李　方　199
20 欠缴与工伤保险待遇支付
　　张某明与沐川县社会保险事业管理局等行政给付纠纷案
　　 ……………………………………………………… 汪敬涛　212

第六部分　审查标准及判决方式………………………… 225

21 行政首次判断权原则
　　夏某铎、洛阳市人民政府再审审查与审判监督行政裁定书
　　 ………………………………………………………… 黄　锴　226
22 裁判时机成熟时行政机关直接判决给付内容
　　吴某如诉天津市社会保险基金管理中心和平分中心确认拒绝支付养老金违法案 ………………………………………… 杜昕怡　235
23 二审改判方式选择
　　陈某等诉衡阳市珠晖区人民政府行政给付纠纷案 …… 汪敬涛　245
24 第三人民事赔偿与工伤保险待遇兼得
　　巴中市恩阳区社会保险事业管理局与吴某兰、黄某再审行政判决书
　　 ……………………………………………………… 朱可安　262

第七部分　行政协议案件审理及规范性文件附带审查……… 275

25　约定超龄人员不享受工伤保险待遇的行政协议条款无效
李某兵与启东市医疗保险基金管理中心行政给付二审行政判决书
………………………………………………………… 朱可安　276

26　终止定点医药机构协议行为的性质认定
绍兴福聚堂药店、绍兴市越城区社会保险事业管理服务中心一审行政判决书 ……………………………………… 陈　明　288

27　规范性文件的附带审查
徐某英诉山东省五莲县社会医疗保险事业处不予报销医疗费用案
………………………………………………………… 李　方　298

第八部分　职业病工伤案件裁判综述……………………… 315

28　职业病工伤案件裁判综述：以2021—2022年裁判案例为考察对象
………………………………………………………… 汪敬涛　316

第一部分

可诉性

01

程序性行政行为的可诉性判定

王某德诉乐山市人力资源和社会保障局工伤认定案[①]

陈锦波　中国政法大学诉讼法学研究院

提要　最高人民法院指导性案例第 69 号确认了程序性行政行为的可诉性。最高人民法院指出,当事人认为行政机关作出的程序性行政行为侵犯其人身权、财产权等合法权益,对其权利义务产生明显的实际影响且无法通过提起针对相关的实体性行政行为的诉讼获得救济,而对该程序性行政行为提起行政诉讼的,人民法院应当依法受理。

一、案件事实与争议焦点

原告王某德之子王某兵是四川嘉宝资产管理集团有限公司峨眉山分公司的职工。王某兵于 2013 年 3 月 18 日驾驶摩托车行驶时出交通事故死亡,但四川省峨眉山市公安局交警大队无法查清王某兵的摩托车发生翻覆的具体原因。因此,该交警大队并未出具《道路交通事故责任认定书》,而是根据《道路交通事故处理程序规定》第 50 条的规定作出了一份《道路交通事故证明》,该《道路交通事故证明》描述了上述交通事故发生的时间、地点及人员伤亡和财产损失情况,但未记载该交通事故发生的具体原因。

2013 年 4 月 10 日,本案第三人四川嘉宝资产管理集团有限公司峨眉山分公司就其职工王某兵之死是否属于工伤,向被告乐山市人力资源和社会保障

[①] 裁判文书为四川省乐山市市中区人民法院(2013)乐中行初字第 36 号行政判决书。

局申请工伤认定,同时将峨眉山市公安局交警大队所作的《道路交通事故证明》等作为证据提交。但乐山市人力资源和社会保障局并未就四川嘉宝资产管理集团有限公司峨眉山分公司的申请及时作出王某兵之死是否属于工伤的认定结论,而是以公安机关交通管理部门没有出具《道路交通事故责任认定书》为由,决定中止该工伤认定,同时向原告和第三人作出并送达了《工伤认定时限中止通知书》。

2013年6月24日,原告向被告提交了《恢复工伤认定申请书》,要求被告恢复对王某兵的工伤认定,但被告在收到该《恢复工伤认定申请书》后,并未恢复对王某兵的工伤认定程序。因此,原告在2013年7月30日向四川省乐山市市中区人民法院提起行政诉讼,请求法院判决撤销被告作出的《工伤认定时限中止通知书》。

2013年9月25日,四川省乐山市市中区人民法院作出(2013)乐中行初字第36号判决,撤销被告乐山市人力资源和社会保障局于2013年4月10日作出的乐人社工时〔2013〕05号《工伤认定时限中止通知书》。一审宣判后,被告乐山市人力资源和社会保障局不服,向乐山市中级人民法院提起了上诉。但在二审审理过程中,乐山市人力资源和社会保障局依法向法院申请撤诉,乐山市中级人民法院经审查予以准许。

本案主要存在两个争议焦点:(1)乐山市人力资源和社会保障局作出的《工伤认定时限中止通知书》是否属于可诉行政行为;(2)乐山市人力资源和社会保障局作出的《工伤认定时限中止通知书》应否予以撤销。

二、法院的推理与逻辑

四川省乐山市市中区人民法院所作一审判决书中归纳的上述两个争议焦点,实际上是紧密相连、层层递进的。首先,法院通过论证乐山市人力资源和社会保障局作出的《工伤认定时限中止通知书》对原告实体性权利造成了实质影响,且原告无法通过提起针对相关实体性行政行为的诉讼而获得救济,得出乐山市人力资源和社会保障局所作出的《工伤认定时限中止通知书》虽然属于程序性行政行为但可诉的结论。在此基础上,通过论证公安机关交通管理部门作出的《道路交通事故证明》即《工伤保险条例》第20条第3款所提及的司法机关或者有关行政主管部门所作出的结论,来说明乐山市人力资源和社会保障局是在适用错误法律规范的前提下作出的《工伤认定时限中止通知书》,因此应当予以撤销。具体分析如下:

(一)《工伤认定时限中止通知书》的法律性质和法律效果

在本案中,正如法院所指出的,《工伤认定时限中止通知书》是一种程序性行政行为。一般的程序性行政行为仅仅是一种中间行为,并非行政机关所作出的最终行政决定。因此,程序性行政行为一般不具有可诉性。然而,在本案中,法院认为程序性行政行为是否具有可诉性,应当依照如下三个标准来判断:一是该程序性行政行为是否具有终局性,二是这种程序性行政行为是否会对行政相对人的权利义务产生实质影响,三是行政相对人是否存有其他救济途径。如果对于前两个问题的回答是肯定的,且对第三个问题的回答是否定的,那么该程序性行政行为具有可诉性。

根据我国《道路交通安全法》(2011年)第73条的规定,公安机关交通管理部门应当及时对交通事故作出认定,"交通事故认定书应当载明交通事故的基本事实、成因和当事人的责任"。在无法查清交通事故的成因时,公安机关交通管理部门可根据《道路交通事故处理程序规定》(2008年)第50条的规定,出具《道路交通事故证明》,并在该《道路交通事故证明》上"载明道路交通事故发生的时间、地点、当事人情况及调查得到的事实"。就本案而言,峨眉山市公安局根据现场调查的情况,确实无法查清导致王某兵发生摩托车翻覆这一后果的原因,因此只能依法出具《道路交通事故证明书》,而无法作出《道路交通事故认定书》。乐山市人力资源和社会保障局以公安机关交通管理部门尚未出具《道路交通事故认定书》为由而作出《工伤认定时限中止通知书》的做法，实际上产生了"终止"而非"中止"工伤认定程序的效果。因此，乐山市人力资源和社会保障局此时中止工伤认定程序的行为并非中间行政行为，相反，这一行为具有终局效力。乐山市人力资源和社会保障局的这一中止决定，将直接导致原告王某德的合法权益长期甚至永久性地无法获得救济。这显然对原告的权利义务造成了实质影响。而且，由于行政机关并未作出任何实体性的行政行为，因此原告王某德也无法通过针对其他相关实体性行政行为提起行政诉讼的方式来对自身的合法权利加以救济。概言之，乐山市人力资源和社会保障局的该程序性行政行为符合前文所述的三大可诉性判断标准。也即，乐山市人力资源和社会保障局所作出的该《工伤认定时限中止通知书》具备可诉性，应当纳入行政诉讼的受案范围。

（二）表明法院对于《工伤认定时限中止通知书》的裁判立场

乐山市人力资源和社会保障局作出《工伤认定时限中止通知书》的重要依据是《工伤保险条例》第 20 条第 3 款。《工伤保险条例》第 20 条第 3 款规定：作出工伤认定决定需要以司法机关或者有关行政主管部门的结论为依据的，在司法机关或者有关行政主管部门尚未作出结论期间，作出工伤认定决定的时限中止。也即，乐山市人力资源和社会保障局认为，要启动工伤认定程序并最终作出工伤认定与否的决定，需要有司法机关或者有关行政主管部门的结论，而公安机关交通管理部门针对王某兵交通事故所出具的《道路交通事故证明》并非有关行政主管部门的结论，因此应当中止工伤认定的相关程序。然而，这实质上是乐山市人力资源和社会保障局不区分实际情况而对相关法律规范所作的僵化理解。实际上，由于峨眉山市公安局因客观原因已经无法查清导致王某兵发生交通事故的原因，所示对王某兵出具《道路交通事故认定书》属于客观不能。此时，公安机关交通管理部门针对王某兵交通事故只能依法出具《道路交通事故证明》，这一证明实际上即《工伤保险条例》第 20 条第 3 款规定的"司法机关或者有关行政主管部门的结论"。因此，乐山市人力资源和社会保障局根据《工伤保险条例》第 20 条的规定而作出《工伤认定时限中止通知书》，实际上属于适用法律、法规错误，根据《行政诉讼法》（1989 年）第 54 条第 2 项第 2 目的规定，应当判决予以撤销。

此外，在法院撤销乐山市人力资源和社会保障局作出的《工伤认定时限中止通知书》判决生效后，被告乐山市人力资源和社会保障局对涉案职工王某兵的工伤认定程序即应予以恢复。

总之，法院认为，虽然乐山市人力资源和社会保障局作出的《工伤认定时限中止通知书》属于程序性行政行为，但由于该行为具有终局性、对相对人权利义务产生实质影响且相对人无法通过其他途径获得权利救济，因此该程序性行政行为具有可诉性。同时，在公安机关交通管理部门根据客观实际情况只能作出《道路交通事故证明》的情形下，被告乐山市人力资源和社会保障局仍然以王某兵所涉交通事故尚未有司法机关或者有关行政主管部门的结论为由中止相关工伤认定程序，属于适用法律、法规错误，应当予以撤销。

三、学理归纳

本案所涉及的行政法理论问题实际上是围绕程序性行政行为而展开的，本案主要解决了程序性行政行为是否可诉的问题。在理论和实务中，对于程序性行政行为的概念、特征、形式、违反后果等基本问题均尚未达成一致意见。

（一）程序性行政行为的概念及其法律属性

在最高人民法院发布的第 69 号指导性案例中，其裁判要旨的重点在于论证程序性行政行为可诉性的标准。然而，讨论程序性行政行为的可诉性标准的前提是：法院必须首先判断案涉行政行为是否属于程序性行政行为。

在我国，程序性行政行为并非法律概念，而仅仅是一个学理概念。程序性行政行为是对于实体性行政行为而言的，最早是学者根据行政行为是否会直接对行政相对人的权利义务产生影响而划分出的一种行政行为类型。[①]同时，学界至今对程序性行政行为的表述也不尽一致。归纳而言，大致存在"程序性行政行为"[②]"程序行政行为"[③]"行政程序行为"[④]"行政预备行为"[⑤]"程序性行为"[⑥]"过程行为"[⑦]等几种表述方式。这反映了学者对程序性行政行为的内涵、外延等的理解还存在分歧。判断案涉行政行为是否属于程序性行政行为是最高人民法院第69号指导性案例的适用前提。因此，为保证该号指导性案例的有效和顺畅适用，有必要在把握程序性行政行为的核心特征的基础上抽象出该种行政行为的概念内涵。

就行政法学界目前对于程序性行政行为的论述来说，尽管学者对于程序性行政行为的认识还存在差异，但至少对以下三点已经达成共识。第一，程序性行政行为的实施主体为行政主体。虽然程序性行政行为实施过程中，会涉及行政主体、行政相对人以及其他行政参与人，但是程序性行政行为的作出主体只能是行政机关以及法律、法规和规章授权的组织。[⑧]第二，程序性行政行为的主要目的在于实现行政实体决定的内容，具有辅助性和补充性。[⑨]第三，程序性行政行为不直接处分行政相对人的实体权利义务，但会对行政相对人的实体权利义务产生影响。

---

① 参见应松年主编《行政法学教程》，中国政法大学出版社1988年版，第195页。
② 参见崔卓兰主编《行政法与行政诉讼法》，人民出版社2010年版，第162页。
③ 参见胡建淼《行政法学》，法律出版社1998年版，第282页。
④ 参见应松年主编《当代中国行政法》（上卷），中国方正出版社2005年版，第523—525页。
⑤ 参见叶必丰《行政行为原理》，商务印书馆2014年版，第162页。
⑥ 参见邹荣主编《行政法学》，上海人民出版社2004年版，第54页。
⑦ 赵大光、杨临萍、王振宇：《〈关于审理行政许可案件若干问题的规定〉的理解与适用》，《人民法院报》2010年1月6日。
⑧ 《行政诉讼法》（2015年）修订后，增列规章授权的组织为一类行政主体。
⑨ 当然，也有学者主张程序性行政行为的独立性价值。参见杨科雄《试论程序性行政行为》，《法律适用》2010年第8期。

基于以上认识,可对程序性行政行为作如下定义:行政机关以及法律、法规和规章授权的组织为了实现行政决定的实体内容而实施的对行政相对人权利义务产生间接影响的辅助性行政行为。

(二)程序性行政行为是否可诉

根据相关学者的实证考察,在王某德案被最高人民法院作为第 69 号指导性案例予以发布之前,法院对"程序性行政行为是否可诉"的问题均呈现否定的态度。[1] 法院这种一边倒的立场,主要是基于以下三点考量。

第一,法院认为行政机关所作的程序性行政行为不是《行政诉讼法》(2015 年)中所规定的行政行为。持此种观点的法院认为,《行政诉讼法》(2015 年)第 2 条规定的行政行为应当是行政主体作出的最终的、能够直接影响行政相对人权利义务的行为。例如,在李某银与成都市国土资源局行政纠纷案中,法院就认为成都市国土资源局的调查确认行为属于程序性行为,不是基于行政法而设定权利义务的行为,也非直接形成最终的行政行为,因此拒绝将之纳入行政诉讼的受案范围。[2]

第二,法院认为行政机关所作的程序性行政行为不具有独立性,而通常是依附于一定的实体性行政行为,因而没有必要单独对该程序性行政行为进行司法审查。例如,在谷某华诉福泉市人民政府安置补偿案中,法院即认为福泉市人民政府所作的公告"是一种程序性行政行为,不是独立存在并发生法律效力的行政行为,不具有可诉性"。[3] 再如在上述李某银与成都市国土资源局行政纠纷案中,法院拒绝将该国土资源局的调查确认纳入行政诉讼的另一原因,在于作为程序性行政行为的该调查确认行为是目的性行政行为[4] 的一部分,可以将该程序性行政行为作为目的性行政行为合法性审查的标准,"但

---

[1] 参见宋烁《论程序行政行为的可诉标准》,《行政法学研究》2018 年第 4 期。
[2] 参见四川省成都高新技术产业开发区人民法院(2015)高新行初字第 375 号行政裁定书。
[3] 参见贵州省高级人民法院(2015)黔高立行终字第 26 号行政裁定书。
[4] 目的性行政行为在该案中指四川省人民政府作出的川府土〔2013〕168 号征地批文。

没有必要作为行政诉讼的诉讼标的，即被诉对象单独进入司法审查程序"①。

第三，法院认为行政机关所作的程序性行政行为并未对行政相对人的权利义务产生实际影响。这与上述第一点不同之处在于，法院并不是根据行政主体的行为本身，而是根据该行为所导致的后果来判断是否应当将某一事项纳入行政诉讼的受案范围。例如，在伍某娥诉峨眉山市公安局行政赔偿案中，法院就认为被告所作的《行政赔偿决定书》属于程序性行政行为，并不对原告的权利义务产生实际影响，因此不属于行政诉讼的受案范围。②

然而，上述否定程序性行政行为具有可诉性的考量并不充分。首先，当前不管学界还是实务界，实际上并未就行政行为的内涵和外延达成共识。在对行政行为未形成统一认识的情况下，以"是否属于行政行为"来判断程序性行政行为是否可诉本身就存在困难。而且，即使适用"是否属于行政行为"的判断标准，也不应一概将程序性行政行为排除出行政诉讼的受案范围，这是与《行政诉讼法》（2015年）扩张行政诉讼受案范围的立法意图相背的。其次，"程序性行政行为只能依附于实体性行政行为"的观点在本质上反映了对相对人程序性权利的极端忽视。但现代的行政法理论已经日渐承认行政相对人程序性权利的独立价值，而且我国的立法和司法实务也极力主张程序在行政权行使中的重要价值。在立法上，我国《行政诉讼法》（2015年）区分了行政行为违反法定程序、行政行为轻微程序违法和行政行为违反正当法律程序等情形；在司法上，我国的司法实务在日渐强调程序的价值。③ 最后，以程序性行政行为没有最终影响行政相对人的权利义务而拒绝将该程序性行政行为纳入行政诉讼受案范围，一方面将可能导致行政相对人合法权益无法获得及时救济的后果，另一方面将可能对行政相对人的合法权益造成进一步的损

---

① 参见四川省成都高新技术产业开发区人民法院（2015）高新行初字第375号行政裁定书。
② 参见四川省乐山市市中区人民法院（2015）乐中行初字第34号行政裁定书。
③ 例如，在1999年的田某诉北京科技大学拒绝颁发毕业证、学位证案中，法院即弘扬了正当行政程序的重要价值。该案后来还被最高人民法院作为第38号指导性案例予以发布，对全国各层级法院的相关审判产生了重要影响。

害。[①]这些显然都不是制度设计者的初衷。

总之,基于以上因素的考虑,笔者认为可以将程序性行政行为纳入行政诉讼受案范围。当然,程序性行政行为的可诉性标准应当予以科学设定。

(三)程序性行政行为的可诉性标准

从最高人民法院第 69 号指导性案例的裁判要点看,最高人民法院在判断程序性行政行为是否可诉时,实际上遵循的是"对相对人权利义务产生明显的实际影响+无法起诉相关实体性行政行为"的判断标准。也就是说,只有同时满足上述两个要件,程序性行政行为才可以被纳入行政诉讼的受案范围。

其一,行政主体的程序性行政行为对相对人权利义务产生了明显且实际的影响。这包括两方面的意涵。一方面,行政主体的程序性行政行为实际影响了相对人的权利义务。正如第 69 号指导性案例的裁判理由部分指出的,如果该程序性行政行为不对相对人的权利义务产生终局性的实际影响,那么该行政行为还不成熟,也就丧失了可诉性的基础,因而不应被纳入行政诉讼的受案范围。另一方面,行政主体的该程序性行政行为对相对人权利义务的影响应当是明显的。

其二,行政相对人无法起诉与程序性行政行为相关的实体性行政行为。这是在确认行政主体的程序性行政行为会对相对人产生明显的实际影响的基础上,判断该程序性行政行为能否进入行政诉讼的进一步标准。也就是说,如果此时行政相对人还可以通过起诉相关的实体性行政行为而获得救济,那么该程序性行政行为仍然不具备可诉性。

笔者认为,最高人民法院所确立的判断程序性行政行为是否可诉的上述

---

① 正如有的学者所言,"程序行政行为可能阻却实体行政行为的作出,从而排除当事人实现权益的可能性",这将可能进一步损及当事人的相关权益。参见宋烁《论程序行政行为的可诉标准》,《行政法学研究》2018 年第 4 期。

两个标准是可以商榷的。首先，第 69 号指导性案例所确立的第一个判断标准实际上与原审法院的裁判有出入。原审法院的裁判只是指出行政主体的程序性行政行为必须对相对人权利义务产生实际影响，但并未对这种实际影响的程度作出限定。第 69 号指导性案例则对此作了更为严格的限定（实际影响必须达到明显的程度），这种限定必然导致一部分与程序性行政行为相关的案件被排除出行政诉讼的受案范围。这与第 69 号指导性案例旨在放宽程序性行政行为可诉性标准的初衷显然是背道而驰的。而且，如何在具体个案中把握"明显"的司法审查标准，也将成为下级法院裁判类案时的新困难，这也将削弱第 69 号指导性案例的指导意义。其次，就第 69 号指导性案例确立的第二个判断标准来说，虽然其对以往法院的裁判立场有所突破，但实际上还是将"程序性行政行为具备可诉性"作为一种例外情形来对待的。最高人民法院立场的背后，实际上还蕴含着程序性行政行为依附于实体性行政行为的传统理论考量。也即，只有在程序性行政行为真正具有独立性时，该程序性行政行为才具备可诉性。

针对上述情形，考虑到我国司法审判的实际情况，笔者认为，可以分两步来建立"程序性行政行为是否可诉"的判断标准：第一步，在当前，可以先确立"程序性行政行为对相对人权利义务产生实际影响"和"该程序性行政行为没有可依附的行政实体决定"的可诉性判断标准。第二步，在程序的独立价值为公众所普遍接受时，可以将程序性行政行为的可诉性标准直接确定为"该程序性行政行为是否对相对人权利义务产生实际影响"。

四、遗留问题与展望

相较于司法机关的传统立场，最高人民法院发布的第 69 号指导性案例有其突破性的地方。它第一次旗帜鲜明地将程序性行政行为纳入行政诉讼的受案范围。然而，从以上的分析可知，最高人民法院的这种突破实际上还是保守且谨慎的：一方面，最高人民法院对程序性行政行为影响相对人权利义务的程度作出了明确限制；另一方面，最高人民法院还坚持只有缺乏可诉的相关实体性行政行为时，该程序性行政行为才可诉。这两方面都极大地限制了程序性行政行为进入行政诉讼的通道。未来最高人民法院在这两方面能否实现进一步的突破，还需要进一步的观察和归纳。

02

政策性问题的可诉性

王某鸣劳动和社会保障行政管理（劳动、社会保障）再审行政裁定书[①]

黄 锴　浙江工业大学法学院

提要　本案中，法院基于对《行政诉讼法》（2015年）第12条第1款第10项的狭义解释认为王某鸣等14人要求办理社会保险的诉讼请求不属于行政诉讼的受案范围。法院进一步指出，乡镇（公社）老放映员的社会保险待遇系政策性问题，由于法院只能作合法性审查，因此，这一问题交由行政机关处理更为合适。

一、案件事实与争议焦点

本案为一起最高人民法院受理的再审案件，再审申请人（一审起诉人、二审上诉人）王某鸣等14人，再审被申请人（一审被告、二审被上诉人）徐州市人民政府、徐州市信访局。王某鸣等14人自1970年初开始从事农村电影放映工作，至今仍在从事该工作。2002年以来，国务院、江苏省政府、徐州市政府先后发布了《国务院办公厅转发文化部国家计委财政部关于进一步加强基层文化建设指导意见的通知》《江苏省政府办公厅转发省文化厅、省财政厅、省劳动保障厅关于加强农村电影放映工作意见的通知》（苏政办发

---

① 一审裁判文书为江苏省徐州市中级人民法院（2016）苏03行初字第650号行政裁定书，二审裁判文书为江苏省高级人民法院（2017）苏行终字第195号行政裁定书，再审裁判文书为最高人民法院（2017）最高法行申4776号行政裁定书。

〔2006〕69号）、《江苏省委办公厅、省政府办公厅关于进一步加强农村电影工作的意见》（苏办发〔2009〕25号）、《江苏省广电局、省人力资源和社会保障厅、省财政厅关于妥善解决乡镇（公社）老放映员历史遗留问题的实施意见》（苏广发〔2013〕24号）、《徐州市政府办公室转发市文化局等部门关于加强农村电影放映工作的实施意见的通知》（徐政办发〔2007〕87号）等文件，以解决农村电影放映队伍的编制、待遇问题。2013年，徐州市信访局发布《关于妥善解决老放映员历史遗留问题的处理意见》，根据该文件，符合条件的农村电影放映员可以按照2013年城镇低保标准申领一次性补助。王某鸣等14人认为该文件与国务院、江苏省政府、徐州市政府的上述文件规定不一致，并以国务院、江苏省政府、徐州市政府的上述文件为据，要求徐州市政府为其办理社会养老保险。一审法院江苏省徐州市中级人民法院于2016年12月15日作出（2016）苏03行初字第650号行政裁定书，对王某鸣等14人的起诉不予立案。王某鸣等14人不服提起上诉后，江苏省高级人民法院于2017年5月18日作出（2017）苏行终字第195号行政裁定书，驳回上诉、维持一审裁定。王某鸣等14人不服二审裁定，向最高人民法院申请再审。

本案中，王某鸣等14人的诉求实质上是要求徐州市人民政府按照国务院、江苏省政府、徐州市政府制定的相关政策文件为其办理社会养老保险。《行政诉讼法》（2015年）第12条规定了行政诉讼的受案范围，易言之，并非对任何行政行为的争议均可进入行政诉讼程序当中。以人民公社时期农村电影放映员的身份要求政府办理社会养老保险的诉求能否得到法院支持的前提，在于该行为是否属于行政诉讼的受案范围。本案再审裁定书即围绕这一核心争点展开论述。

二、法院的推理与逻辑

针对王某鸣等14人要求徐州市人民政府为其办理社会养老保险的诉讼请

求是否属于行政诉讼受案范围的争议焦点,法院的裁判思路大抵可以分为三步:第一步,对该诉讼请求作出定性;第二步,对行政诉讼的受案范围作出厘定,并据此作出该诉讼请求不属于行政诉讼受案范围的推论;第三步,虽不能通过行政诉讼得到解决,但有更为适宜的解决途径。其中前两步直接导出了裁定书最后驳回再审申请的结论,第三步的作用主要在于补充前两步的论证思路及引导再审申请人更好地保障自身的权利。

(一)诉讼请求的定性

在本案中,法院面对的首要问题是对王某鸣等14人要求办理社会养老保险的诉讼请求作出界定,在此基础上方能对其是否属于受案范围作出判断。要求办理社会养老保险的本质是通过行使给付请求权要求行政机关履行给付义务。需要进一步追问的是,这种给付请求权或者给付义务的来源为何。法院引述了国家广播电影电视总局、人社部、财政部发布的《关于妥善解决乡镇(公社)老放映员历史遗留问题的指导意见》以及江苏省政府、徐州市政府所发布的苏政办发〔2006〕69号文、苏办发〔2009〕25号文、苏广发〔2013〕24号文、徐政办发〔2007〕87号文的相关规定。这些文件对妥善解决乡镇(公社)老放映员即"凡1993年12月31日(含)之前,曾被乡镇(公社)正式选用的农村电影放映人员……或能提供当年被乡镇(公社)。以上人民政府主管部门选用的有相关文件的人员"的保障和生活困难提出了指导意见和解决措施。这些文件并非法律、法规、规章,而是行政机关所制定的行政规定,由于其涉及解决乡镇(公社)老放映员的编制和待遇问题,具有很强的政策性,因此被法院称为"政策性文件"。

通过以上对法律规范的梳理可以看到,王某鸣等14人要求行政机关履行办理社会养老保险的给付义务的依据并非法律、法规、规章,而系行政机关所制定的政策性文件。因此,法院在第一步的分析中给出了"王某鸣等14人于本案提出的要求徐州市人民政府为其办理社会养老保险的诉讼请求,就是要求人民法院通过行政诉讼监督地方政府落实上述政策"的定性。

（二）是否属于受案范围的判断

《行政诉讼法》（2015年）第12条对人民法院受理公民、法人或者其他组织提起的行政案件种类进行了列举。这意味着并非所有行政案件均可纳入行政诉讼当中，其背后的原因是，行政诉讼的受案范围涉及法院对行政机关行为合法性审查的范围，某些行为并不适宜纳入法院合法性审查的范围中，因此应当将其排除出行政诉讼的受案范围。在本案中，法院将王某鸣等14人的诉讼请求进行定性后，需要对受案范围进行判断，即"要求人民法院通过行政诉讼监督地方政府落实上述政策"的诉讼请求是否属于行政诉讼的受案范围。

在本案一审、二审中，王某鸣等14人提出本案应属于《行政诉讼法》（2015年）第12条第1款第10项所列举的受案范围。《行政诉讼法》（2015年）第12条第1款第10项规定，认为行政机关没有依法支付社会保险待遇的应当纳入行政诉讼受案范围。对此，法院通过解释论证，认为本案并非《行政诉讼法》（2015年）第12条第1款第10项所规定的情形，不应纳入行政诉讼的受案范围。法院的论证思路大抵可以归纳为以下两点。

其一，"依法"是指依据法律、行政法规，并不包含政策性文件。法院认为，《行政诉讼法》（2015年）第12条第1款第10项所规定的认为行政机关没有依法支付社会保险待遇中的"依法"应当是依据《社会保险法》等法律、行政法规。具言之，唯有对行政机关违反法律、行政法规的规定不予支付社会保险待遇、侵犯行政相对人社会保险权益的行为方可提起行政诉讼。而在本案中，王某鸣等14人要求办理社会保险的依据为政策性文件，而非法律、行政法规，因此其并不属于该项所规定的范围。

其二，享受社会保险待遇的前提是缴纳社会保险费。根据《社会保险法》的规定，养老保险、工伤保险、失业保险、生育保险等各项保险待遇的享受均须以劳动者和用人单位前期缴纳社会保险费为基本前提。据此，法院认为，社会保险是一种缴费性的社会保障，唯有缴纳了社会保险费，才能享有社会保险权益，才具有对社会保险待遇的给付请求权，方能提起行政诉讼。王某鸣等14人从事农村电影放映工作以来，从未缴纳过社会保险费，因此也不享有社会保险权益，当然也不能通过诉讼请求法院对其权利进行保障。

（三）更适宜的解决途径

法院将本案排除出行政诉讼的受案范围，并不等于王某鸣等14人要求办理社会保险的诉求不能实现。法院接着上一步的论证，进一步地论证了法院不能受理的深层次原因，并为王某鸣等14人维护自身权利给出了更适宜的解决途径。

首先，法院指出，本案属于历史遗留问题，涉及国家对人民群众切身利益相关事项的政策性安排，无法在现行的法律制度框架内进行合法性评价，而行政诉讼以"合法性审查"为限，因此，行政诉讼很难对本案给出妥当的解决方案。

其次，法院站在王某鸣等14人的立场上，给出了维护自身权利的更好途径。对于乡镇（公社）老放映员的编制和待遇等历史遗留问题，需要由当地政府及其行政主管部门结合本地实际情况研究制定具体实施方案，采取有效措施予以妥善解决。因此，通过行政程序予以解决将更有利于王某鸣等14人权利的保障。

三、学理归纳

在本案中，法院驳回王某鸣等14人起诉的原因可拆分为两点，分别在法院推理的第二步和第三步中得以体现。就规范层面而言，之所以驳回起诉，是因为"办理社会保险"的诉求并不属于行政诉讼的受案范围，但更深层次的原因是，本案涉及"政策性安排"，由行政机关处理比法院更为适宜。以下就这两点，分别作学理检视。

（一）社会保障行政的可诉性

《宪法》第45条规定："中华人民共和国公民在年老、疾病或者丧失劳动能力的情况下，有从国家和社会获得物质帮助的权利。国家发展为公民享受这些权利所需要的社会保险、社会救济和医疗卫生事业。国家和社会保障残废军人的生活，抚恤烈士家属，优待军人家属。国家和社会帮助安排盲、聋、哑和其他有残疾的公民的劳动、生活和教育。"这是我国实行社会保障制度的宪法依据，行政机关不仅拥有实施干预行政维护公共秩序的职责，也拥有实施社会保障行政确保公民生存和发展的职责。行政机关在实施干预行政时若侵害公民、法人或者其他组织的合法权益的，公民、法人或者其他组织有权提起行政诉讼，那么，行政机关在实施社会保障行政时若侵害公民、法人或者其他组织的合法权益的，公民、法人或者其他组织是否亦可提起行政诉讼呢？1989年的《行政诉讼法》第11条第1款第6项将"认为行政机关没有依法发给抚恤金的"纳入行政诉讼的受案范围。而后，《城市居民最低生活保障条例》《社会保险法》《社会救助暂行办法》先后出台，对纳入行政诉讼中的社会保障行政予以不断扩张。2015年的《行政诉讼法》对此进行了回应，该法第12条第1款第10项规定"认为行政机关没有依法支付抚恤金、最低生活保障待遇或者社会保险待遇的"可以提起行政诉讼。该项规定被认为是将社会保障行政纳入行政诉讼受案范围的关键修改，有学者指出："无论是抚恤金、社会保险待遇，还是最低生活保障待遇，都是公民生活需要的社会保障，也是给付行政条件下，服务型政府的必然要求。行政机关没有依法发放的，公民、法人和其他组织有权提起诉讼。"[1]但尚不明确的两个问题如下，且

---

[1] 应松年主编《〈中华人民共和国行政诉讼法〉修改条文释义与点评》，人民法院出版社2015年版，第32—33页。

对这两个问题的争议也在本案中得到集中体现。

其一，可以通过行政诉讼予以救济的社会保障行政是否仅限于法律明定的这三类。根据权威解释，《行政诉讼法》（2015年）第12条第1款第10项仅包含了社会优抚、最低生活保障、社会保险三种类型的社会保障行政。[1] 但有学者对此提出不同的观点："社会保障权利不限于该项列举的项目，法律、法规、规章规定的所有社会保障权利，都应当属于《行政诉讼法》保护的权利范围。甚至一些地方政府进行改革，以规范性文件形式确立的社会保障权利，也属于《行政诉讼法》的权利范围。"[2] 据此观点，可以通过行政诉讼予以救济的社会保障行政远不限于这三类，而应包括法律、法规、规章，乃至行政规定所规定的各类社会保障行政。在本案中，王某鸣等14人依据国务院、江苏省政府、徐州市政府发布的行政规定要求徐州市人民政府为其办理社会保险，法院认为，行政诉讼予以救济的社会保障行政必须是法律、法规、规章所规定的，不能是行政规定所规定的，可见，法院并未采纳后一种观点。

其二，可以通过行政诉讼予以救济的社会保障行政是否仅限于财物的给付。社会保障行政一般可以分为两个阶段：第一阶段是资格的认定，第二阶段是财物的给付。如在社会保险领域，行政相对人应当先到社保部门办理社会保险，取得社会保险的受益资格，其后才能在风险出现时获取社会保险待遇。根据《行政诉讼法》（2015年）第12条第1款第10项的规定，可诉的行为系支付抚恤金、支付最低生活保障待遇、支付社会保险待遇，显然均属于第二阶段行政机关所作的财物的给付。有学者据此提出，"行政机关未按法定标准、期限发放抚恤金或支付最低生活保障待遇、社会保险待遇，构成对公民合法权益侵害的，公民有权提起行政诉讼"[3]，言下之意，第一阶段资格认定中行政机关所作行为并不包含在《行政诉讼法》（2015年）第12条第1款第

---

[1] 信春鹰主编《中华人民共和国行政诉讼法释义》，法律出版社2014年版，第42页。
[2] 江必新主编《新行政诉讼法专题讲座》，中国法制出版社2015年版，第60页。
[3] 马怀德主编《新编中华人民共和国行政诉讼法释义》，中国法制出版社2014年版，第52页。

10 项的意涵之中。在本案中，法院吸收了这一观点，认为只有在享有上述权利的前提下，当事人才能依照《行政诉讼法》(2015 年) 第 12 条第 1 款第 10 项规定以行政机关没有支付社会保险待遇为由提起行政诉讼。由于王某鸣等 14 人要求办理社会保险系第一阶段资格认定中的行为，因此不具有可诉性。

经过上述分析，可以看到，法院在分析社会保障行政的可诉性时，对《行政诉讼法》(2015 年) 第 12 条第 1 款第 10 项作了狭义解释，从而导出本案所涉社会保障行政不具有可诉性的结论。

（二）政策性问题的司法审查

对《行政诉讼法》(2015 年) 第 12 条第 1 款第 10 项的狭义解释体现了法院对本案裁判给出的规范解释，但法院更深层次的考虑是"由于该类历史遗留问题涉及国家对人民群众切身利益相关事项的政策性安排，无法在现行的法律制度框架内进行合法性评价，更加适宜通过行政程序解决"。相似的表述在最高人民法院以往的判决中也有体现，如在张某诉吉林省伊通满族自治县人民政府辞退民办教师行为案中，法院指出，伊通县政府对张某的口头辞退行为，是根据国家有关民办教师清理政策规定，结合当地实际，作出的政策性处理行为，人民法院对该行为无法进行合法性审查，本案不属于行政诉讼的受案范围。[1] 从这两段表述中，可以推导出最高人民法院对于政策性问题司法审查的基本态度，即政策性问题不宜纳入司法审查，其背后的原因是行政诉讼的合法性审查原则。

《行政诉讼法》(2015 年) 第 6 条规定："人民法院审理行政案件，对行政行为是否合法进行审查。"该条被称为"合法性审查原则"，意即"人民法院对被诉行政行为的审查不是一种全面审查，而是在一定的限度内进行审查，该限度即是判断被诉行政行为是否严格按照法律规定的范围、方式、内容、

---

[1] 最高人民法院（2017）最高法行申 2245 号行政裁定书。

程序以及职权内运行"[1]。《行政诉讼法》（2015 年）确立"合法性审查原则"的背后原因一般被解读为"在行政诉讼中，人民法院依法行使行政审判权，一方面要对违法的行政行为予以撤销，另一方面也要对行政机关在法定权限内行使行政权予以尊重"[2]。司法权与行政权的关系决定了行政诉讼应当限于合法性审查，这在比较法上也是被广泛承认的，如美国在 1984 年的谢弗林案中确立了"谢弗林尊重"的规则，要求法院对行政机关所作的解释只能作"法律是否允许"的判断。在本案中，诉讼两造争议的焦点问题是乡镇（公社）老放映员的社会保险待遇。乡镇（公社）老放映员是在我国特定时期、特定环境下形成的特殊人群，其编制和待遇问题具有极强的政策性，这一问题显然并非简单的合法性审查能够解决的。法院的逻辑是，既然合法性审查不能解决，那么与其让法院回应，不如直接交给行政机关。事实上，法院的这一逻辑是值得进一步推敲的，法院仅能对行政行为的合法性进行审查是否意味着具有政策性的行政行为就可以不审？在笔者看来，受案范围是一个审查广度问题，合法性审查是一个审查深度问题，两者不能混为一谈。

四、遗留问题与展望

通过上述分析，可以看到，法院驳回王某鸣等 14 人再审申请的两点理由均是值得推敲的。在规范层面，将《行政诉讼法》（2015 年）第 12 条第 1 款第 10 项作狭义解释，将导致很大一部分社会保障行政无法纳入行政诉讼的受案范围。社会保障行政不同于传统的干预行政，其依据往往位阶较低，很多时候是行政机关制定的行政规定，若法院对这部分内容不予救济，将导致行政规定所确立的社会保障权利的彻底落空。同时，社会保障行政的争议更多

---

[1] 马怀德主编《新编中华人民共和国行政诉讼法释义》，中国法制出版社 2014 年版，第 20 页。

[2] 信春鹰主编《中华人民共和国行政诉讼法释义》，法律出版社 2014 年版，第 21 页。

的是在第一阶段资格认定当中，如果这些争议一概不予受理的话，相关争议是无法得到根本解决的。就此而言，应当对《行政诉讼法》（2015 年）第 12 条第 1 款第 10 项作更为广义的解释或者通过适用该条第 12 项的兜底条款作出补充。在价值层面，"政策性问题不宜纳入司法审查"的基本判断也是值得进一步斟酌的：首先，"政策性问题"的概念需要作出明确界定，切不能将其变成一个法院回避司法审查的"后门"；其次，"政策性问题"不属于受案范围和"政策性问题"不限于合法性审查两个问题应当予以切分，不限于合法性审查并不意味着法院不能审；最后，在《行政诉讼法》（2015 年）修改增加"解决行政争议"的目的后，合法性审查原则是否要重新进行解释？因为如果恪守谦抑的话，则司法机关很难发挥"司法能动性"并达到"实质性化解行政争议"的最终目标。

03
抚恤金标准的可诉性认定
张某仁诉辉县市人民政府提高抚恤金标准案[①]

杜昕怡　浙江大学光华法学院

提要　本案中，张某仁要求辉县市人民政府提高水利伤残抚恤金标准。一审法院认为规定水利伤残抚恤金标准的文件具有普遍约束力而不可诉，二审法院否定这一裁判理由，但认为水利伤残抚恤金标准的确立属于行政自由裁量权行使的范畴，法院不应介入。最高人民法院在再审程序中，明确了具体处理行为的识别标准，并且明确水利伤残抚恤金标准属于行政自由裁量权的范畴，建议辉县市人民政府依据与当前居民收入水平和经济发展状况相适应的原则，适当提高抚恤金发放基准，以保障和改善水利伤残人员的生活水平。

一、案件事实与争议焦点

本案为一起最高人民法院受理的再审案件，再审申请人（一审原告、二审上诉人）张某仁，再审被申请人（一审被告、二审被上诉人）辉县市人民政府。张某仁因辉县市兴修水利工程致残，辉县市人民政府发放抚恤金标准一直按辉政〔2002〕65号文件（《关于调整对水利工程因公伤亡民工抚恤照顾规定的通知》）执行，并在2008年、2011年、2014年进行过三次调整。

[①] 一审裁判文书为新乡市中级人民法院（2016）豫07行初字第95号行政裁定书，二审裁判文书为河南省高级人民法院（2017）豫终字第386号行政裁定书，再审裁判文书为最高人民法院（2017）最高法行申7082号行政裁定书。

因调整后的抚恤金标准过低，张某仁生活困难，向各级部门反映情况却得不到解决。张某仁于 2016 年 4 月 1 日致函辉县市人民政府调整抚恤金标准的要求未得到答复，因此诉至法院要求判令辉县市人民政府作出提高发放抚恤金标准的行政行为。河南省新乡市中级人民法院一审认为张某仁所诉的关于抚恤金标准的文件属于对外具有普遍约束力的文件，不具有可诉性，遂作出（2016）豫 07 行初字第 95 号行政裁定，驳回张某仁的起诉。张某仁不服提起上诉，认为规定抚恤金标准的辉政〔2002〕65 号文件是专门针对特定的事项，即因修建辉县境内的水库等水利工程受伤致残的 1000 多名水利民工而制定，所以一审法院将辉政〔2002〕65 号文件认定为对不特定对象发布的、可反复适用的具有普遍约束力的决定不合法。河南省中级人民法院二审时否定了一审的裁判理由，但认为本案涉及行政机关自由裁量权的范畴，法院不宜介入，因此一审法院的裁判理由有误，但裁判结果正确。二审法院作出（2017）豫行终字第 386 号行政裁定，驳回上诉维持原裁定。张某仁不服，向最高人民法院申请再审，请求撤销一审和二审行政裁定，确认该案属于行政诉讼受案范围。

本案的争议焦点主要为：（1）辉县市人民政府下发的辉政〔2002〕65 号文件《关于调整对水利工程因公伤亡民工抚恤照顾规定的通知》是否属于可诉的行政行为；（2）针对辉县水利建设工程中因公伤亡的民工所制定的水利伤残抚恤金标准是否可诉。

二、法院的推理与逻辑

围绕上述争议，法院的推理逻辑是认可辉县市人民政府下发的辉政〔2002〕65 号文件不属于行政机关发布的具有普遍约束力的决定、命令，属于针对特定的可以确定数量的人群所作出的行政决定。接着对法院能否介入行政机关对水利伤残抚恤金的标准确立的问题进行了判断，具体如下。

（一）区分具有普遍约束力的决定、命令和一般行政行为

该案的一审法院新乡市中级人民法院认为，依据《行政诉讼法》（2015年）第12条第1款第10项之规定，当事人认为行政机关没有依法支付抚恤金的，可以向人民法院提起诉讼。本案中，张某仁起诉要求辉县市人民政府作出提高发放水利伤残抚恤金标准的行政行为，而该水利伤残抚恤金标准系辉县市人民政府制定的具有普遍约束力的决定，因此水利伤残抚恤金标准并不具有可诉性，张某仁的起诉不属于行政诉讼受案范围，一审法院裁定驳回张某仁的起诉。二审法院河南省中级人民法院否定了一审法院关于本案中，水利伤残抚恤金标准是辉县市人民政府制定的具有普遍约束力的决定，因而不具有可诉性这一裁判理由。二审法院认为这个裁判理由不当，对本案的水利伤残抚恤金标准是具有普遍约束力的决定、命令这一观点并未采纳。最高人民法院在再审时认为，行政行为具有可诉的一个重要标志就是行政行为应当针对具体事件，并且指向特定个人。但是个别与一般的区别不能仅根据数量确认，如果具体的处理行为针对的不是一个人，而是特定的或者可以确定的人群时，则个别性仍然成立。因此，即使辉县市人民政府以发出通知的形式规定抚恤金标准，仍是针对当年参加辉县兴修水利工程的建设者作出的，这部分人群虽数量较大但仍然属于可确定的人群。因此，不能将辉政〔2002〕65号文件认为是对外具有普遍约束力的决定或命令。

（二）抚恤金标准的确立属于行政裁量权范畴

二审法院河南省高级人民法院认为，本案涉及的水利伤残抚恤金的标准由辉县市人民政府根据当地的经济发展状况和居民收入水平等因素综合确定，没有可直接适用或参照的法定标准，属于当地人民政府的行政裁量权范围。因人民法院不能替代行政机关直接行使行政裁量权，对行政机关行使自由裁量权行政行为的司法变更限于该行为畸轻或畸重的情形，所以在辉县市人民

政府没有对该标准调整的情况下，人民法院不宜通过裁判方式直接确定抚恤金标准。于是作出了驳回上诉、维持原审的行政裁定。

最高人民法院认可了二审法院的判断，并进一步加以论证说理。辉县市人民政府对当年兴修水利伤残民工确定抚恤金标准，属于政策范畴，法律法规并无明确规定。而在行政诉讼中，司法权对行政权的干预应当保持一定限定，法院解决的是法律问题，不宜解决政策问题。对行政机关采取的存在较大裁量余地、具有较多政策因素的处理行为，因为缺乏可以直接适用或参照的法定标准，人民法院不宜进行司法审查。应当由行政机关来确定是否需要调整本案所涉的抚恤金标准。

（三）司法建议

在明确本案所涉抚恤金标准的确立属于行政机关自由裁量权的范畴这一前提下，最高人民法院在结合本案实际情况的情况下，考虑到包括再审申请人在内的1000余名建设者当年参与辉县市水利修建付出的巨大牺牲，以及现有生存状况的困顿，出于让改革发展成果能够更多、更公平地惠及包括再审申请人及诸多水利伤残人员在内的人民群众的考虑，就本案所涉事项发出司法建议。最高人民法院建议辉县市人民政府依据与当前居民收入水平和经济发展状况相适应的原则，就本案伤残抚恤金标准及相关问题统筹研究，在财政状况等条件允许的范围内，提高抚恤金发放基准，以保障和改善水利伤残人员的生活水平。这体现了司法机关在恪守行政权与司法权界限的基础上，对维护当事人合法权益，促进实质正义方面所作的努力。

三、学理归纳

本案中，水利伤残抚恤金标准直接影响着当年参与辉县市水利工程建设而导致伤残的民工的切身利益。这一抚恤金标准是否可诉，法院能否依职权对行政机关确定抚恤金标准的行为加以干预，关涉着行政诉讼法中司法权与行政权的界限问题。

（一）具体行政处理行为的识别标准

行政机关享有一定的制定规则权限，在此范围内所作的具有普遍约束力的决定、命令是行政性立法权行使的表现。赋予行政机关行政性立法权是现代行政的必然要求和发展趋势，这类行为不属于行政诉讼受案范围。早在行政法学界还采用"抽象行政行为"和"具体行政行为"概念的时代，关于"抽象行政行为"与"具体行政行为"的界分就引发了广泛的讨论。

学者给出的判断标准也较多，主要有：（1）适用对象不同。具体行政行为针对特定的人或事作出，抽象行政行为则针对不特定的人作出。（2）行政行为能否反复适用。抽象行政行为能反复适用，而具体行政行为则不能。（3）行政行为是否具有往后的效力。抽象行政行为具有往后的效力，主要针对未来事项作出规定，而具体行政行为则针对过去发生或者现在的事项作出。这一划分标准，以行政行为的结果或者对象为划分依据，而不是依据行政行为自身的特征，因难以穷尽全部的行政行为而饱受诟病。自1989年的《行政诉讼法》在立法上采用具体行政行为的概念以来，在理论上就开始频繁使用此概念，有学者指出抽象与具体是一对哲学范畴，而不是法学范畴。[①] 2014年之前的《行政诉讼法》，将行政行为区分为具体行政行为和抽象行政行为，旨在区分行政行为的可诉与否，但这样的区分逻辑在诸多方面难以自洽。关于具体行政行为和抽象行政行为的概念也逐渐被立法者和学者抛弃。

需要指出的是，抽象行政行为和具体行政行为的划分标准是一套适应行政诉讼受案范围的理论。针对不确定对象、具有普遍性和反复适用性的抽象行政行为，不宜被纳入行政诉讼的受案范围。因为抽象行政行为与行政相对人没有直接、现实的利害关系。而当行政机关依据抽象行政行为作出具体行

---

① 参见胡建淼《行政与法治》，国家行政学院出版社2014年版，第34页。

政行为时，该具体行政行为即与行政相对人产生直接、现实的利害关系。

在本案中，法院判断辉县市人民政府的辉政〔2002〕65号文件是否属于可诉行政行为时，借鉴了学界对抽象行政行为与具体行政行为的判断标准即行政行为针对的对象是否确定，强调可诉行政行为的一个重要特征是针对具体事件，并且指向特定人群。对于个别与一般的判断不能仅根据数量确认，如果具体的处理行为针对的是特定的或者可以确定的人群时，个别性仍然成立，仍然可以认可行政行为的可诉性。本案中的辉政〔2002〕65号文件仅针对参与辉县市水利修建的1000余名民工，符合个别性的特征。

（二）行政诉讼中司法权与行政权的界限

行政诉讼是通过司法机关运用司法权在司法领域对行政行为进行事后监督的一种法律制度。法院在审理行政案件时，要恪守司法审查有限原则。司法机关对行政行为进行审查时，其介入行政权领域的深度和广度必须保持一定的限度，需要为行政权的行使留有足以控制社会秩序的基本效率。[①] 基于分权与制衡的理论，司法权与行政权之间应当相互制约，但并不是通过司法权代替行政权来实现的。法院在审查案件时，应当恪守司法权的界限。如果突破这一界限试图解决所有的行政争议，则往往难以实现解决纠纷的目的，也将削弱司法权应有的功能。

在讨论如何监督无限膨胀的行政权时，人们所能想到的最好方法是依赖法律保留与法律优位，在立法层面进行制约，不过一些学者认为这实质上是对有限的授权立法的再次重申而已，对于行政主体得到授权后自行立法进而作出侵害相对人权益的行为，立法层面的监督就显得黯然失色。在对保留范围的讨论上，在局限于传统的干涉行政还是适用给付行政上，存在着诸多争议，至今也没有确切的答案。但至少可以肯定的是，必须留给行政权一定的自由空间。正如有学者认为，大多数真正落实基本权利之保障者，主要依赖

---

① 参见章剑生《现代行政法基本原则之重构》，《中国法学》2003年第3期。

行政部门之具体措施，而非立法或司法部门。[1] 进入 20 世纪后，利用司法手段来进行衡平逐渐成为主流，[2] 但是行政权和司法权都有其各自的权力边界，且必须给予行政权自主的空间，司法审查的范围还不应过大，如果法院并非拥有违宪审查权，那么其救济方式应该局限于具体的利害关系的个案中考虑，[3] 而且并不是每个案件都可以依靠法院的权限来进行解决，有时通过行政内部（如行政复议、行政申诉）或者非制度化的救济措施就可以得到很好的解决，对这个范围的追寻则是学界乃至实务界持续讨论的话题。

司法审查有限原则的重要体现在于行政诉讼受案范围的有限性。行政诉讼受案范围是司法权对行政权进行监督的法定范围，是司法权介入行政权的法定依据，确认了司法权介入行政权领域的合法性。仔细分析现行《行政诉讼法》（2017 年）的规定可以知道，我国行政诉讼法关于受案范围的规定实际上是列举式。《行政诉讼法》（2017 年）第 2 条之规定看似囊括了所有可能侵犯公民、法人或者其他组织合法权益的行政行为，但该条文仅是具有宣示性作用的条款。行政诉讼法的受案范围的确立可能更是一个政策性问题。需要考虑行政法学理论的发展状况、行政机关行使行政权的状况、公民合法权益受侵害的状况。[4] 具体而言，行政诉讼受案范围既要对公民、法人或者其他组织的合法权益进行最大限度的保护，又要确保司法权对行政权的监督是有效的，不会过度侵犯行政权。此外，还需考虑法院对行政案件的审判能力等现实因素。行政诉讼受案范围的确定应当符合行政权与司法权的分工，一些专业性、政策性、政治性很强的行政事务不宜纳入行政诉讼受案范围。一般认为，高度属人性及人格条件的价值判断、独立专业委员会的评价判断、预测性与计划性判断、风险规制领域、政策性领域等均属于行政判断余地的范畴。

---

[1] 吴庚：《行政法之理论与实用》（增订版），中国人民大学出版社 2005 年版，第 89 页。
[2] 参见罗豪才主编《现代行政法的平衡理论》，北京大学出版社 1997 年版，第 2—7 页；参见沈岿《平衡论：一种行政法认知模式》，北京大学出版社 1999 年版，第 8—13 页。
[3] 参见何海波《行政诉讼法》（第二版），法律出版社 2016 年版，第 49—52 页。
[4] 参见章剑生《现代行政法基本理论》（第二版）下卷，法律出版社 2014 年版，第 772—777 页。

在这些行政判断余地领域，法院不能以自己的判断代替行政机关的判断。[①] 司法审查有限性原则还体现在可诉行为的有限性。原则上，法院对于行政机关的裁量性行政行为不宜介入审查，例外情况也仅限于裁量畸轻或畸重已经属于明显不合理的程度，才有介入审查的可能性。对于行政机关作出的一些关于政策的行为，司法机关也不宜介入审查。对于一些以国家主权的名义对外作出的行为，例如国防、外交行为等特殊的行政行为，法院也不宜审查。

在本案中，辉县市人民政府的辉政〔2002〕65号文件，是针对特殊的历史遗留情况，即需要保障当年修建水利工程而导致伤残的民工的基本生活，在综合考虑当地的经济发展状况和居民收入水平等因素下出台的政策。属于当地人民政府的行政裁量权范围。基于司法审查有限性原则，法院不宜代替行政机关直接行使行政裁量权，也不宜对行政裁量权的行使进行司法审查。法院仅在该行政行为存在畸轻或畸重已经属于明显不当的情形下，才可能行使司法权予以变更。所以在辉县市人民政府没有对该标准调整的情况下，人民法院不宜通过裁判方式直接确定抚恤金标准。而本案中，关于水利伤残抚恤金标准的调整问题更是一个政策问题，而非法院可以驾驭的法律问题，因此也不宜由法院进行司法审查。此外，考虑到司法审查的可行性和有效性，对于水利伤残抚恤金标准没有可以直接适用或参照的法定标准，法院即使可以介入其中，也难以进行审查。

（三）司法建议功能的衍变

行政诉讼法律制度中的司法建议制度在建立之初，其功能局限于督促行政机关履行生效的裁判。然而，随着司法改革的推进，行政诉讼司法建议制度的功能也逐渐发生变化，呈不断扩大的趋势。尤其以2007年最高人民法院发布的《关于进一步加强司法建议工作为构建社会主义和谐社会提供司法服

[①] 参见于洋《行政诉讼履行法定职责实体判决论——以"尹荷玲案"为核心》，《北京理工大学学报》（社会科学版）2018年第2期。

务的通知》为标志,司法建议制度在审判活动中日益得到重视并获得广泛运用。[①] 相应地,行政诉讼司法建议制度的功能在实践中也发生巨大变化,其不再局限于保障法院裁判的执行,扩展至对规范性文件不合法或者不合理的修改建议,以及对有关单位工作方法、管理体制、规章制度的改进建议等。司法建议不再仅仅是审判职能的延伸,甚至参与到社会管理之中。在恪守司法权与行政权界限的前提下,发挥司法的主观能动性,坚持"为大局服务,为人民司法",践行以人民为中心的发展理念,不断提高办案水平、提升服务质量,回应人民群众对美好生活的向往。司法建议这一方式的适当使用,有利于规范行政权的行使,保障行政相对人的合法权益,促进实质正义的实现,解决问题所产生的社会效果和法律效果。

囿于目前行政诉讼受案范围的局限和司法权与行政权的分工,司法建议制度有助于实现实质正义,可以在某种程度上弥补形式法治的诸多不足。例如在本案中,基于保障参与水利工程的建设者的合法权益,让社会改革发展的成果能平等地惠及当年付出艰辛的劳动者。法院对辉县市人民政府作出司法建议,希望辉县市人民政府可以在条件允许的范围内,提高抚恤金发放基准,以保障和改善水利伤残人员的生活水平。这解决了无法依靠司法审判解决的现实问题,同时又不至于侵犯行政机关的自由裁量权。当然,需要指出的是,司法建议也只是作为辅助工具而存在的,在能够通过审判方式对行政行为进行全面的合法性审查,以达到规范行政权的行使及保障公民、法人和其他组织合法权益的功能的前提下,不宜采取司法建议这种弱约束力的方式。

四、遗留问题与展望

本案为我们明晰了行政机关具体处理行为的可诉性标准,不应当简单以行政相对人数量的多少来判决这一行为是否具有普遍约束力。对于涉及政

---

① 参见刘卉《司法建议应扮演好谦抑辅助角色》,《检察日报》2015年10月13日。

策问题的行政行为，法院不宜介入审查，应当尊重行政机关的判断。鉴于行政权与司法权的界分，最高人民法院在恪守司法审查有限原则的前提下，充分发挥司法主观能动性，以司法建议的方式达到促进实质正义的效果。本案作为最高人民法院的再审案件，为往后人民法院处理类似案件提供了很好的范本。

第二部分

法律审查

04

"上下班途中"的理解与适用

北京国玉大酒店有限公司诉北京市朝阳区劳动和社会保障局工伤认定行政纠纷案[①]

王明喆　南京师范大学法学院

> **提要**　本案中，法院在下岗、待岗职工又到其他单位工作的情况下，肯定了该单位也应当为该职工缴纳保险费并且依法承担工伤保险责任。对于《工伤保险条例》第14条第6项规定的"上下班途中"的解释，法院采用了相对宽松的认定方式，指出对于"上下班途中"应当作出全面、正确的理解，只要职工在合理时间内，为上下班而往返于住处和工作单位之间的合理路径之中，就都属于"上下班途中"。

一、案件事实与争议焦点

本案原告北京国玉大酒店有限公司（以下简称国玉酒店公司）与陈某东签订了劳动协议，陈某东系原告国玉酒店公司员工。陈某东原为北京馄饨侯餐饮有限责任公司（以下简称馄饨侯公司）员工，下岗后到原告单位任临时工，从事停车场管理员工作。2006年9月20日晨，陈某东自其住处骑一辆三轮车前往国玉酒店公司上班。当日6时5分，陈某东行至朝阳区北辰西路安翔北路东口时，发生机动车交通事故受伤，经抢救无效死亡。朝阳交通支队对此次交通事故作出责任认定，结论为陈某东无责任。2006年11月24日，

[①] 参见《中华人民共和国最高人民法院公报》2008年第9期。

陈某东之妻——本案第三人余某兰向被告朝阳区劳动和社会保障局提出工伤认定申请。朝阳区劳动和社会保障局于同年12月6日正式受理，同时依据《工伤保险条例》的规定，向国玉酒店公司下发了《工伤认定调查通知书》，并对相关人员进行了调查核实。2007年1月16日，被告作出涉案工伤认定书，认定陈某东于2006年9月20日死亡，符合工伤认定范围，认定为工伤，并于2007年1月22日将涉案工伤认定书送达原告。国玉酒店公司不服该工伤认定，向北京市劳动局申请行政复议。北京市劳动局于2007年4月26日作出《行政复议决定书》，维持了涉案工伤认定书。原告认为，该工伤认定书认定事实不清，证据不足，适用法律不准确，请求法院依法予以撤销。主要理由是：交通事故发生日是陈某东的休息日而非工作日，且事故发生地不在陈某东上下班途中，因而陈某东因涉案交通事故死亡不构成工伤。本案一审法院维持被告朝阳区劳动和社会保障局于2007年1月16日作出的涉案工伤认定书。原告不服一审判决，向北京市第二中级人民法院提出上诉，请求撤销原判，依法改判撤销涉案工伤认定书。主要理由是：陈某东是馄饨侯公司的下岗职工，到上诉人国玉酒店公司任临时工，其工伤保险费仍由馄饨侯公司缴纳，故被上诉人朝阳区劳动局作出的涉案工伤认定与上诉人无关；根据上诉人制作的从陈某东住处到国玉酒店公司的交通路线图，涉案交通事故发生的地点不在陈某东上班途中，因此陈某东因涉案交通事故死亡不构成工伤，朝阳区劳动局作出的涉案工伤认定书不合法。

本案的争议焦点是：（1）陈某东身为馄饨侯公司的下岗职工，到上诉人国玉酒店公司担任停车场管理员，在国玉酒店公司未给其缴纳工伤保险费的情况下，如果发生工伤事故，应由谁承担工伤保险责任（原告在一审时并未提出相关主张，因此一审法院并未对这一争议作判断）；（2）陈某东是否在"上下班途中"因机动车事故伤害死亡，即是否可以根据《工伤保险条例》第14条第6项认定为工伤。

二、法院的推理与逻辑

（一）争议焦点一

关于争议焦点一，二审法院认为，劳动和社会保障部《关于实施〈工伤保险条例〉若干问题的意见》第1条规定："职工在两个或两个以上用人单位同时就业的，各用人单位应当分别为职工缴纳工伤保险费。职工发生工伤，由职工受到伤害时其工作的单位依法承担工伤保险责任。"根据该规定，下岗、待岗职工又到其他单位工作的，该单位也应当为该职工缴纳工伤保险费；下岗、待岗职工在其他单位工作时发生工伤的，该单位应依法承担工伤保险责任。在本案中，陈某东从馄饨侯公司下岗后，到上诉人国玉酒店公司担任停车场管理员，并与该公司签订了劳动协议。陈某东作为劳动者，国玉酒店公司作为用人单位，双方的劳动关系清楚。因此，国玉酒店公司也应当为陈某东缴纳工伤保险费。如果陈某东在国玉酒店公司工作期间发生工伤事故，则国玉酒店公司应依法承担工伤保险责任。据此，被上诉人朝阳区劳动局作出涉案工伤认定当然与国玉酒店公司有关。国玉酒店公司未给陈某东缴纳工伤保险费已违反了相关规定，又以陈某东系馄饨侯公司下岗职工，其工伤保险费由原单位馄饨侯公司缴纳为由，主张涉案工伤认定与其无关，意图逃避应负的工伤保险责任，其该项上诉理由没有法律依据，不能成立。

（二）争议焦点二

关于争议焦点二，一审法院认为，判断陈某东是否在上班途中因机动车事故伤害致死，需要确定涉案交通事故发生的时间是否在陈某东前往上班的时间段内，涉案交通事故发生的地点是否位于陈某东的上班途中。在本案中，《工伤保险条例》关于"在上下班途中受到机动车事故伤害"的规定，没有对"上下班途中"作出具体的解释。应当从有利于保障工伤事故受害者的立场出发,对"上下班途中"作出全面、正确的理解。所谓"上下班途中",原则上是指职工为上下班而往返于住处和工作单位之间的路途之中。但根据社会生活的实际情况,职工不一定只有一处住处,因工作性质的不同,其工作场所也不一定仅有一处。即使住处和工作场所仅有一处,职工往返于两地之间也不一定只有一条路径可供选择。因此,只要是在职工为上下班而往返于住处和工作单位之间的合理路途之中,即应认定为"上下班途中"。对"上下班途中"不能作过于机械的理解,既不能理解为最近的路径,也不能理解为职工平常较多选择的路径,更不能将用人单位提供的路径作为职工上下班必须选择的唯一路径。根据本案事实,可以认定涉案交通事故发生于陈某东上班途中,国玉酒店公司以涉案交通事故发生的地点不在其自行制作的交通路线图上为由,主张涉案交通事故不是发生在陈某东上班途中的理由不成立,不予支持。

二审法院认为,对该规定所指的"上下班途中"应作全面、正确的理解。"上下班途中"应当理解为职工在合理时间内,为上下班而往返于住处和工作单位之间的合理路径之中。该路径可能有多种选择,不一定是固定的、一成不变的、唯一的路径。该路径既不能机械地理解为从工作单位到职工住处之间的最近路径,也不能理解为职工平时经常选择的路径,更不能将用人单位提供的路径作为职工上下班必须选择的唯一路径。根据日常社会生活的实际情况,职工为上下班而往返于住处和工作单位之间的合理路径可能有多种选择。只要在职工为了上班或者下班在合理时间内往返于住处和工作单位之间的合理路径之中,都属于"上下班途中"。至于职工选择什么样的路线,该路线是否为最近的路线,均不影响对"上下班途中"的认定。

三、学理归纳

本案是关于工伤认定的行政纠纷。根据我国《工伤保险条例》第17条第1款和第3款的规定，工伤认定应由职工所在单位向社会保险行政部门提出申请，由用人单位所在地的设区的市级社会保险行政部门办理。可见，工伤认定属于依法申请的行政行为。需要注意的是，工伤认定的申请人与受益人并不相同，申请人是用人单位，受益人是职工或职工家属，申请人（用人单位）反而会因为工伤认定行为而承担一定的法律责任。因而，为防止用人单位怠于申请影响职工合法权益，《工伤保险条例》第17条第2款规定，用人单位未按规定提出工伤认定申请的，工伤职工或者其近亲属、工会组织可以直接向用人单位所在地统筹地区社会保险行政部门提出工伤认定申请。工伤认定是一个典型的三方行政法律关系。本案中，用人单位并未申请工伤认定，职工家属（本案第三人）申请工伤认定，行政机关作出工伤认定决定，因此用人单位提出行政诉讼，请求撤销该工伤认定。本案中争议焦点一的意见分歧不大，劳动和社会保障部《关于实施〈工伤保险条例〉若干问题的意见》对此问题作了明确规定。容易产生争议的是焦点二，即如何理解"上下班途中"。

（一）问题之所在

《工伤保险条例》第14条第6项规定"在上下班途中，受到非本人主要责任的交通事故或者城市轨道交通、客运轮渡、火车事故伤害的"，应当认定为工伤，但何为"上下班途中"不是一个简单的问题。本案中最重要的争议焦点为陈某东是否在上班途中因机动车事故伤害死亡，也就是如何理解《工伤保险条例》规定的"上下班途中"。关于"上下班途中"的判断，是否承认行政机关的要件裁量，如果认定要件裁量则应该如何进行司法审查，这是藏在"上下班途中"之解释问题背后的更重要的学理问题。

（二）要件裁量的存否

行政机关在作出行政行为时的判断过程，一般可分为以下五个阶段：

A.事实的认定，B.要件的认定，C.程序的选择，D.行为的选择（选择何种行为、是否作出该行为），E.时间的选择。① 对于在行政机关的判断过程的哪一个阶段承认行政机关的裁量，学理上一度存在争议。从比较法上看，不乏否认要件裁量的制度。② 而且，我国有学者从"控权论"的角度出发，否认要件裁量。③ 也有学者指出，在行政权强大、行政诉讼长期疲软不堪的社会环境中，不宜承认要件裁量。④ 但是，要件裁量的承认也不乏学理和制度的支持。日本法中，"二战"前有承认在 B 阶段存在裁量的要件裁量说和承认在 D 阶段存在裁量的效果裁量说的对立，⑤ "二战"后，日本最高法院在以麦克林案为代表的一系列案件中明确承认了要件裁量，学理上也都基本承认裁量不仅存在于 D 阶段，也存在于 B、C 和 E 各个阶段。⑥ 我国学者也有基本相同的主张，在案件事实适用于法律要件的"等置—涵摄"过程和法律效果的确定过程中，都存在行政裁量。⑦

学说上存在对立，而在实践中，我国行政机关制定的裁量基准中不乏要件裁量的内容。在行政处罚类裁量基准中，不仅有关于效果裁量的"效果格化"，也有关于要件裁量的"情节细化"；而在非行政处罚类裁量基准中，要件裁量的内容成为主流。⑧ 因此，在现行法制下，我国并不排斥要件裁量。

（三）行政裁量有无的判断基准和审查方法

行政机关在要件认定和行为选择的阶段都可以拥有裁量权，但是这并不

---

① 参见［日］盐野宏《行政法总论》，杨建顺译，北京大学出版社 2008 年版，第 81 页。
② 德国法中，要件裁量经历了从承认到否定的变化，参见刘艺《论我国行政裁量司法控制模式的建构》，《法学家》2013 年第 4 期。
③ 余凌云：《对行政自由裁量概念的再思考》，《法制与社会发展》2002 年第 4 期。
④ 熊樟林：《非行政处罚类裁量基准制度的反思与重建》，《法学评论》2019 年第 6 期。
⑤ 参见［日］盐野宏《行政法总论》，杨建顺译，北京大学出版社 2008 年版，第 81—83 页。
⑥ 事实的认定是法院的基本任务，因此在事实认定问题上不宜承认行政裁量。
⑦ 参见王贵松《行政裁量的内在构造》，《法学家》2009 年第 2 期；参见郑春燕《取决于行政任务的不确定法律概念定性——再问行政裁量概念的界定》，《浙江大学学报》（人文社会科学版）2007 年第 3 期。
⑧ 参见熊樟林《非行政处罚类裁量基准制度的反思与重建》，《法学评论》2019 年第 6 期。

意味着行政机关在任何情况下都拥有裁量权,如何判断法律是否赋予行政机关裁量权,即如何判断羁束行为与裁量行为是问题的关键。在判断有无行政裁量时,应该综合考虑多种要素,例如法律法规的规定和行政行为的性质。① 一方面,法律、法规在要件中规定"公共利益""情节严重"等内容或者在法律后果中规定"可以作出某行政行为"等内容时,则存在认定裁量的可能性。另一方面,当行政行为的内容是限制公民的权利或者自由时(侵害处分),承认行政裁量应该更加慎重;当行政行为是增加公民的权利和自由时(受益处分),更易于承认行政裁量。②

当不存在行政裁量时,法院只需按照自己的意志进行判断即可;当存在行政裁量时,法院则需要审查行政机关是否滥用行政裁量权或者超出裁量范围行使裁量权——比例原则、平等原则等内容可以作为审查的依据发挥重要作用。此外,法院还可以审查行政机关的判断过程,通过审查行政机关在作出判断时是否考虑了不应考虑的因素,或者是否没有考虑应该考虑的重要因素等内容,判断行政机关的判断过程是否明显欠缺合理性。③

(四)本案判决理由分析

本案原告认为涉案交通事故发生的地点不在陈某东上班途中,因此陈某东因交通事故身亡不属于工伤。行政机关在一审、二审中并未对"上下班途中"的解释与适用展开具体说明,但是从作出工伤认定行为的结果来看,行政机关显然认为陈某东的交通事故属于在"上下班途中"。一审和二审法院都对"上下班途中"进行实质性判断,均认为交通事故发生的地点属于"上下班途中"。一审和二审的判决理由中虽然没有对裁量权的存否及审查方式的问

---

① 参见[日]中原茂树《基本行政法》日本评论社 2018 年版,第 130 页。
② 关于裁量的"美浓部三原则"的第一条认为,侵害人民权利、限制其自由或者增加其负担的处分,不论何种情况都不允许行政裁量。参见[日]美浓部达吉《行政裁判法》,千仓书房出版社 1929 年版,第 152 页。
③ 刘东亮:《过程性审查:行政行为司法审查方法研究》,《中国法学》2018 年第 5 期;王天华:《行政裁量与判断过程审查方式》,《清华法学》2009 年第 3 期。

题进行明确说明，但是从法院直接对"上下班途中"进行自己解释这样的判决逻辑来看，可以认为法院不承认行政机关在"上下班途中"的解释上有裁量权。

1. 行政裁量不存在

法院对本案适用法律中的关键概念——"上下班途中"进行自己解释，据此可以认为法院不承认本案中存在要件裁量。法院如果承认行政机关对"上下班途中"的判断拥有裁量权，那么法院不应该对不确定概念自行解释而应该审查行政机关的裁量是否合法。如果行政机关滥用或者超出范围行使裁量权，或者行政机关的判断裁量过程明显不合理，那么法院应该撤销行政行为。如果不存在上述情况，法院应当认定行政行为合法。本案中，法院并没有对裁量的合法性进行任何审查，而是直接对涉案交通事故发生的地点是否属于"上下班途中"进行自行判断。由此来看，可以认为法院在"上下班途中"的认定问题上，不承认行政机关的裁量权。

如何理解法院不承认行政裁量的理由，本案一审和二审对这个问题均不置一词。笔者认为，法院之所以否认行政机关的裁量权，其理由可能在于以下两点。首先，从法律法规的规定来看，"上下班途中"虽然是不确定法律概念，但这一规定并不是政策性、技术性的价值性不确定概念，仅仅是一种经验上的不确定概念，相比"公共利益""必要时""公共安全"等抽象规定，"上下班途中"可以根据社会经验进行相对容易的判断。换言之，在是否属于"上下班途中"的认定上，行政机关并不具有比法院更加专业的能力，法官完全可以按照自己的生活经验，对"上下班途中"的内涵进行解释。其次，从行政行为的性质来看，《工伤保险条例》是"为了保障因工作遭受事故伤害或者患职业病的职工获得医疗救治和经济补偿，促进工伤预防和职业康复，分散用人单位的工伤风险"制定的，[①] 工伤认定事关公民的健康权、劳动权等基本权利，对公民的权利义务有重大影响，因此不宜承认行政机关

---

① 参见《工伤保险条例》第1条。

拥有裁量权。

2. "上下班途中"的具体认定

两审法院都不认为行政机关拥有裁量权，而是对"上下班途中"自行解释。具体到"上下班途中"的认定问题上，两审法院都明确反对对其进行机械地理解，主张应该进行全面、正确的理解，但是二者的论述有一些不同，下面展开具体分析。

一方面，两审法院的说理具有相同点，均认为"上下班途中"的认定应该采用合理路径说，而非最短路径说、通常路径说等。具体而言，对于"上下班途中"应作全面、正确的理解，上下班的路径既不能机械地理解为从工作单位到职工住处之间的最近路径，也不能理解为职工平时经常选择的路径，更不能将用人单位提供的路径作为职工上下班必须选择的唯一路径。只要是职工在合理时间内，为上下班而往返于住处和工作单位之间的合理路径之中，都属于"上下班途中"。另一方面，两审法院的具体论述有一些差异。一审法院明确提到，"正确理解该规定，应当从有利于保障工伤事故受害者的立场出发，对'上下班途中'作出全面、正确的理解"，二审法院并未提到"应当从有利于保障工伤事故受害者的立场出发"，而是指出"对该规定所指的'上下班途中'应作全面、正确的理解"。严格来说，两审法院对"上下班途中"的认定有一些差异：一审法院的"应当从有利于保障工伤事故受害者的立场出发"的观点带有明显的价值倾向性，其所主张的"全面、正确的理解"是建立在有利于保障受害者的立场上的。二审法院并没有这样的论述，似乎可以认为二审法院更加倾向于全面考虑受害者、用人单位等各方的利益需求。但是，在本案的具体认定中，这种微妙的区别并没有太多实际差异，两审法院均采用了合理路径说，否定了最短路径说、通常路径说。可能正因如此，《最高人民法院公报》的"裁判摘要"也没有刻意区分这一差别，采用了一审判决的"应当从有利于保障工伤事故受害者的立场出发，作出全面、正确的理解"的表述。

综上，可将本案例要点归纳如下：(1)在《工伤保险条例》第14条第6项"上下班途中"的解释问题上不存在要件裁量，法院应当对其进行自主解释。(2)"上下班途中"的解释应当采用合理路径说，"上下班途中"应当理解为职工在合理时间内，为上下班而往返于住处和工作单位之间的合理路径之中。

四、意义与展望

通过本案可以发现，关于工伤认定的判断，法院对行政机关的要件裁量采取一种消极态度。本判决的首要意义就在于对《工伤保险条例》第14条第6项规定的"上下班途中"进行了解释，明确了应当采用合理路径说，对于该要件今后的判断具有重要意义。另外，本案判决对于《工伤保险条例》第14条中其他款项规定的解释也具有一定的参照意义。申言之，既然对于第6项规定的"上下班途中"应采用全面、正确的理解，那么对于第1项至第5项中其他不确定法律概念——工作时间、工作场所、预备性或者收尾性工作等概念的解释，也应当采用全面、正确的理解方式。

05

工作原因的认定
孙某兴诉天津新技术产业园区劳动人事局工伤认定行政纠纷案[①]

施婧葳　华东政法大学经济法学院

提要　本案中，法院对工伤认定中的"工作场所""工作原因"等不确定法律概念进行了解释并确立了过失不影响工伤认定的审判规则。该案对划定工伤的范围、明确工伤认定标准有着重要的指导意义。

一、案件事实与争议焦点

原告孙某兴系中力公司员工，2003年6月10日上午受中力公司负责人指派去北京首都机场接人。其从中力公司所在地天津市南开区华苑产业园区国际商业中心（以下简称商业中心）八楼下楼，欲到商业中心院内停放的红旗轿车处去开车，当行至一楼门口台阶处时，孙某兴脚下一滑，从四层台阶处摔倒，造成四肢不能活动。经医院诊断为颈髓过伸位损伤合并颈部神经根牵拉伤、上唇挫裂伤、左手臂擦伤、左腿皮肤擦伤。孙某兴向天津新技术产业园区劳动人事局（以下简称园区劳动局）提出工伤认定申请，园区劳动局于2004年3月5日作出《工伤认定决定书》，认为根据受伤职工本人的工伤申请和医疗诊断证明书，结合有关调查材料，依据《工伤保险条例》第14条第5项的工伤认定标准，没有证据表明孙某兴的摔伤事故系由工作原因造成，决定不认定孙某兴摔伤事故为工伤事故。孙某兴不服园区劳动局《工伤认定决

[①] 参见《最高人民法院公报》2006年第5期。

定书》，向天津市第一中级人民法院提起行政诉讼。

被告园区劳动局认为：中力公司业务员孙某兴在因工外出期间受伤，但受伤不是由于工作原因，而是由于本人注意力不集中，脚底踩空，才在下台阶时摔伤。其受伤结果与其所接受的工作任务没有明显的因果关系，故不属于《工伤保险条例》第14条第5项规定应当认定工伤的情形。

第三人中力公司认为：因本公司实行末位淘汰制，原告孙某兴于事发前已经被淘汰。但因其原从事本公司销售工作，还有收回剩余货款的义务，所以才偶尔回公司打电话。事发时，孙某兴已不属于本公司职工，也不是在本公司工作场所范围内摔伤，不符合认定工伤的条件。原告当天的工作任务是开车接人，其工作场所应当是在汽车内。工作时间是否紧迫和原告摔伤没有直接关系。

原告孙某兴认为：原告所在的中力公司，位于商业中心八楼，该公司的车辆停放在商业中心的院内，故商业中心一楼门口的台阶，是原告完成开车接人工作任务的必经之路。原告接受任务时间紧迫，为了完成工作匆忙行走才导致滑倒，属于法律规定的"因工作原因受到事故伤害"。一审认定原告是在工作时间、工作地点因工作原因受伤正确，应当维持。

天津市第一中级人民法院一审认为：被告园区劳动局具有负责本行政区域内工伤保险工作的主体资格，受理工伤认定申请并作出工伤认定决定属于其职权范围。园区劳动局应孙某兴申请，对孙某兴摔伤事故作出工伤认定决定的程序，符合《工伤保险条例》《工伤认定办法》中的相关规定。孙某兴摔伤时，并未离开公司所在的院内，不属于因工外出期间摔伤，而是属于在工作时间和工作场所内，为了完成工作任务，由于工作原因摔伤，符合《工伤保险条例》第14条第1项认定工伤的法定条件。园区劳动局根据《工伤保险条例》第14条第5项规定所作的《工伤认定决定书》，适用法律错误。据此判决：撤销园区劳动局2004年3月5日所作的《工伤认定决定书》，园区劳动局在判决生效后60日内重新作出具体行政行为。

园区劳动局不服一审判决，向天津市高级人民法院提起上诉称：中力公司在商业中心八楼的营业场所和被上诉人所开的汽车内，不是被上诉人的工作场所，故被上诉人受伤地点不属于被上诉人的工作场所范围。认定被上诉人孙某兴属于"因工外出"，事实清楚。孙某兴并非因完成工作任务即开车摔伤，而是因其精力不集中所致，故不属于"因工作原因"致伤。一审判决认定事实有误，适用法律错误，故请求撤销一审判决，依法改判维持上诉人所作的《工伤认定决定书》。

天津市高级人民法院二审认为：本案中，汽车停放在商业中心一楼门外，孙某兴要完成开车任务，必须由商业中心八楼到一楼门外停车处，故从商业中心八楼到停车处是孙某兴来往于办公室和汽车两个工作场所之间的必经区域，也应当认定为孙某兴的工作场所。孙某兴是为完成开车接人的工作任务，才从位于商业中心八楼的中力公司办公室下到一楼，并在台阶处摔伤。故孙某兴在下楼过程中摔伤，应是为完成工作任务所致。此外，职工从事工作中存在过失不属于不认定工伤的法定情形，不影响职工受伤与从事本职工作之间因果关系的成立，即使孙某兴在行走之中确实有失谨慎，亦不影响本次工伤认定。一审判决撤销园区劳动局所作的《工伤认定决定书》，认定事实清楚，适用法律正确，审判程序合法，故判决驳回上诉，维持原判。

本案的争议焦点为：（1）孙某兴摔伤地点是否属于其工作场所；（2）孙某兴是否因工作原因摔伤。

二、法院的推理与逻辑

本案中，园区劳动局的说理和法院的判决分别向我们展示了工伤认定要件的行政解释与司法解释的不同。传统理论认为，工伤认定需要满足三个要件，即工作时间、工作地点和工作原因，其中，工作原因的判定是工伤认定的关键。但工作原因作为不确定法律概念，其内涵和外延较为宽泛，需要借助法律解释才能明确。本案例为我们提供了一种解释的思路。

法院首先判定了孙某兴下楼的行为与工作之间的关系，即下楼的这一行为是受到了用人单位的指令，然后法院通过论证下楼到停车场的路线是工作的必由之路这一客观事实判定了事发地点属于工作地点。也就是说，法院是基于活动、地点与工作的关联度来认定工作地点这一要件，使工伤认定的判断最终归结于工作原因的判断上。

法院在接下来的论证中，对工作原因的判定标准作出了进一步的阐释说明。法院认为《工伤保险条例》第14条第1项规定的"因工作原因"，指劳动者受伤的结果与其从事本职工作之间存在关联关系，即职工受伤与其从事本职工作存在一定关联。这样的关联关系是指，为了完成工作所必须进行的某种行为，而非仅限于本职工作这样一种狭义范围。工伤认定中的因果关系不是园区劳动局所主张的直接因果关系，而是指工作对工伤的发生提供了某种程度的可能性，工作延伸活动造成伤害也属于这样一种可能。也就是说，"工作原因"中的"工作"并不单指劳动者的劳动契约中规定的工作，也并不限定于劳动者的本职工作，而是包括了工作内容所附随、延伸的行为。比如工作前的准备、工作完成后的收尾[1]；工作中生理上所必需的行为，比如去上洗手间、去喝水等[2]；以及劳动者由于工作中的突发情况所做的应急处理工作。

在解释"工作"一词时，需要考虑劳动者在用人单位的指挥命令下从事工作，基于劳动契约劳动者有义务服从用人单位的指令和监督。比如，劳动者在工作场所休息时间，需要考虑到劳动者事实上处于待命的状态，或者，

---

[1] 中国江苏国际经济技术合作集团有限公司与徐某春、戚某刚工伤保险待遇纠纷案，江苏省泰州市海陵区人民法院（2019）苏1202民初4303号民事判决书；上诉人咸阳万方劳务服务有限公司与被上诉人铜川市耀州区人力资源和社会保障局、第三人马某艳不服工伤认定案，陕西省铜川市中级人民法院（2020）陕02行终字第4号行政判决书；黄某根与深圳市人力资源和社会保障局、深圳市人民政府、创金美科技（深圳）有限公司工伤认定决定及行政复议决定纠纷案，广东省深圳市中级人民法院（2018）粤03行终字第415号行政判决书。

[2] 何某良诉成都市武侯区劳动局工伤认定行政行为案，详见《最高人民法院公报》2004年第9期；湖南航硕体育用品有限公司劳动和社会保障行政管理（劳动、社会保障）案，湖南省高级人民法院（2020）湘行申76号行政裁定书。

劳动者受到用人单位的指派,外出参加一些活动,这些活动可能表面看起来与工作无关,比如饭局[①]、去机场接人[②]等。但事实上,劳动者参加这些活动是受到用人单位的指派,与工作存在密切的联结,故应当承认此类活动具有工作的性质。综上,工作原因的本质在于——劳动者在用人单位的指挥命令下所从事工作,受伤的结果是从事该工作所伴随风险的现实化。在工作中受到的伤害不一定都属于工伤:比如,在工作中由于个人的行为导致的伤害,个人原因引发的情杀、仇杀等伤害[③];再如,工作中遇到地震、台风或其他不可抗力导致的伤害,也不能认定为工伤。

在讨论工作原因时,还需要考虑非工作原因的排除。本案中的讨论焦点集中在劳动者的过失是否应当排除在工作原因之外。对于这一问题,园区劳动局认为,孙某兴的摔伤是由于本人的注意力不集中,属于个人原因不应当认为存在工作原因;本案中法院的观点是,劳动者个人的过失并非工作原因的排除要素,依据我国《工伤保险条例》第 16 条的规定,即便是劳动者存在过失的情形,也不影响工作原因的判定。

三、学理归纳

工伤认定涉及很多不确定的法律概念。在具体案件中,会遇到行政解释和司法解释相左的情况。面对这样的情形,法院应当如何解释条文中的不确

[①] 青岛市崂山区人力资源和社会保障局、曹某劳动和社会保障行政管理局案,山东省青岛市中级人民法院(2019)鲁 02 行终字第 593 号行政判决书;延边瑞池文化传媒有限公司与延吉市人力资源和社会保障局,第三人何某林、李某霞认定工伤案,吉林省延吉市人民法院(2018)吉 2401 行初字第 62 号行政判决书。

[②] 铜川市成鑫煤炭有限责任公司因工伤认定上诉案,陕西省铜川市中级人民法院(2012)铜中行终字第 00001 号行政判决书;孙某兴诉天津新技术产业园区劳动人事局工伤认定案——2014 年最高人民法院发布第九批指导性案例之案例四十,天津市高级人民法院(2005)津高行终字第 0034 号行政判决书。

[③]《陈善菊不服上海市松江区人力资源和社会保障局社会保障行政确认案》,《最高人民法院公报》2013 年第 9 期。

定法律概念，是解决问题的关键。

（一）工伤保险制度中的不确定法律概念

法律概念是法的最基础要素，法的适用在很大程度上就是法律概念的解释和应用。[①] 不确定法律概念是指意思不能明确，需要依据解释才能够适用的法律概念。法律的普遍适用性决定了不确定法律概念广泛存在各部门法中，也就是说，正是因为不确定法律概念的存在，通过对其解释，法律才得以适用于纷繁复杂的现实案例之中。

工伤保险制度中充满着不确定法律概念。首先，工伤保险制度本身就具有一定的不确定性。工伤保险制度是为了劳动者这一特殊群体而设定的福利保障制度，这一制度的实质是在劳动者的日常生活中，划定出"工作领域"和"非工作领域"两大块。将工作领域所发生的大部分风险责任转移给工伤保险基金承担，保障劳动者在工作领域内的伤害可以得到迅速救济。而发生在非工作领域，由劳动者个人原因或不可抗力等引发的伤害则被排除在工伤认定之外。但这样的划分并不是绝对的，工作领域和非工作领域之间没有一个明确的分界线，也就是说工伤保险制度所覆盖的范围不是绝对的、清晰的。进一步而言，工伤认定要件本身就是不确定法律概念。工伤认定一般要满足工作时间、工作地点、工作原因三个要件，这三个要件本身就是需要进行解释才能适用的法律概念。

随着社会的发展和变化，工伤保险制度所涵盖的范围也在进行细微的调整。维持工伤保险制度的动态平衡，需要给工伤保险范围留有足够的解释空间，这就是不确定法律概念的用武之处。甚至可以说，正是由于不确定法律概念的存在，工伤保险制度具备了一定的柔软性和可适用性，得以在不断变化的客观环境中持续地发挥作用。

[①] 王贵松：《行政法上不确定法律概念的具体化》，《政治与法律》2016 年第 1 期。

（二）对不确定法律概念的解释：行政解释与司法解释

我国的法律将工伤认定程序设置为两阶段的构造（二段式），即受灾劳动者必须经行政认定这一前置程序，对行政认定结果不满时，可以向法院提起诉讼。这样就从劳动诉讼的制度设计上，给了法院对行政解释司法审查的权力。二段式的认定模式能很好地修正行政认定的不足，在行政机关追求行政效率的前提下，通过司法审查对行政机关的认定结果进行修正，兼顾个案正义。

在工伤保险领域，行政机关和法院对于不确定法律概念的解释会有所出入，其原因主要有以下三个。

第一，在工伤认定中，行政解释和司法解释追求的目标不同。对于公正而言，行政机关更加追求效率。但行政机关在追求高效的同时，往往无暇顾及个案中的结果是否公正。就如同本案中，针对工作原因、工作地点的不确定法律概念，行政机关采取了直接解释的方法。把工作原因严格理解为与工作直接相关，将工作地点等同于办公室，从而将工伤保险限缩在了一个不合理的狭窄范围。而法院在司法审查中恰好可以弥补这一缺陷，相比行政机关，法院更加兼顾个案中的正义。法院可以对不确定法律概念作一个更为公正、合理的解释，从而更好地保护劳动者的合法权益。

第二，在工伤认定中，司法机关和行政机关的专业性不同。行政机关作为工伤认定的第一线，拥有长久积累的经验及专业的行政人员队伍，作为整体的行政机关，在工伤的判定上比专精法律的法院更为专业。所以我们可以将实践中大量的行政解释分为抽象解释和具体解释两种。抽象解释包括各地出台的工伤保险实施办法、有关应用性解释意见、决议等；具体解释是行政机关在具体案件的处理中，对工伤认定作出解释。行政机关的解释多是出于解决实践中的需要，能快捷高效处理工伤案件，解释更多偏向技术性。法院同行政机关不同，法院的特长在于衡量公平正义，将法律原则运用到司法解释之中。

第三，行政机关和司法机关的权责不同。在我国，工伤保险基金以地级市进行统筹，由当地政府负责。因此，行政机关倾向以严格的规则和解释，防止基金的滥用。而法院需要对行政机关在个案中的解释进行司法审查，以判断行政机关的行为是否违法，在个案之中考虑公平正义，以更好地维护劳动者的合法权益。

综上所述，在工伤行政认定中，由于行政机关注重行政效率，在认定标准中偏向于简便易行的认定模式，严格遵照《工伤保险条例》的字面文义，对工伤三个要件的认定范围较窄。这样的模式虽然能高效处理大量的案件，但由于认定标准的僵硬，容易忽视个案中的细节，造成不公。与行政机关不同，法院在工伤案件中解释不确定法律概念时，更加关注个案的公平正义。法院对于法律的解释不会囿于行政命令、规定等文件，在法律解释过程中法官会作出各种努力，以期达成一个公平合理的裁判。

需要注意的是，行政解释与司法解释的关系并非司法机关单向的修正，而是互相影响、相互促进的。行政解释能为司法解释提供参考标准及专业意见，司法解释不仅是最后一道救济程序，更是一面反映实践经验不足之处的镜子。工伤认定标准可以通过司法与行政之间的互动，积极有效地回应实践需求，解决新的问题。

（三）解释的路径：回归工伤保险立法本意

不确定法律概念的解释在工伤认定中占据着重要的地位，是工伤认定的核心内容。孙某兴案件给出了一种新的解释路径——回归工伤保险立法本意去解释不确定法律概念。即在工伤认定案件中解释法律时，首先要了解立法机关在制定工伤保险制度时所希望达到的目的；其次要以这个目的为指引，说明法律的含义。

《工伤保险条例》第1条规定："为了保障因工作遭受事故伤害或者患职

业病的职工获得医疗救治和经济补偿，促进工伤预防和职业康复，分散用人单位的工伤风险，制定本条例。"《工伤认定办法》第 1 条也规定："为……维护当事人的合法权益，根据《工伤保险条例》的有关规定，制定本办法。"这充分说明了工伤保险法律的立法目的是：（1）保障因公受伤的劳动者能公正且快速地获得医疗救助和经济补偿；（2）促进劳动安全、劳动保护制度的发展；（3）分散用人单位风险。其中，最重要的就是保障劳动者权益，即在劳动者因公负伤的情况下，迅速得到救助和补偿。孙某兴案中园区劳动局对《工伤保险条例》第 14 条第 1 项规定的"工作场所""因工作原因"的理解，囿于字面的狭窄范围，违背了《工伤保险条例》保障劳动者合法权益的立法目的。法院在进行司法解释时，从立法的目的、保护劳动者权益的角度出发，探讨工作与受伤之间的因果关系，矫正了行政机关的解释。本案对日后的工伤认定案件有着重要的指导意义。

工作原因是工伤认定的核心，同时也是工伤三个要件中内涵和范围最难以确定的要件，实践中大量的案件的争议焦点都在是否为工作原因的认定上。以本案中对工作原因的解释为例，法院认为，工作原因指劳动者受伤的结果与其从事本职工作之间存在关联关系，即职工受伤与其从事本职工作存在一定关联。这样的关联关系并非指工作与伤害结果间直接的、必然的因果关系，而是一种相当因果关系。劳动者的伤害结果与工作之间只要满足"相当性"的条件，即可认定存在工作原因，即工作上的原因显著地增加了劳动者发生损害的可能性。[①]

工伤认定中工作原因的范围并不是固定的，而是会随着就业模式、劳动环境、社会发展等环境的变化而发展改变的。工作原因的范围边界并非刚性的，而是应具备能够与时俱进的柔软性，根据现实需要不断地进行调整，因此其判断标准需要依托法官在个案中的解释，通过判例进行不断的累积和更

---

① 李国俊、张盼：《"家庭办公"的工伤认定标准探究》，《中国劳动关系学院学报》2019 年第 3 期。

新。这种调整需要重视工伤认定两个部门、两种程序之间的互动，即司法解释与行政解释间不断地对话，相互影响。通过两者的互动，实现工伤认定中以专业知识为基础的行政工伤认定与以相对独立为原则的司法工伤认定之间的协调，不断完善工伤认定标准，以更好地保护劳动者的权益。[①]

[①] 施婧葳：《日本精神疾患劳灾认定的衍变及启示》，《河南财经政法大学学报》2022年第2期。

06

视同工伤的判定
上海温和足部保健服务部诉上海市普陀区人力资源和社会保障局工伤认定案[①]

陈锦波　中国政法大学诉讼法学研究院

提要　本案中，法院确立了视同工伤的如下判定标准：职工在工作时间和工作岗位上突发疾病，经抢救后医生虽然明确告知家属无法挽救生命，在救护车运送回家途中职工死亡的，仍应认定其未脱离治疗抢救状态。若职工自发病至死亡期间未超过48小时，则应视为"48小时之内经抢救无效死亡"，视同工伤。

一、案件事实与争议焦点

本案是《最高人民法院公报》于2017年第4期刊登的一则工伤认定案件，该案历经上海市普陀区劳动人事争议仲裁委员会的裁决、上海市普陀区人民法院的一审判决和上海市第二中级人民法院的二审裁判。当事人包括上诉人上海温和足部保健服务部（以下简称温和足保部，同时为一审原告）、被上诉人上海市普陀区人力资源和社会保障局（以下简称普陀区人保局，同时为一审被告），以及第三人何某美、吴某波（系死者吴某海的妻子和儿子）。

根据上海市普陀区劳动人事争议仲裁委员会于2014年8月19日作出的普劳人仲（2014）办字第2570号裁决书，死者吴某海自2012年12月20日

[①] 一审裁判文书为上海市普陀区人民法院（2015）普行初字第31号行政判决书，二审裁判文书为上海市第二中级人民法院（2015）沪二中行终字第464号行政判决书。

至 2013 年 12 月 24 日在温和足保部工作。2013 年 12 月 23 日，吴某海在工作中突发疾病，于 2013 年 12 月 24 日因抢救无效死亡。2014 年 10 月 13 日，作为吴某海的妻子和儿子，何某美、吴某波向普陀区人保局提出申请，要求普陀区人保局认定吴某海构成工伤。普陀区人保局认为该案符合《工伤保险条例》第 15 条第 1 款第 1 项之规定、《上海市工伤保险实施办法》第 15 条第 1 款第 1 项之规定，属于视同工伤范围，因而予以认定为工伤。原告温和足保部不服普陀区人保局的工伤认定，认为该认定事实不清、适用法律错误，向上海市普陀区人民法院提起诉讼，要求撤销普陀区人保局的该工伤认定。普陀区法院经审理认为，本案应由温和足保部承担举证责任，但温和足保部在工伤认定调查程序期间及一审期间均未提供足够证明吴某海的死亡不构成工伤的证据，不足以推翻普陀区人保局的工伤认定决定，因此判决驳回温和足保部的诉讼请求。温和足保部不服该一审裁判，向上海市第二中级人民法院提起上诉，认为吴某海不是在工作时间发病，死亡时间不明，吴某海所患疾病并非突发，也不是经抢救无效而死亡。同时，上诉人温和足保部还指出，吴某海家属为送吴某海回乡而租用的救护车不正规，且上海化学工业区医疗中心出具的居民死亡医学证明日期被不当涂改，真实性存疑。因此，请求撤销一审判决及普陀区人保局所作的工伤认定决定。上海市第二中级人民法院经审理认为上诉人温和足保部的相应主张不能成立，因此驳回其上诉，维持一审裁判。

本案的争议焦点为：（1）吴某海因病死亡的情形是否属于视同工伤的情形；（2）吴某海死亡医学证明是否真实；（3）运送吴某海回乡的救护车是否是正规救护车。

二、法院的推理与逻辑

围绕双方当事人的上述三点争议，两审法院从正、反两个层次进行了较为详尽的论述和说理，逐一驳回了温和足保部的相关不合理主张。两审法院的具体裁判思路如下。

（一）吴某海因病死亡的情形属于视同工伤的情形

一审法院引用《工伤保险条例》第 15 条第 1 项的规定，认为单位职工在工作时间和工作岗位，因突发疾病死亡或在 48 小时内因抢救无效死亡的，属于视同工伤的情形。同时，一审法院围绕这一条款展开对"吴某海因病死亡的情形是否属于视同工伤的情形"的论述。首先，法院根据上海市普陀区劳动人事争议仲裁委员会于 2014 年 8 月 19 日作出的普劳人仲（2014）办字第 2570 号裁决书和对温和足保部投资人吴某煌的调查笔录，认定 2014 年 12 月 23 日，吴某海在温和足保部处上班，且在上班期间突发疾病，并被送至同济医院。其次，根据同济医院出具的病历，吴某海的疾病确属突发，且同济医院对病人吴某海进行了积极的抢救治疗，但吴某海经抢救无效于次日死亡。再次，根据《工伤保险条例》第 19 条第 2 款的规定，在员工或其近亲属认为是工伤，而用人单位认为不是工伤的，应当由用人单位来承担举证责任。本案正属于此种情形，但作为用人单位的温和足保部在工伤调查程序及庭审中都没有提供足以推翻"吴某海属于工伤"这一认定的证据。最后，二审法院对本案件争议焦点作了进一步阐述说明，认为吴某海从发病被送至同济医院治疗，直至在救护车上死亡，自始至终都没有脱离相关医疗机构的抢救，且吴某海的亲属也始终没有拒绝医疗人员对吴某海进行救治。因此，吴某海应当属于"因突发疾病死亡或在 48 小时内因抢救无效死亡"的情形。基于以上多方面的理由，两审法院驳回了温和足保部"吴某海不是在工作时间、工作岗位上发病""吴某海的疾病属于慢性疾病而非突发疾病""吴某海的死亡系其亲属主动放弃治疗所致"等主张，依法认定吴某海的死亡属于《工伤保险条例》第 15 条第 1 款第 1 项所规定的视同工伤的情形。

（二）吴某海的死亡医学证明系属真实

温和足保部在上诉中认为上海化学工业区医疗中心对吴某海出具的死亡医学证明日期有涂改，因而对其真实性存疑。然而，二审法院认为，首先，上海化学工业区医疗中心是有资质的医疗单位，且该医疗机构对吴某海出具的死亡医学证明形式完整、要件齐备。其次，吴某海的死亡医学证明的日期虽然有涂改因而具有一定的瑕疵，但是这种涂改并不影响对吴某海死亡日期的认定。最后，吴某海的死亡医学证明跟本案的其他证据不存在矛盾之处。因此，二审法院认为上海化学工业区医疗中心对吴某海出具的死亡医学证明虽有瑕疵，但可以认定其真实性。

（三）运送吴某海回乡的救护车是正规救护车

上诉人温和足保部在上诉中认为吴某海亲属所租用的、用于运送吴某海回乡的救护车属于非正规救护车。对此，二审法院认为，首先，被上诉人普陀区人保局认定吴某海死亡的依据是上海化学工业区医疗中心的死亡医学证明，该证明载明运送吴某海回乡的车辆是急诊救护车。其次，吴某海的亲属何某美、吴某波两人是通过拨打120这一正规途径呼叫的救护车，虽然上海化学工业区医疗中心的救护车不属于上海市医疗急救中心所有，但并不能因此而推断该救护车属于非正规救护车。最后，上诉人温和足保部没有提供相应的证据证明何某美、吴某波两人呼叫来的救护车属于非正规救护车。因此，二审法院根据上述三方面的理由，驳回了上诉人温和足保部"运送吴某海回乡的救护车属于非正规救护车"的主张。

三、学理归纳

《工伤保险条例》第14条、第15条和第16条分别规定了应当认定为工伤的情形、视同工伤的情形及工伤认定排除情形,这三个条款被学者概括为重要的"工伤三条"。[①] 本案涉及的学理问题主要是对"视同工伤"的合理认定。

(一) 工伤制度的由来

现代工伤制度的确立历经了一个发展的过程。起初,对于雇员在工作过程中遭受的损害,雇主仅仅承担过错责任,单纯的事故则由劳动者自行承受。然而,随着工业的发展,劳动者面临越来越多的工作风险,但要证明这些工作风险系由雇主的过错所造成则越来越难。此时,如果仍然按照古典侵权法的归责原则(过错原则)来界定劳动者损害结果的归属,那么劳动者将很难获得赔偿。很多情形下,工业风险难以预测,工作与工业风险间的因果关系也很难证明。这将让大量的劳动者成为近现代工业发展的牺牲品,严重违背了公众的朴素正义观念。因此,英、美、德等工业强国开始调整风险在雇主和雇员之间的分配,雇主替代责任和雇主过错推定原则开始被引入。但是,这种工作风险的调整并没有真正达到预期的效果。相反,它带来了一系列问题:企业内部之间的和平被不断打破、劳资关系之间的固有阶级对立和摩擦被加剧……随着工业化的不断推进,工人中的伤残群体越来越庞大,工人运动高涨,政治危机频现。西方各国开始寻找新的应对方案。在此背景下,德国开创的工伤保险化改革被各国采纳,开始被逐步推广开来。[②]

工伤保险制度的本质在于将现代工业视为一个整体,从宏观层面来整体性地把握社会风险在不同群体之间的分配,从而确立一种所有人利益最大化的损失分配方案。[③] 这迥然不同于以往方案注重实现个人之间正义的做法,有效化解了劳资关系的对立,也消解了各种工业事故中雇主被强加的各种道德责任。

[①] 参见侯玲玲《工伤排除规则重构:从过错到因果》,《中国法学》2019 年第 5 期。
[②] 参见郑晓珊《工伤认定一般条款的建构路径》,《法学研究》2019 年第 4 期。
[③] See Crystal Eastman *Work-Accidents and the Law* (New York: Charities Publication Committee,1910), p.84.

（二）在工伤认定条款之外再设立"视同工伤"条款的缘由

《工伤保险条例》第14条规定了应当认定为工伤的7种情形，该条款前6项是对"应当认定为工伤"之类型的明确列举，而第7项"法律、行政法规规定应当认定为工伤的其他情形"属于兜底性条款。然而，由于并没有其他法律或行政法规对这里的"其他情形"作出规定，因此"应当认定为工伤"的情形实际上被限制在《工伤保险条例》第14条前6项规定的6种情形中。而且，上述6种情形又被《工伤保险条例》以工作时间、工作岗位等工作关联因素所进一步限定，这使实践中能够被纳入《工伤保险条例》第14条保护范围的情形非常有限。如果《工伤保险条例》仅有此一项规定，则将无法兑现《工伤保险条例》本身的制定初衷，从而致使现实中劳动者的很多权益无法得到充分的保护。这也是《工伤保险条例》增设第15条关于"视同工伤"情形规定的目的：扩充《工伤保险条例》的规范辐射范围，从而更广泛地保护劳动者的相关权益。

从《工伤保险条例》第15条的规范文本文义来看，其显然与工伤制度的本意范围有所区别，这也是《工伤保险条例》使用"视同"二字的原因。质言之，《工伤保险条例》第15条所谓的"视同工伤"，实际上属于一种法律拟制，是"有意地将明知为不同者，等同视之"。[①] 根据《工伤保险条例》第15条第1款的规定，"视同工伤"的情形包括以下三种。

首先，在工作时间和工作岗位突发疾病死亡或在48小时内经抢救无效死亡的情形。从《工伤保险条例》文本文义来看，只要劳动者是在工作时间和工作岗位上发病而死亡的，就可以视为工伤，而并不要求该疾病是为劳动者本身的工作事项所导致。也就是说，在这种情形中，不管劳动者的死亡结果是否与工作本身存在实质关联，其都受《工伤保险条例》保护，这与"应当认定为工伤"的情形不同，后者要求劳动者遭受的伤害结果必须与工作存

---

① 参见［德］卡尔·拉伦茨《法学方法论》，陈爱娥译，商务印书馆2003年版，第142页。

在实质关联性。① 此类"视同工伤"的情形，又可以具体化为以下两种情况。一是劳动者在工作时间和工作岗位上，因突发疾病而死亡，可称之为"未经抢救而死亡的情形"。二是劳动者在工作时间和工作岗位上，因突发疾病在48小时内经抢救无效而死亡，可称之为"经抢救无效而死亡的情形"。"未经抢救而死亡的情形"的认定难点，主要在于劳动者发病时不一定有其他人在场，从而难以确定劳动者是否是在工作时间和工作岗位上突发疾病，"海南省海口市人力资源和社会保障局与俞某杰工伤认定纠纷再审案"则为是例。② "经抢救无效而死亡的情形"的认定难点，则主要在于"是否经过了有效的抢救"及"48小时的起算点"等方面，本案则为是例。对于这两种情形的认定，司法机关总体倾向于"从有利于职工合法权益保护的立法目的考虑，作出对职工有利的事实推定"③。

其次，劳动者因抢险救灾等维护公益的事项而受到伤害的情形。这种情形中的劳动者并非因与自身工作有关的事项而受到伤害，显然不属于"应当认定为工伤"的情形。然而，国家为了鼓励公民为维护国家利益和社会公共利益而积极有所作为，特设定此项情形，将之视同为工伤，以使心怀正义的公民能够获得社会的正面评价及国家的善待。

最后，劳动者在部队曾经因战或因公而负伤致残，再到当前用人单位工作后旧伤复发的，可以视同为工伤。这从本质上来说，也是国家为弘扬正面典型而做的法律拟制化规定。当然，此时视同工伤的认定，仍然有严格的限制条件。一是劳动者曾经在部队服役。二是劳动者在部队服役期间因战争或公务而负伤和致残。三是该劳动者已经取得了革命伤残军人证。四是在用人单位发病的原因是因旧伤复发，而不是因其他新的原因而发病。这些要件缺一不可，否则劳动者即不构成《工伤保险条例》第15条第1款第3项所规定

---

① 有学者也因此批评《工伤保险条例》此条款的规定，认为这不正当地扩大了《工伤保险条例》的保护范围。参见郑晓珊《工伤认定一般条款的建构路径》，《法学研究》2019年第4期。
② 具体案情介绍可参见最高人民法院（2017）最高法行申6467号行政裁定书。
③ 参见郭修江《在家加班期间突发疾病死亡应当视同工伤》，《人民司法》2019年第2期。

的"视同工伤"的情形。

总之,《工伤保险条例》第 15 条所设立的"视同工伤"条款是对《工伤保险条例》第 14 条所列"应当认定为工伤"的情形之必要补充,其旨在适应工业时代职业风险日益增加的现实情状,从而更加充分地保护劳动者权益。

(三)视同工伤条款适用范围的合理界定

有学者认为,应当对《工伤保险条例》第 15 条所规定的"视同工伤"情形进行严格把握,不能轻易适用。首先,该学者认为,从立法目的来看,虽然《工伤保险条例》侧重于对作为弱者的劳动者一方的保护,但《工伤保险条例》本身也要顾及用人单位的利益。就本质而言,《工伤保险条例》是对用人单位和职工之间利益的一种平衡。其次,"视同工伤"不同于"应当认定为工伤"的情形,这本身已经扩大了工伤认定的范围,因此不应再对"视同工伤"的情形作进一步扩大解释,而应将之限定为法律明文规定的要件上。最后,该学者认为我国法律规范对职工已经确立了养老保险、失业保险、医疗保险、生育保险和工伤保险等较为完备的保险体系,而每类保险显然都已经承担了其特定的功能,因此对类似于"突发疾病"的情形就不能完全归结到工伤保险,而应由医疗保险等分担职工的一部分职业风险。[1]

的确,对于《工伤保险条例》所列举的三种"视同工伤"的情形,实务中争议颇大,因此应当予以慎重对待。如前文所述,《工伤保险条例》第 15 条所规定的"视同工伤"的情形,是法律将特定情形下职工的损害拟制为工伤的情形。然而,这种法律拟制也有它的风险:可能导致"应当认定为工伤"的情形与"视同工伤"的情形二者在构成要件上的实质性差异,可能将这种等同平视扩及事物本身可以接受的范围之外。[2] 因此,在立法上,所谓的"视同"与"视同"所参照的事物本身在程度上应当是有所区别的,"视同工伤"

---

[1] 参见李伟伟《对视同工伤应从严把握》,《人民司法》2019 年第 35 期。
[2] 参见 [德] 卡尔·拉伦茨《法学方法论》,陈爱娥译,商务印书馆 2003 年版,第 143 页。

与"应当认定为工伤"这二者就不可能在每个点上都完全相同。而在法律适用的层面,"若各该系争情况的性质显示有此必要,那么执行法律的机关还是必须依据一般的解释原则,针对各个具体案件,斟酌规范上到哪种程度,将系争不同的法律事实给予相同的评价是正当的"[①]。对于那些在法理和情理上显然无法接受的视同效果,就必须运用目的性限缩的法解释方法将规范的适用范围限定在合理范围内,以矫正规范超出政策性必要的过宽之处。同时,在程序法的安排上,还应当允许用人单位通过提供反证(如用人单位通过证明职工所受伤害与工作无关)来推翻"视同工伤"条款的适用。

概而言之,我们在实务中适用"视同工伤"条款时确实应当更加审慎、从严把握。需要指出的是,如果劳动者遭受损害的情形没有超出《工伤保险条例》第 15 条规定的条文可能的定义范畴之外,从《工伤保险条例》侧重保护劳动者权益的立法目的出发,有时在某些事实难以证明的情况下,还是应当做有利于劳动者的事实推定。

四、遗留问题与展望

本案作为《最高人民法院公报》所刊载的案例,为我们清晰呈现了最高司法机关对于"视同工伤"情形的认定思路,对类案裁判具有参考价值。然而,对"视同工伤",特别是《工伤保险条例》第 15 条第 1 款第 1 项规定的"视同工伤"情形究竟应当如何认定,实务中还存在分歧,[②] 需要司法机关和理论界去总结经验和完善研究。

[①] 参见黄茂荣《法学方法与现代民法》,法律出版社 2007 年版,第 490 页。
[②] 如"阳某与江苏省南京市江北新区管理委员会社会事业局工伤认定案"中,对于原告阳某的丈夫邢某桄的死亡是否属于"视同工伤"的情形,法院内部就形成了两种截然不同的意见,具体参见李伟伟《对视同工伤应从严把握》,《人民司法》2019 年第 35 期;南京铁路运输法院(2018)苏 8602 行初字第 991 号行政判决书。

07

参照规章的认定
苏某淮、甘肃省兰州市人力资源和社会保障局再审行政裁定书[①]

刘雪鹏　浙江大学光华法学院

提要　本案中，面对甘肃省兰州市人力资源和社会保障局（以下简称兰州市人社局）对苏某淮的工伤认定申请是否有管辖权的争议，法院结合《工伤保险条例》《甘肃省实施〈工伤保险条例〉办法》（以下简称《甘肃省实施办法》）的立法目的，认为该实施办法第5条第2款并没有和《工伤保险条例》第17条第3款相抵触，应参照适用。

一、案件事实与争议焦点

本案为一起最高人民法院受理的再审案件，再审申请人（一审原告、二审上诉人）苏某淮；被申请人（一审被告、二审被上诉人）兰州市人社局。

苏某淮分别向甘肃省人力资源和社会保障厅（以下简称甘肃省人社厅）、兰州市人社局提出工伤认定申请。对此，甘肃省人社厅以苏某淮的受伤时间不在社会保险行政部门受理范围为由，于2012年8月14日作出001号《甘肃省职工工伤认定申请不予受理决定书》（以下简称001号《通知书》）。2011年3月24日，苏某淮向兰州市人社局提出工伤认定申请，兰州市人社局以苏某

[①] 一审裁判文书为甘肃省武威市中级人民法院(2015)武中行初字第278号行政判决书，二审裁判文书为甘肃省高级人民法院（2016）甘行终字第347号行政判决书，再审裁判文书为最高人民法院（2017）最高法行申2165号行政裁定书。

淮的工伤认定申请超过时效为由作出《不予受理通知书》。苏某淮就001号《通知书》《不予受理通知书》，分别多次向法院提起行政诉讼。

针对001号《通知书》，苏某淮不服，向甘肃省人民政府申请行政复议。甘肃省人民政府于2012年10月22日决定维持001号《通知书》。2013年12月11日，苏某淮诉至甘肃省兰州市城关区人民法院，请求撤销该不予受理决定。兰州市城关区人民法院一审作出（2014）城行初字第164号行政裁定，以超过起诉期限为由驳回苏某淮的起诉。苏某淮提起上诉，甘肃省兰州市中级人民法院二审作出（2014）兰行终字第15号生效行政裁定予以维持。2014年6月13日，苏某淮再次诉至甘肃省兰州市城关区人民法院，请求撤销001号《通知书》。兰州市城关区人民法院一审作出（2014）城行初字第110号行政裁定，以重复起诉为由驳回苏某淮的起诉，苏某淮再次提起上诉，甘肃省兰州市中级人民法院二审作出（2014）兰行终字第83号生效行政裁定予以维持。

针对《不予受理通知书》，苏某淮不服，向甘肃省武威市中级人民法院提起行政诉讼，甘肃省武威市中级人民法院以兰州市人社局的送达程序违法为由，判决撤销了该《不予受理通知书》，责令兰州市人社局重新作出行政行为。判决生效后，兰州市人社局于2015年9月22日以其对苏某淮的工伤认定申请无管辖权为由作出003号《工伤认定申请不予受理通知书》（以下简称003号《通知书》），并于2015年9月24日向苏某淮予以送达。

本案发端于003号《通知书》，苏某淮不服003号《通知书》，向甘肃省武威市中级人民法院提起行政诉讼。甘肃省武威市中级人民法院一审作出（2015）武中行初字第278号行政判决。苏某淮提起上诉，甘肃省高级人民法院二审作出（2016）甘行终字第347号行政判决。苏某淮不服，向最高人民法院申请再审。

本案的争议焦点为：（1）生效裁判维持的行政决定是否对其他行政机关有法律效力；（2）兰州市人社局对苏某淮的工伤认定申请是否有管辖权；（3）《甘肃省实施办法》第5条第2款的规定是否与《工伤保险条例》第17条

第 3 款相抵触。

二、法院的推理与逻辑

围绕上述争议焦点，最高人民法院的论证逻辑是：再审法院首先查明兰州市人社局作出 003 号《通知书》前，已有生效裁定维持了 001 号《通知书》。在此基础上法院认定，001 号《通知书》对兰州市人社局和苏某淮具有法律效力。此外，对于兰州市人社局对苏某淮的工伤认定申请有无管辖权，法院以参照规章为基础，明确不抵触行政法规的规章应为审判依据。具体如下。

（一）厘清工伤认定不予受理的核心：生效裁判维持的行政决定对其他行政机关的法律效力

一审、二审法院主要围绕兰州市人社局对苏某淮的工伤认定申请有无管辖权展开论证。与之不同，最高人民法院在再审案件中查明了一审、二审法院遗漏的事实：除了兰州市人社局，苏某淮还向甘肃省人社厅提出过工伤认定申请。对此，甘肃省人社厅作出 001 号《通知书》。苏某淮向甘肃省人民政府申请行政复议，甘肃省人民政府维持了 001 号《通知书》。随后，苏某淮向甘肃省兰州市城关区人民法院提起诉讼，该院以超过起诉期限为由驳回苏某淮的起诉。苏某淮不服提起上诉，甘肃省兰州市中级人民法院作出生效行政裁定予以维持。苏某淮再次诉至甘肃省兰州市城关区人民法院，请求撤销该不予受理决定。该院以重复起诉为由驳回苏某淮的起诉。苏某淮仍不服提起上诉，甘肃省兰州市中级人民法院作出生效行政裁定予以维持。可见，兰州市人社局作出 003 号《通知书》前，已有维持 001 号《通知书》的生效行政裁判。

据此，最高人民法院认为，甘肃省人社厅作出的 001 号《通知书》未被人民法院依法撤销，具有法律效力，兰州市人社局及苏某淮均应受到该决定羁束。兰州市人社局针对苏某淮提出的工伤认定申请，以无管辖权为由作出003号《通知书》，属于行政决定的理由错误，兰州市人社局应以重复申请为决定理由。换言之，本案的核心问题根本不是双方当事人争议的兰州市人社局有无管辖权，而是生效裁定维持的行政决定对其他行政机关的效力问题。虽然一审、二审法院遗漏了苏某淮重复申请的事实，但是由于001号《通知书》未被依法撤销，对于苏某淮而言，结果并无二致。最高人民法院从减少当事人诉累的角度考虑，裁定驳回苏某淮的再审申请。

（二）明确参照规章的司法审查方法：不抵触行政法规的规章应适用

针对当事人争议的兰州市人社局管辖权问题，涉及《工伤保险条例》《甘肃省实施办法》等法律规范。对此，苏某淮针对003号《通知书》提起行政诉讼的同时，一并请求法院对《甘肃省实施办法》第5条第2款进行合法性审查。

一审、二审法院以《工伤保险条例》第17条第3款的规定为依据："按照本条第一款规定应当由省级社会保险行政部门进行工伤认定的事项，根据属地原则由用人单位所在地的设区的市级社会保险行政部门办理。"据此，职工的工伤认定应向用人单位所在地的设区的市级社会保险行政部门提出申请。本案中，苏某淮以甘肃省测绘工程院职工身份向兰州市人社局提出工伤认定申请，兰州市人社局认为甘肃省测绘工程院工伤保险工作由甘肃省人社厅管理，苏某淮的工伤认定申请应向甘肃省人社厅提出，对苏某淮申请事项无管辖权的理由不符合上述规定。至于苏某淮向法院提出一并审查地方政府规章的请求，依照《行政诉讼法》（2015年）第53条："公民、法人或者其他组织认为行政行为所依据的国务院部门和地方人民政府及其部门制定的规范性文件不合法，在对行政行为提起诉讼时，可以一并请求对该规范性文件进行审查。前款规定的规范性文件不含规章。"经审查，《甘肃省实施办法》属于规章，而不属于规范性文件，故法院对该办法无权进行审查。

与之相对，最高人民法院的裁判理由表明，规章的确不在《行政诉讼法》（2017年）第53条规定的规范性文件附带审查的范围内，但是依据《行政诉讼法》（2017年）第63条的参照规章，法院有权对规章是否抵触上位法进行审查。回到本案，该问题涉及行政权力的层级配置。根据兰州市人社局的答辩意见，省直事业单位工伤保险管理工作规定由甘肃省人社厅负责，出发点是为在省社会保险经办机构参加社会保险的单位和职工在工伤认定、待遇支付等方面带来便利，据此甘肃省人民政府以地方政府规章的法治化形式将省直事业单位工伤保险管理职权保留在甘肃省人社厅并无不妥。因此，《甘肃省实施办法》第5条第2款的规定与《工伤保险条例》第17条第3款并不抵触。但为避免上下级行政机关之间相互争权诿责，提高行政效率，甘肃省人社厅应制定相应程序规范完善行政运行机制，建立其与各市人社局之间的沟通协调制度。如果当事人依照《工伤保险条例》的规定向市人社局提出工伤认定申请，则市人社局应负有向甘肃省人社厅转递申请的义务，如此方能真正方便当事人，体现服务型政府的本质。虽然原审法院认为甘肃省人社厅无管辖权并无不当，但是原审法院并未对规章进行司法审查。

三、学理归纳

工伤认定常常涉及法律、行政法规、规章、规范性文件的适用，较常见的如规章和法律、行政法规的关系等。

（一）何为参照规章

本案涉及工伤认定的法律适用问题。2015年《行政诉讼法》修订，首次明确规定了公民可以向法院提请规范性文件的附带性审查，并规定了法院相应的审查判断权。然而，依据该法第53条第2款，规章不在此列。也就是说，一方面，当事人不能单独提起针对规章的行政诉讼，法院也不能直接审查；

另一方面，当事人不能在关于行政行为的诉讼中，附带提起一并审查的诉讼请求，法院也不能附带审查规章的合法性。[①] 但这并不是否定法院对于规章的审查判断权。按照 2015 年《行政诉讼法》第 63 条规定，人民法院审理行政案件，以法律和行政法规、地方性法规、自治条例、单行条例为依据，参照规章。参照规章则隐含着法院对规章的审查判断权。

回顾参照规章的立法变迁过程，1989 年颁行的《行政诉讼法》第 52 条第 1 款规定，人民法院审理行政案件，以法律和行政法规、地方性法规为依据。地方性法规适用于本行政区域内发生的行政案件。同法第 53 条第 1 款规定，人民法院审理行政案件，参照国务院部委根据法律和国务院的行政法规、决定、命令制定、发布的规章，以及省、自治区、直辖市和省、自治区的人民政府所在地的市和经国务院批准的较大的市的人民政府根据法律和国务院的行政法规制定、发布的规章。1989 年《行政诉讼法》把法律、行政法规、地方性法规列为行政审查的依据，并参照规章。从立法意图上看，规章可否作为行政裁判的依据，立法制定之初存在肯定、否定两种观点，《行政诉讼法》（1989 年）最终采用参照规章的表述，旨在与依据相区别：对符合法律、行政法规规定的规章，法院应参照适用；对不符合或不完全符合法律、行政法规原则精神的规章，法院可以有灵活处理的余地。[②] 其后，最高人民法院相继出台了《关于执行〈中华人民共和国行政诉讼法〉若干问题的解释》（以下简称《若干解释》）、《关于审理行政案件适用法律规范问题的座谈会纪要》（以下简称《会议纪要》）。《若干解释》第 62 条第 2 款规定，人民法院审理行政案件，可以在裁判文书中引用合法有效的规章及其他规范性文件。《会议纪要》规定，法院在参照规章时，应当对规章的规定是否合法有效进行判断，对于合法有效的规章应当适用。换言之，《若干解释》《会议纪要》明确了参照规章的含

[①] 参见林莉红、李淮《行政规范性文件司法审查构造论》，《学术论坛》2017 年第 6 期。
[②] 参见王汉斌《关于〈中华人民共和国行政诉讼法（草案）〉的说明》，《最高人民法院公报全集（1985—1994）》1995 年。

义，即法院对规章有合法有效审查判断权。进一步说，法院对于符合法律、行政法规的规章，应当适用。但是当时的法律规范并没有指明，规章不符合法律、行政法规时，法院应如何处理。修订后的《行政诉讼法》（2017年）第63条基本沿用了1989年《行政诉讼法》的规定。在此基础上，最高人民法院出台了《关于适用〈中华人民共和国行政诉讼法〉的解释》（以下简称《适用解释》），按照《适用解释》，参照规章包含法院对规章的正、反两面评价：符合法律、行政法规的规章，法院应当适用；抵触法律、行政法规的规章，法院不予适用。

我国学界对于参照规章的理解基本一致：参照规章包含了法院对规章的审查判断权。具体来说，多数学者认为，参照规章意味着法院有权审查规章的合法性。法院对于符合法律、行政法规的规章，应予适用；法院可以对不合法的规章不予适用，但法院无权撤销或改变规章。[①]可见，参照规章的意涵为：法院审查和判断规章是否合法有效并决定是否适用的权力。

本案中，最高人民法院认为，《甘肃省实施办法》第5条第2款不抵触上位法《工伤保险条例》第17条第3款的规定，可以适用。本案是参照规章的积极判断，与之相对，最高人民法院发布的第5号指导性案例就是消极判断。该案被告依据《江苏盐业实施办法》这一地方政府规章，对原告作出行政处罚决定。原告在提起行政诉讼的过程中，法院对地方政府规章的合法性作了审查判断。法院的审查思路为：其一，《盐业管理条例》没有设定工业盐准运证，《江苏盐业实施办法》却设定了工业盐业准运证；其二，《盐业管理条例》对盐业公司之外的其他企业经营盐的批发业务没有设定行政处罚，《江苏盐业实施办法》却对该行为设定了行政处罚。由此，法院认为，《江苏盐业实施办法》这一地方政府规章，与《盐业管理条例》这一行政法规相抵触。总之，第5号指导性案例的裁判要旨表明：地方政府规章违反法律规定设定许

[①] 参见马得华《论"不予适用"：一种消极的司法审查——以〈行政诉讼法〉第63条和64条为中心的考察》，《环球法律评论》2016年第4期。

可、处罚的,人民法院在行政审判中不予适用。①

(二)法院如何参照规章

既然《行政诉讼法》(2015 年)规定的参照规章包含了法院对规章的审查判断权,那么在个案中法院该如何审查呢?《行政诉讼法》(2015 年)并没有明确指引。对此,法院在行政审判中逐步形成了一套审查规则,即通过比对法条来判断条文之间是否相抵触。可见,规章是否抵触法律、行政法规成为参照规章的审查理由之一。

法规范相抵触属于上下位法之间的法律规范冲突。当一个法规范效力源于另一个法规范时,它们之间便构成了上下位法关系。"法律规范之所以有效力是因为它是按照另一个法律规范决定的方式被创造的,因此,后一个规范便成了前一个规范的效力的理由。"②法的效力等级隐含了上位法优于下位法的适用规则,下位法抵触上位法就构成法院对下位法不予适用的理由。聚焦规章,《立法法》分别为部门规章、地方政府规章设定了立法权限。《立法法》第 80 条第 2 款规定,部门规章规定的事项应当属于执行法律或者国务院的行政法规、决定、命令的事项。没有法律或者国务院的行政法规、决定、命令的依据,部门规章不得设定减损公民、法人和其他组织权利或者增加其义务的规范,不得增加本部门的权力或者减少本部门的法定职责。换言之,部门规章的法效力来自法律、行政法规,属于两者的下位法。部门规章不得抵触法律、行政法规。具体来说,部门规章不得减损(增加)公民权利(义务)、不得增加(减少)本部门权力(职责)。《立法法》第 82 条第 2 款规定,地方政府规章可以规定下列事项:其一,为执行法律、行政法规、地方性法规的规定需要制定规章的事项;其二,属于本行政区域的具体行政管理事项。同

---

① 参见章剑生《行政诉讼中规章的"不予适用"——基于最高人民法院第 5 号指导案例所作的分析》,《浙江社会科学》2013 年第 2 期。

② [奥]凯尔森:《法与国家的一般理论》,沈宗灵译,中国大百科全书出版社 1996 年版,第 141 页。

法第 82 条第 6 款规定，没有法律、行政法规、地方性法规的依据，地方政府规章不得设定减损公民、法人和其他组织权利或者增加其义务的规范。可见，部门规章的法规范效力来自法律、行政法规、地方性法规，在法的效力位阶上，属于上述三者的下位法。部门规章不得抵触法律、行政法规、地方性法规，具体来说，地方政府规章不得减损（增加）公民权利（义务）。

那么，法院在行政审判中如何判断规章抵触上位法？《立法法》只作了原则性规定，没有明确法院的审查方式。《会议纪要》规定，下位法的规定不符合上位法的，人民法院原则上应当适用上位法。当前许多具体行政行为是依据下位法作出的，并未援引和适用上位法。在这种情况下，为维护法制统一，人民法院审查具体行政行为的合法性时，应当对下位法是否符合上位法一并进行判断。经判断下位法与上位法相抵触的，应当依据上位法认定被诉具体行政行为的合法性。《会议纪要》也列举了 10 种下位法抵触上位法的情形，但列举本身较为局限，学理上的争论也一直未休。有学者从法律关系角度出发，认为下位法抵触上位法的标准应为：（1）在权利与义务关系中，下位法限缩、取消上位法已经确认的权利或者扩大、增加上位法没有设置的义务；（2）在职权和职责关系中，下位法扩大、增加上位法没有授予的职权或者限缩、取消上位法已经设置的职责。[①] 也有学者在借鉴各国越权无效制度的基础上，将《会议纪要》归纳为以下两种情形：第一，不得超越上位法的目的、范围和限度；第二，符合上位法的原则和精神。[②] 就第一种情形来说，如果上位法明确了授权立法的目的，法院只需要审查授权目的相关性；如果上位法没有明确授权立法目的，法院需要进一步解释上位法规范，从而推断上位法的授权的目的。就第二种情形来说，如果规章没有得到上位法的授权进而制定规范，规章必须遵循上位法的明确依据，不可突破上位法的范围。也

---

① 参见章剑生《设区的市地方立法权"限制条款"及其妥当性》，《浙江社会科学》2017 年第 12 期。

② 参见姚琪《行政规章的审查标准：越权无效原则的运用》，《人大研究》2016 年第 2 期。

就是说，规章应与上位法的基本原则和精神一致。

回到本案，兰州市人社局是否有管辖权，涉及省级地方政府规章这一下位法是否与行政法规这一上位法相抵触。对比《甘肃省实施办法》第5条第2款和上位法《工伤保险条例》第17条第3款，法院将其归纳为行政权力的层级配置。从学理的角度，一种解释路径为：本案是否抵触属于职权－职责关系。对此，法院需要审查下位法有无扩大上位法没有授予的权力，有无取消上位法设置的职责。另一种解释路径为：本案应综合考察上位法的立法目的、范围，以此确定规章是否抵触上位法。对此，法院似乎综合了上述两种观点，在考察下位法有无取消上位法设置的职责时，引入了立法目的解释。《甘肃省实施办法》第5条第2款规定，省直事业单位工伤保险管理工作规定由甘肃省人社厅负责，出发点是为在省社会保险经办机构参加社会保险的单位和职工在工伤认定、待遇支付等方面带来便利。据此，甘肃省人民政府以地方政府规章的法治化形式将省直事业单位工伤保险管理职权保留在甘肃省人社厅并无不妥。换言之，《甘肃省实施办法》第5条第2款并没有取消《工伤保险条例》第17条第3款中基于属地原则对设区市的市级社会保险行政部门的职责。

四、遗留问题与展望

作为最高人民法院受理的再审案件，本案清晰展现了工伤认定中生效裁判对其他行政机关的法律效力、行政法规与规章的适用，尤其是考虑到工伤认定关涉规章与上位法行政法规的关系，《行政诉讼法》（2015年）参照规章的规定赋予了法院对规章的审查判断权：在不与法律、法规的规定相抵触的情形下，法院应当适用省级地方政府规章。以上思路可供后续案例参考。除法院对于规章的积极判断外，在最高人民法院发布的第5号指导性案例中，裁判要旨概括为地方政府规章与上位法相抵触的，法院在行政审判中不予适用。

08

规范性文件的合法性审查
白城市社会医疗保险管理局与郭某贤给付医疗保险待遇行政纠纷再审案[1]

李　方　浙江大学光华法学院

提要　本案中，就是否应当适用行政机关制定的规范性文件进行裁判，法院以合法有效作为适用的前提条件。经审查，案涉规范性文件因具有明确的法律授权，且无证据证明其内容违反国家法律规定，应为合法有效，法院应当适用规范性文件进行裁判。但相对人仍可提出证据证明不应适用规范性文件。

一、案件事实与争议焦点

本案为一起吉林省高级人民法院受理的再审案件，再审申请人（一审被告、二审上诉人）白城市社会医疗保险管理局（以下简称白城医保局），再审被申请人（一审原告、二审被上诉人）郭某贤。

郭某贤在吉林省白城市参加基本医疗保险，为基本医疗保险参保人员，现在沈阳市居住。2015年7月29日，郭某贤因腹部不适、恶心、呕吐，就近到中国医科大学附属医院急诊就诊，共支付医药费用1645.64元。同年7月31日，又到沈阳二四二医院治疗，经急诊诊断为：慢性肾功能不全、氮质血

---

[1]　一审裁判文书为吉林省白城市洮北区人民法院（2015）白洮行初字第33号行政判决书，二审裁判文书为吉林省白城市中级人民法院（2016）吉08行终字第44号行政判决书，再审裁判文书为吉林省高级人民法院（2017）吉行再字第7号行政判决书。

症期、糖尿病性肾病、糖尿病、血压高。医生建议住院治疗，共住院治疗23天，支付医药费共计11483.33元。出院后，郭某贤到白城医保局结算时，白城医保局作出《白城市医疗保险急诊、急症认定告知书》，告知郭某贤所患疾病和入院时的生命体征及临床症状不符合《吉林省医疗生育保险急诊备案登记疾病范围》（以下简称《吉林省医保疾病范围》）的要求，所发生的医疗费医保基金不予支付。郭某贤诉至法院，要求白城医保局按规定给付其医疗保险待遇。

一审法院依据《社会保险法》第28条、第29条认为，郭某贤作为参保人员有权依法享受医疗保险待遇，其因病就近就医，住院花费的医疗费用应当由基本医疗保险基金支付，郭某贤请求白城医保局支付医疗费用的理由成立。白城医保局应按其核定的医疗保险待遇标准给郭某贤支付，白城医保局拒付理由不成立。一审法院判决白城医保局按规定向郭某贤支付医疗保险待遇。二审法院认为，郭某贤系白城市医疗参保人员，有权依法享受医疗保险待遇。白城医保局具有从基本医疗保险基金中支付医疗费用的法定职责。郭某贤在沈阳市儿子家居住期间，因病需就近治疗，并已向白城医保局进行登记备案。依据《社会保险法》第28条，白城医保局应该按其核定的医疗保险待遇标准，对郭某贤就医期间产生的医疗费用予以支付。据此，二审法院判决维持原判。

白城医保局申请再审，请求撤销一审、二审法院判决。白城医保局的事实和理由为：（1）《吉林省医保疾病范围》合法有效，该文件是根据《实施〈中华人民共和国社会保险法〉若干规定》的授权制定的，是具有普遍约束力的决定和命令。（2）白城医保局严格按照《吉林省医保疾病范围》的规定对郭某贤的申请进行认定，但郭某贤所患疾病不在该文件所包含的疾病之列，故郭某贤按急诊、急症报销未予通过认定并无不当。

本案的争议焦点为：（1）本案是否应当适用《吉林省医保疾病范围》；（2）郭某贤的医疗费用是否属于急诊报销范围。

二、法院的推理与逻辑

法院主要围绕上述争点进行裁判，具体审理顺序如下。

（一）审查法律适用

1. 适用前提：规范性文件合法有效

本案中，《吉林省医保疾病范围》的性质为规范性文件，依据《行政诉讼法》（2017年）第63条规定，法院审查行政案件依据法律、法规，参照规章，规范性文件不是行政诉讼的法定审查依据，法院不能直接依据规范性文件进行裁判。根据《最高人民法院关于执行〈中华人民共和国行政诉讼法〉若干问题的解释》（以下简称《行诉解释》）第62条第2款规定：人民法院审理行政案件，可以在裁判文书中引用合法有效的规章及其他规范性文件。法院据此判定，是否合法有效是本案能否适用规范性文件裁判的前提条件。那么，如何判断作为规范性文件的《吉林省医保疾病范围》是否合法有效成为法院审理的重点。

2. 规范性文件制定有明确法律授权

就如何审查规范性文件，《最高人民法院关于适用〈中华人民共和国行政诉讼法〉的解释》第148条第1款规定：人民法院对规范性文件进行一并审查时，可以从规范性文件制定机关是否超越权限或者违反法定程序、作出行政行为所依据的条款以及相关条款等方面进行。本案中，法院主要对规范性文件制定的依据进行审查。对以何依据作为审查规范性文件的依据，《行政诉讼法》（2017年）第63条规定，法院审理行政案件依照法律、法规，参照规章。根据体系解释，法院对规范性文件的审查也应以上述法定依据为准。[①] 本

[①] 参见于洋《论规范性文件合法性审查标准的内涵与维度》，《行政法学研究》2020年第1期。基于体系解释，《行政诉讼法》第64条以及《行诉解释》第148条对规范性文件合法性审查内涵的理解同样应与《行政诉讼法》第6条保持一致，采用实质合法的理解，包含形式合法以及明显不合理。

案中，法院首先寻找审查规范性文件的法律依据。《社会保险法》第28条规定：符合基本医疗保险药品目录、诊疗项目、医疗服务设施标准以及急诊、抢救的医疗费用，按照国家规定从基本医疗保险基金中支付。对此，法院认为，该条并未明确规定参保人员急诊医疗费用支付办法。对于如何裁判，法院则参照国务院职能部门依据《社会保险法》制定的规章进行裁判，具体是指人社部制定的《实施〈中华人民共和国社会保险法〉若干规定》（以下简称人社部《实施规定》）。该规章第8条第2款规定："参保人员急诊、抢救的医疗服务具体管理办法由统筹地区根据当地实际情况制定。"对此，法院判定人社部授权统筹地区根据实际情况制定相关的急诊、抢救的医疗服务具体管理办法。

根据上述法律、规章的规定，法院的审查也由上位法是否就急诊费用支付办法作出明确规定，转向对规范性文件制定的法律授权根据的审查。据此，法院认为吉林省作为统筹地区之一，主管省内医疗保险工作的吉林省医保局，根据规章的授权制定的《吉林省医保疾病范围》，具有明确的法律授权。

3. 规范性文件内容合法

判定《吉林省医保疾病范围》的制定具有明确的法律授权后，法院转向对文件内容的审查。法院认为，现无证据证明其内容违反国家法律规定，应为合法有效。"无证据证明"意味着尽管规范性文件制定主体具有法定职权与明确法律授权，也不能直接判定规范性文件的内容具有合法性。同时，如果有证据证明《吉林省医保疾病范围》的内容违法，则可能排除适用。"国家法律规定"中，法律仅指由全国人大制定的法律，还是包括法律、法规、规章，甚至国务院及其部门制定的规范性文件，就本案来看，并不明确；对于"违反"的具体表现有哪些，法院也未作说明。不过，既然本案判断"应为合法有效"，代表法院以推定合法的方式，对规范性文件内容合法性作出最终判断。对于如何判断违反国家法律规定、违反的表现形态，可就不同情形具体认定。

4. 应当适用合法有效的规范性文件进行裁判

对规范性文件是否合法有效进行审查，最终是为了确定其是否应当适用。通过前述审查，法院基于对《吉林省医保疾病范围》制定有明确法律授权，无证据证明其违法，认定规范性文件合法有效。对于经审查合法有效的规范性文件，法院认为："应当作为吉林省范围内的行政机关急诊、抢救费用支付管理依据，亦应作为本案中行政机关作出行政行为的依据，二审未适用该规范性文件不符合法律规定。"在法院的判断中，"作为吉林省内行政机关急诊抢救费用支付管理依据"是指《吉林省医保疾病范围》作为普遍抽象的行政规范，在吉林省范围内具有效力，其对象是吉林省内行政机关管理急诊抢救费用支付的行政活动。"亦应作为本案中行政机关作出行政行为的依据"是指在白城医保局判断是否应支付郭某贤的医疗急诊费用时，也应把《吉林省医保疾病范围》作为作出行政行为的依据。前述法院判断主要针对《吉林省医保疾病范围》对行政机关的效力，而"二审未适用该规范性文件不符合法律规定"，则是法院对规范性文件对司法机关效力的判断。最高人民法院《关于审理行政案件适用法律规范问题的座谈会纪要》指出，（行政机关制定的）具体应用解释和规范性文件不是正式的法律渊源，对人民法院不具有法律规范意义上的约束力。但是，人民法院经审查认为，被诉具体行政行为依据的具体应用解释和其他规范性文件是合法、有效并合理、适当的，在认定被诉具体行政行为合法性时应承认其效力。本案中，再审法院基于对《吉林省医保疾病范围》合法有效的审查结论，承认其对司法机关具有效力，进而判定二审法院未适用不符合法律规定。再审法院认为，二审法院也应适用《吉林省医保疾病范围》进行裁判，未适用是不符合法律规定的。据此，再审法院撤销了二审判决。

（二）认定案件事实

法院根据经审查认定合法有效的《吉林省医保疾病范围》认定案件事实，

围绕郭某贤的医疗费用是否属于急诊报销范围展开。

1. 如有相反证据可排除适用规范性文件

在适用《吉林省医保疾病范围》前，再审法院提出"郭某贤认为是否属于急诊应当由医生判断，不应由规范性文件判断，但未提供证据证明"。反推可知，如果郭某贤可以证明应由医生判断，则可以排除规范性文件的适用。这一判断可能与前述法院判断规范性文件内容的推定合法审查方式有关。在判断规范性文件内容合法时，法院以无证据证明文件内容违反国家法律规定，推定文件内容合法有效。法院并未就规范性文件的内容进行实质审查，仅从形式上以推定方式判断其合法有效。所以，如果行政相对人能够证明，相对于行政机关在规范性文件中的专业判断，作为专家的医生的判断更具有科学性、合理性，则或可排除规范性文件的适用。不过，郭某贤并未能证明这一点，法院继续适用《吉林省医保疾病范围》对事实进行认定。

2. 适用规范性文件认定案件事实

前述已知，《吉林省医保疾病范围》根据规章的授权，对《社会保险法》第 28 条规定的可从医保基金支付的急诊医疗费用进行规定。对于急诊医疗费用，《吉林省医保疾病范围》主要通过对"急诊"设定判断标准，规范行政机关支付医疗费用。《吉林省医保疾病范围》为如何判断"急诊"设立了生命体征、临床症状、病症种类三个标准。其中，生命体征标准为心率小于 50 次/分或大于 130 次/分，血压收缩压小于 85mmHg、舒张压小于 50 mmHg 或收缩压大于 240mmHg、舒张压大于 120mmHg；临床症状包括休克、意识障碍、突发高热伴有生命体征异常改变等。

本案中，郭某贤两次入院，2015 年 7 月 29 日在中国医科大学附属医院急诊就诊时病历记载：血压 186mmHg 和 67mmHg、心率 84 次/分、体温 36℃、神志清；2015 年 7 月 31 日在沈阳二四二医院急诊入院病历记载心率 78 次/分、体温 38.2℃、神思恍惚，出院诊断为糖尿病、慢性肾功能不全。法院认为，郭某贤两次就诊时生命体征和临床症状均不符合《吉林省医保疾病范围》规定的标准,所确诊的疾病也不在该文件规定的疾病种类范围之内,即郭某贤在医院就诊的事实不符合规范性文件对构成要件的解释,进而不具有构成要件该当性。至于医院急诊科是否可用于解释《医疗保险法》中的符合急诊的医疗费用中的急诊,法院认为,作为医院科室的急诊与《吉林省医保疾病范围》所指可以报销医疗费用的"急诊疾病"在概念上不完全重合,郭某贤的医疗费用是否属于可以从医保基金中支付"急诊疾病"费用,应依照《吉林省医保疾病范围》相关规定办理。法院措辞较为严谨,"概念上不完全重合",但不排除存在重合的地方。更重要的是,急诊科是基于医院科室划分形成的,可以报销医疗费用的急诊疾病,则应基于行政机关对医保基金管理所制定的支付办法,即《吉林省医保疾病范围》的相关规定来判定。两者虽共用急诊的概念,但范围并不完全重合。

据此,法院认为应当适用《吉林省医保疾病范围》认定案件事实,白城医保局作出的《白城市医疗保险急诊、急症认定告知书》有事实和法律依据,合法有效,并撤销了一审判决和二审判决,驳回郭某贤的诉讼请求。

三、学理归纳

本案中,为确定是否应当适用规范性文件进行裁判,法院依据《行诉解释》第62条第2款,对规范性文件是否合法有效进行了审查判断。对规范性文件合法性的审查是行政诉讼法律适用的重要内容。适用合法的依据进行裁判是司法权的应有之义。在法律适用中审查规范性文件合法性,也可依据2018年《最高人民法院关于适用〈中华人民共和国行政诉讼法〉的解释》第148条第1款规定,从规范性文件制定机关是否超越权限或者违反法定程序、作出行政行为所依据的条款以及相关条款等方面进行,即主体要件、程序要件、内容要件。学界也从规范性文件制定主体是否具有法定权限、内容是否与上位法不抵触、制定程序是否合法三方面讨论规范性文件合法性。[①] 本案中，审查规范性文件是否合法有效的核心也在于确定规范性文件合法性审查标准。对此，有学者认为，不仅应审查规范性文件制定的实体法律依据、程序法律依据，还应审查规范性文件制定的行政裁量，审查标准包括规范性文件超越职权或者违反上位法、严重违反法定程序、明显不当三种情形，体现了实质合法性审查理念。[②] 还有学者通过将规范性文件转化为立规主体地位、立规表意活动、立规意向内容和立规程序活动四类事实，认为应依据四类事实相关的规范，以立规意向事态实例标准进行审查。[③] 此观点深入规范构造内部，分析规范的效力与语义，为规范性文件的审查提供了理论基础。还有学者借鉴域外学理，对规范性文件进行分类，并对不同规范性文件采取不同审查标准，即区分审查对象以及审查层次，构建规范性文件合法性审查体系：从纵向上，将行政规范性文件的司法审查划分为权限审查、合法性审查和合理性审查三个层次；从横向上，将行政规范性文件区分为解释基准与裁量基准两种类型，分别构建不同的审查标准。在第一层次，解释基准的审查标准为权利义务标准，对裁量基准的审查标准为约束力标准；在第二层次，二者的审查标准都是超越职权、违反法定程序以及与上位法相抵触；在第三层次，应当对解释基准适用解释不正确标准，裁量基准适用明显不当标准。[④] 此观点针对规范性文件内容确定不同审查标准，但解释基准与裁量基准之间是否存在明确的界限，尚需研究。还有学者建立根据权威性区分尊重程度的两步审查法：第一步，传统的狭义合法性审查，即根据明确的上位法条文进行判断；第二步，首先检验规范性文件所具有的权威性因素，即是否获得了上位法的授权、是否是为了及时行政或试验行政的需要而制定、是否涉及重大事项而应由行政

---

① 参见王红卫、廖希飞《行政诉讼中规范性文件附带审查制度研究》，《行政法学研究》2015年第6期。章剑生：《论行政诉讼中规范性文件的合法性审查》，《福建行政学院学报》2016年第3期。于洋：《论规范性文件合法性审查标准的内涵与维度》，《行政法学研究》2020年第1期。
② 何海波：《论法院对规范性文件的附带审查》，《中国法学》2021年第3期。
③ 袁勇：《规范性文件合法性的判断标准》，《政治与法律》2020年第10期。
④ 王留一：《论行政规范性文件司法审查标准体系的建构》，《政治与法律》2017年第9期。

机关承担政治责任、形成过程是否较为复杂、是否涉及较为专业的领域。[1] 此观点将规范性文件的权威因素纳入考量，并据此观察法院对该规范性文件的尊重程度。本案中，再审法院认为，规范性文件有明确的法律授权，无证据证明其内容违反国家法律规定，应为合法有效，此判断与权威性区分尊重程度审查标准有相合之处。那么，分析本案对规范性文件合法性审查的"明确授权标准"，对法院判断规范性文件合法有效具有一定的借鉴意义。

（一）何为"明确法律授权"

1. 何为"法律"

法律具有多重含义。行政规范中的法律规范最早是在1989年确立的，以《行政诉讼法》（1989年）宣布何者可以作为行政审判的法定依据的形式加以规定，主要是指法律、法规和规章。2000年《立法法》将上述对行政规范中何者为法律规范进行了确定。[2] 就本案来看，"明确法律授权"中的法律主要是指授权根据。《最高人民法院关于适用〈中华人民共和国行政诉讼法〉的解释》第148条第2款第1项规定了超越制定机关法定职权，超越法律、法规、规章的授权范围。据此，行政机关制定规范性文件，可以依据法律、法规、规章的授权，授权根据主要限定于行政规范中的法律规范。本案中，作为授权根据的"法律"主要表现为《社会保险法》第28条以及人社部《实施规定》第8条第2款。可见，本案中的"法律"应指前述法律规范，包括全国人大制定的法律，也包含国务院部门规章。

2. 何为"授权"

根据我国宪法和组织法的有关规定，行政机关的主要职权包含行政立法权。行政立法权是指行政机关制定行政法规和规章的权力。立法权原本是国家立法机关的权力，行政机关只有执行权。现代社会中，行政机关因具有广

---

[1] 俞祺：《规范性文件的权威性与司法审查的不同层次》，《行政法学研究》2016年第6期。
[2] 朱芒：《论行政规定的性质——从行政规范体系角度的定位》，《中国法学》2003年第1期。

泛的职责，以及仅凭立法机关立法无法满足现实需求，于是，法律赋予行政机关准立法权，允许行政机关根据法律的原则、精神和法律的有关规定，制定相应的实施规范、解释性规范或创制性与补充性规范，用以调整各种行政关系，并规范行政相对人的行为。[①]立法机关将立法权授予行政机关，即授权。

本案中，作为授权根据的是《社会保险法》第28条以及人社部《实施规定》第8条第2款。法律授权部门制定规定，部门依法律授权制定部门规章，部门规章授权各统筹区域根据本地实际情况制定规范性文件。涉及立法机关依据授予行政机关制定行政法律规范，国务院部门依据立法机关的授权制定行政法律规范，并授权各地方行政机关制定行政规范。

《社会保险法》第28条以"国家规定"授权行政机关，但"国家规定"不能说明授权对象，以及依授权制定的规范应符合何种形式。所以，如何理解"国家规定"是理解授权根据的核心。法律层面上对"国家规定"作出明确解释的有《刑法》（2020年修正）第96条规定，"本法所称违反国家规定，是指违反全国人民代表大会及其常务委员会制定的法律和决定，国务院制定的行政法规、规定的行政措施、发布的决定和命令"，以及最高人民法院《关于准确理解和适用刑法中"国家规定"的有关问题的通知》（法发〔2011〕155号）明确规定：对于违反地方性法规、部门规章的行为，不得认定为"违反国家规定"。可见，刑法是将"国家规定"严格限于全国人大及其常委会制定的法律和决定，国务院制定的行政法规、规定的行政措施、发布的决定和命令。刑法上严格限制国家规定，与我国慎刑政策有关。行政法上"国家规定"的内涵范围应略大于刑法，应当包括国务院部门制定的部门规章。因为，依据《国务院组织法》（1982年）第2条，国务院职能部门属于国务院组成部分，代表国务院对全国有关行政实务进行领导和管理。又依据《立法法》第80条第2款，部门规章规定的事项"属于执行法律或者国务院的行政法规、

[①] 姜明安主编《行政法与行政诉讼法》，北京大学出版社、高等教育出版社2019年版，第101页。

决定、命令的事项"①。就《社会保险法》实施的具体情况来看，对医疗保险基金支付办法，国家规定的范围在形式上已经超越了规章，也包括国务院部门单独或联合制定的规范性文件。②本案中，"国家规定"表现为由国务院相关职能部门人社部依据《社会保险法》制定的部门规章，即前述人社部《实施规定》。人社部基于法律授权，在人社部《实施规定》第8条第2款将制定急诊医疗服务管理办法的权利授予各统筹地区。综上，本案中的"授权"表现为：由法律规定以"国家规定"的形式，授权国务院职能部门依法制定部门规章，部门规章授权地方根据当地情况制定规范性文件。

3. 何为"明确"

明确是对授权根据的要求，授权根据应当明确。授权明确性原则是由法律明确性原则衍生的重要子原则。符合授权明确性原则的授权根据，应当可使依授权制定的规范的行政相对人，能够在被授权规范制定后，对该规范适用的范围、法律效果与法律制定的目的，具有清楚的"可预见性"。③判断授权是否达到"明确"的程度，可以从授权根据与授权法其他规定的意义关联中，以及根据授权法律的整体，或者通过考察授权规定的变迁沿革，通过一般解释原则等，获得授权根据规定的内容、目的与范围。④同时，对授权根据是否"明确"的标准，还有程度上的区分：如授权补充行政处罚规定的构成要件，则授权根据应当具体明确；如授权涉及在特定事项限制人民自由权利，其授权目的、范围与内容必须符合具体明确的要求；如采用概括授权的方式，授权行政机关制定实施细则，仅能对执行法律有关的细节性、技术性事项，在不逾越授权法规定的限度内，依据授权法立法目的进行授权。⑤

---

① 参见胡建淼《什么属于"国家规定"？》，搜狐网，https://health.sohu.com/a/505756055_121237877。

② 例如，对药品目录而言，"国家规定"表现为国家医保局、人力资源社会保障部关于印发《国家基本医疗保险、工伤保险和生育保险药品目录（2021年）》的通知。

③ 陈新民：《行政法学总论》，台湾三民书局2015年版，第225页。

④ 陈敏：《行政法总论》，台湾新学林出版股份有限公司2013年版，第66页。

⑤ 陈敏：《行政法总论》，台湾新学林出版股份有限公司2013年版，第531—532页。

本案中，法院并未阐明"明确"的判断标准，可以结合上述学理，从授权根据的内容进行判断。前述已知，明确授权地方制定规范性文件的是人社部《实施规定》第 8 条第 2 款："参保人员确需急诊、抢救的，可以在非协议医疗机构就医；因抢救必须使用的药品可以适当放宽范围。参保人员急诊、抢救的医疗服务具体管理办法由统筹地区根据当地实际情况制定。"授权内容上，具体为制定急诊医疗服务管理办法；授权目的上，是基于对急性病特殊性的考虑，如不及时医治，后果不堪设想，甚至导致患者死亡。所以，允许参保人就近就医，在此情况下，对于参保人员在异地或在非定点医院里急诊、抢救的，因事出紧急，一般都允许社保基金予以支付一定的比例。① 同时，也有因地制宜的原因，各地对急诊、抢救的医疗费用支付办法不一，人社部《实施规定》授权统筹地区根据当地实际情况制定，其效力范围自然应限于各统筹地区。从上述内容来看，"明确"表现为从授权根据中可判断出依授权制定规范的内容、授权目的、效力范围。

依授权制定的规范性文件也应符合授权目的。授权各地对急诊医疗费用支付办法进行规定，是出于使行政相对人患急性病就近就医时，也能获得费用补偿的考虑。而急性病的判断，是否需要立即救治，可能因个体差异而有所不同，依授权制定的规范性文件只能提供判断急性病的基准，并不能一概排除行政机关在个案中的裁量。相对于《吉林省医保疾病范围》将急诊以数据的形式加以量化规定的做法，在其他地方行政审判中，法院裁判亦根据生活经验、逻辑推理等对"急诊"进行解释。例如，在伍某与北京市怀柔区社会保险事业管理中心要求履行法定职责上诉案② 中，法院认为：《北京市基本医疗保险参保人员就医管理暂行办法》第 8 条规定，参保人员因患急症不能到本人选定的定点医疗机构就医时，可在就近的定点医疗机构急诊就医或住院治疗，待病情稳定后应及时转回本人的定点医疗机构。按照上述规定的内

---

① 黎建飞主编《中华人民共和国社会保险法释义》，中国法制出版社 2010 年版，第 164 页。
② 北京市第三中级人民法院（2017）京 03 行终字第 699 号行政判决书。

容以及生活经验、逻辑推理，对突发疾病、意外伤害进行紧急救治和抢救亦应理解为"急诊"的应有之义，急诊还须对应急症。

（二）法院应适用经审查合法有效的规范性文件

法院应当适用经审查合法有效的规范性文件，这是本案再审法院裁判要旨之一。《最高人民法院关于适用〈中华人民共和国行政诉讼法〉的解释》第149条也规定：人民法院经审查认为行政行为所依据的规范性文件合法的，应当作为认定行政行为合法的依据。司法实践中，在2018年最高人民法院发布的规范性文件附带审查典型案例"大昌三昶（上海）商贸有限公司诉北京市丰台区食品药品监督管理局行政处罚案"中，原告认为不应适用GB 28050—2011《食品安全国家标准预包装食品营养标签通则》（以下简称《通则》）3.2项对其作出行政处罚，一审法院在阐明上述《通则》3.2项合法后，认为应当在本案中作为法律依据予以适用。同为附带审查典型案例的"上海苏华物业管理有限公司诉上海市住房和城乡建设管理委员会物业服务资质行政许可案"，最高人民法院认为，对于法律法规已经设定行政许可的，下级行政机关可以通过制定规范性文件的方式明确许可所具备的条件。经审查规范性文件不存在违法情形的，应当在判决理由中予以认可，并在该案中适用。可见，法院应当适用经审查合法有效的规范性文件。

与此问题相关但不同的是，法院是否可以不经审查、直接排除适用行政机关制定的规范性文件。既然适用法律进行裁判是司法机关的权力，对法律进行解释也是法院裁判权的一部分。[1] 从本案来看，二审法院仅依据《社会保险法》第28条作出裁判，并未参考行政机关制定的规范性文件。对此，再审法院认为二审法院应当适用规范性文件，不适用不符合法律规定，并据此撤

---

[1] 例如，有学者认为，法院如未参考行政机关在行政规则中所表示的法律见解，而直接依据有关法律及法规命令作成裁判，原则上不构成裁判瑕疵。参见陈敏《行政法总论》，台湾新学林出版股份有限公司2013年版，第554页。

销了二审判决。由此得出的结论是，法院不能直接排除适用行政机关制定的规范性文件。其理由在于，各行政机关基于宪法法律授权或依据职权制定的规范性文件本身具有一定的法律效力。同时，规范性文件中也包含行政机关对法律法规的见解，基于公正诚实的司法审查原则，法院也不应未经审查而直接排除行政机关对法律法规的解释性规范性文件。[①]

四、遗留问题与展望

本案涉及法院在司法裁判中是否应当适用，以及如何适用行政机关制定的规范性文件进行裁判的问题。适用行政规范性文件进行裁判的前提是，该规范性文件合法有效，法院依据法律、规章确定规范性文件的制定具有明确的法律依据，内容上无证据证明违反国家法律规定，推定为合法有效。但在具体适用时，行政相对人仍可就应排除适用行政机关规范性文件提供证据。

本案还涉及下列问题：既然主要以具有明确法律授权，作为判断规范性文件合法有效的标准，是否需要对授权根据进行审查，是否需要审查依授权制定的规范性文件，其内容是否符合授权根据的目的；一般来说，行政机关制定法律规范需要立法机关的授权，本案中，规范性文件并非行政机关制定的法律规范，应如何定位明确法律授权在判断规范性文件合法性标准中的地位。

---

① 参见我国台湾地区大法官释字第 137 号解释理由书。

第三部分

事实审查

09

用人单位缴纳保费的义务
上海珂帝纸品包装有限责任公司不服上海市人力资源和社会保障局责令补缴外来从业人员综合保险费案[①]

施婧葳　华东政法大学经济法学院

提要　用人单位与未经工商注册登记、不具备劳务派遣经营资质的公司签订用工协议，与派遣人员形成事实劳动关系。用人单位依法为劳动者缴社会保险费。用人单位与不具备缴费资格的主体的协议约定，不能免除其法定缴费义务。

一、案件事实与争议焦点

原告上海珂帝纸品包装有限责任公司（以下简称珂帝公司）不服被告上海市人力资源和社会保障局（以下简称市人社局）作出的沪人社监（2008）理字第2221号行政处理决定，向上海市黄浦区人民法院提起诉讼。

原告珂帝公司系依法登记成立的有限责任公司。2008年8月26日，被告市人社局接到举报，反映原告存在未为其使用的外来从业人员缴纳综合保险费等情况。同年9月17日、9月25日、10月7日，被告向原告分别发出《调查询问书》，对原告实施劳动保障监察。其间，原告向被告提供了《全厂人员名单》《出勤考核表》《员工出勤记录表》《工资发放表》等材料。2008年11月5日，被告予以立案。被告经调查后发现，2005年3月至2008年10月，原

[①] 一审裁判文书为上海市黄浦区人民法院（2009）黄行初字第98号行政判决书，二审裁判文书为上海市第二中级人民法院（2009）沪二中行终字第231号行政裁定书。

告未按规定缴纳 95 名员工的外来从业人员综合保险费，遂于 2008 年 11 月 6 日向原告送达了《责令改正通知书》，要求原告于 2008 年 11 月 16 日前补缴所欠缴的外来从业人员综合保险费。2008 年 11 月 19 日，被告致函嘉定区外来从业人员管理部门，要求核定原告应补缴综合保险费的金额。同年 12 月 10 日，嘉定区外来从业人员管理部门出具了《委托协办函回执》并附《外劳缴费人员明细》，认定原告未缴纳王某英等 72 名外来从业人员 2005 年 3 月至 2008 年 10 月的综合保险费，合计金额为 85759.90 元。珂帝公司拒绝缴纳保险费后，被告市人社局于 2009 年 1 月 6 日作出沪人社监（2008）理字第 2221 号行政处理决定，认定珂帝公司于 2005 年 3 月至 2008 年 10 月未按规定缴纳王某英等 72 名外来从业人员的综合保险费的行为，违反了《上海市外来从业人员综合保险暂行办法》第 5 条、第 8 条的规定，依据《上海市外来从业人员综合保险暂行办法》第 19 条第 2 款的规定，对珂帝公司作出自收到本处理决定书之日起 15 日内补缴王某英等 72 名外来从业人员 2005 年 3 月至 2008 年 10 月的综合保险费，共计 85759.90 元的行政处理决定。逾期不缴纳的，除补缴欠款数额外，从欠缴之日起，按日加收千分之二的滞纳金；拒不履行本行政处理决定的，依据《劳动保障监察条例》第 30 条第 1 款第 3 项规定，处 2000 元以上 20000 元以下罚款。

珂帝公司认为，本案中有 35 名人员系案外人黄氏公司依据双方协议向原告派遣，不属于原告的员工。从派遣协议内容来看，双方约定由黄氏公司在一年的期限内派遣部分劳动者至原告单位工作，该部分劳动者应享有与原告单位员工同等的待遇，原告单位定期结算该部分劳动者的工资，保险费用由黄氏公司负担。市人社局在知道该事实前提下，却仍然作出要求原告缴纳 72 名外来从业人员综合保险费合计 85759.90 元的行政处理决定。原告认为被告的处理决定违法，故起诉要求撤销被告作出的行政处理决定。

本案的争议焦点为：（1）王某英等 72 名外来从业人员中的部分人员是否属于劳务派遣人员，（2）原告珂帝公司和案外人关于为这部分外来从业人员缴纳综合保险费的约定可否免除原告的缴费义务。

二、法院的推理与逻辑

本案的核心要点是确认社会保险费的缴纳主体。由于本案中涉及劳务派遣，法院的思路是先行确认派遣关系是否存在，进一步审查涉案公司员工和用人单位是否属于事实劳动关系。若用人单位和劳动者之间存在劳动关系，则实际用人单位应当为劳动者缴纳社会保险。具体的论证如下。

（一）区分劳务派遣与事实劳动关系

本案中的第一步是确认劳动关系。在实践中，时常发生劳务派遣制度被滥用的现象，即用人单位用劳务派遣来掩饰实际的劳动关系，从而规避《劳动法》等法律法规，以逃避用人单位的责任。

在本案中，法院首先认为劳务派遣公司不是合法成立的公司，并且涉案35名外来务工人员并没有与劳务派遣公司签订劳动合同，实际上也不在劳务派遣公司处工作。所以法院认定本案劳务派遣关系不存在，35名外来人员与劳务派遣公司并无劳动关系。具体来说，原告主张部分外来从业人员系案外人黄氏公司依据双方协议向原告派遣，不属于原告的员工，并出示了原告与黄氏公司之间的协议。首先，从协议内容来看，双方约定由黄氏公司在一年的期限内派遣部分劳动者至原告单位工作，该部分劳动者应享有与原告单位员工同等的待遇，原告单位定期结算该部分劳动者的工资。表面上这份协议符合《劳动合同法》规定的劳务派遣协议应当具备的内容，对被派遣劳动者社会保险费用的缴纳也作出约定，但经合议庭调查核实，该份协议存在主体不适格的问题。根据《劳动合同法》第57条的规定，劳务派遣单位应当依照公司法的有关规定设立，注册资本不得少于50万元。据此，劳务派遣单位应当是依法登记设立的公司，具备一定的经济实力，且能够独立承担法律责任。

而黄氏公司既未经工商登记注册成立，在社保系统中也没有登记开户，没有为任何劳动者缴纳过社会保险费用的记录；原告虽主张查验过黄氏公司的工商营业执照，但未能在庭审中提供，也没有其他证据能够证明黄氏公司系具有向其合法派遣劳务人员的经营资质的用人单位。故本案中黄氏公司不是合法成立的公司，并不具备合法的劳务派遣资质。此外，劳务派遣单位还应当与被派遣劳动者订立两年以上的劳动合同，向其支付基本的劳动报酬，而本案中涉案的 35 名外来人员并没有与黄氏公司签订劳动合同，实际上也不在黄氏公司处工作，而是一直在原告公司从事原告的生产任务，故本案中原告所主张的劳务派遣关系并不成立。

那么，该如何认定 35 名外来人员的劳动关系呢？法院将目光转向了本案的原告处。劳动关系的建立以订立劳动合同为主要标志，实践中存在大量的用人单位用工却不与劳动者订立劳动合同的现象。为保护事实劳动关系中劳动者的权益，我国《劳动合同法》第 7 条规定："用人单位自用工之日起即与劳动者建立劳动关系。"也就是说，只要存在用工行为，事实劳动关系即成立，劳动者即享有法律规定的权利。回归到本案，用人单位是劳动者为其工作的珂帝公司。

法院进一步地提出了判断事实劳动关系的四点标准：一是劳动者与用人单位之间是否存在从属关系，接受用人单位的管理、指挥和监督；二是用人单位是否根据某种分配原则，组织工资分配，劳动者按照一定方式领取劳动报酬；三是劳动者提供的劳动是否为用人单位业务的组成部分；四是劳动者是否在用人单位提供的工作场所、使用用人单位提供的生产工具。结合本案中 35 名外来人员同劳务派遣公司之间并不存在劳动关系，且一直在原告处工作，由原告发放工资并接受原告的管理，故法院认为该 35 名外来人员与原告公司存在事实劳动关系。原告公司应当履行用人单位的法律责任。

（二）缴纳社会保险是用人单位的法定义务

我国《劳动法》第 72 条明确规定了用人单位和劳动者必须依法参加社会保险，缴纳社会保险费。《劳动合同法》中也规定了合同内容必须涵盖社会保险条项。社会保险制度是指国家通过立法设立社会保险基金，使劳动者在暂时失去劳动岗位或永久丧失劳动能力以及或因健康原因造成损失时为出现该种情况的劳动者提供收入或补偿的一种社会和经济制度。社会保险主要包括养老保险、医疗保险、失业保险、工伤保险、生育保险五项。

劳动关系具有从属性特征，在劳动关系的建立和履行中，用人单位处于主导地位。为平衡劳动关系双方利益，更好地维护和保障劳动者的合法权益，我国制定了《劳动法》《劳动合同法》《社会保险法》等相关法律。在上述法律中均明确规定，缴纳社会保险是用人单位应尽的法定义务。用人单位是主要的用工主体，在从事具体劳动工作当中劳动者承担着各种各样的事故风险和职业病风险，而受益的是用人单位。社会保险在一定程度上来讲其作用系分担用人单位所雇佣的劳动者在从事具体劳动工作当中所产生的风险，因而用人单位在社会保险制度中必须严格按照法律义务履行自己的职责，从而做到切实保护劳动者的合法权益。

本案中的综合保险也属于社会保险，是上海市政府为解决外来农民工的社会保障问题而设立的过渡性规定，由政府强制实施，具有强制效力。[①] 根据《上海市外来从业人员综合保险暂行办法》的规定，用人单位必须为劳动者缴纳综合保险。该办法第 8 条规定："用人单位和无单位的外来从业人员应当自办理综合保险登记手续当月起，按月向市外来人员就业管理机构缴纳综合保险费。"据此，使用外来从业人员的用人单位是缴纳其工作期间综合保险费的法定义务主体。也就是说，仅劳动者本人和用人单位是缴纳保费的适格主体。

---

① 该规定是在《社会保险法》颁布以前所设立的过渡性规定，现已废止。2011 年 7 月 1 日起，与用人单位建立劳动关系的非城镇户籍外来从业人员应当参加城镇职工基本养老保险、城镇职工基本医疗保险及工伤保险，不再参加外来从业人员综合保险。

本案中的《上海市外来从业人员综合保险暂行办法》虽已废止，但类似的规定可见于《社会保险法》的条文中，即用人单位负有义务为劳动者按时、足额的缴纳社会保险费。

（三）用人单位可否通过协议转嫁缴纳社保义务

《社会保险费征缴暂行办法》规定，用人单位必须向当地社会保险经办机构办理社会保险登记，参加社会保险。缴费单位、缴费个人应当按时、足额缴纳社会保险费。根据上述规定，强制保险是社会保险的基本原则，当事人双方不得自主协商逃避社会保险义务，用人单位应当依法为劳动者办理社会保险登记，及时地缴纳社会保险费。

在存在劳务派遣法律关系的情况下，劳务派遣单位作为法定用人单位，属于该法规定的用人单位，应当承担缴纳综合保险费的义务。但本案中的劳务派遣实际上是一个虚假的劳务派遣，实际承担用工单位责任的应当是珂帝公司，社会保险费的缴纳是用工单位的法定义务。本案的珂帝公司用协议方式将其法定缴费义务转让给不具有缴费资格的案外人的行为，违反了《劳动法》及《社会保险法》的规定，也违背了社会保险的强制性原则，故珂帝公司需要承担补缴社会保险费及罚金的行政处罚。

三、学理归纳

社会保险涉及各种复杂的法律关系。本案中所涉用人单位的缴费义务存在公法上的义务、私法上的权利义务交叉的情形，具体归纳如下。

（一）用人单位缴费义务的性质

用人单位为劳动者缴纳社会保险的义务来源，一般有两个：一是来源于《社会保险法》《劳动法》等强制性规定，属于公法上的义务；二是来自劳动合同中有关缴纳社会保险的约定，带有私法上义务的属性。也就是说，用人单位的缴费义务具有公私的双重属性。

根据《劳动法》第 72 条"用人单位和劳动者必须依法参加社会保险，缴纳社会保险费"，以及《社会保险法》第 4 条"中华人民共和国境内的用人单位和个人依法缴纳社会保险费"的规定，用人单位必须为劳动者缴纳社会保险。同时，社会保险法中也规定了相应的行政罚则，依照法律规定，用人单位未按时足额缴纳社会保险费的，由社会保险费征收机构责令限期缴纳或者补足，并自欠缴之日起，按日加收万分之五的滞纳金。从上述规定可以看出，用人单位所承担的依法缴纳各种社会保险费的义务属于公法上的强制性义务。根据《国家税务和地方税收征管体制改革方案》的规定，自 2019 年 1 月 1 日开始，由税务机关征收代替社会保障部分，征收基本养老保险费、基本医疗保险费、失业保险费、工伤保险费、生育保险费等各项社会保险费。进一步证明了用人单位缴纳社会保险是一种公法上的义务。

同时，用人单位缴纳社会保险的义务还有私法层面的意义。根据我国《劳动合同法》第 17 条的规定，社会保险是劳动合同的必备条款。基于劳动合同的约定的义务，用人单位需要为劳动者办理社会保险登记、缴纳社会保险费用。此外，依据《劳动合同法》的规定，用人单位未给劳动者缴纳社会保险的，劳动者可以要求解除劳动合同并要求用人单位支付经济补偿金。详细的规定见于《关于审理劳动争议案件适用法律若干问题的解释（三）》第 1 条"劳动者以用人单位未为其办理社会保险手续，且社会保险经办机构不能补办导致其无法享受社会保险待遇为由，要求用人单位赔偿损失而发生争议的，人民法院应予受理"。劳动者在用人单位未给劳动者缴纳社会保险，并且社会保险经办机构明确不能补办的情况下，可以要求用人单位赔偿损失。由此可见，社会保险的缴纳也包含私法层面的权利义务，劳动者可以基于劳动合同要求用人单位缴纳社会保险，并且在用人单位不缴纳社会保险时，可以请求用人单位损害赔偿责任。

（二）社会保险的强制性特征

社会保险区别于一般商业保险的最大特征在于其具有强制性。社会保险是国家干预经济、社会事务的一种形式，社会保险制度具有财富再分配的功能。社会保险制度根植于社会连带，其建立的目的是预防以及抵御社会风险、实现经济安全。社会保险是国家在管理社会领域风险上的手段之一，可以用来解决劳资双方之间的冲突。国家通过强制力促使社会成员参与到保险体系中，让个人可以尽到社会共同体成员的责任，从而本身也可以取得来自社会整体的保护。因此作为社会成员的个体，在享有权利的同时，应该为了社会整体的利益而承担相应的社会强制性义务。[1] 强制性也是社会保障制度的内在要求，社会保险制度的建立克服了传统民事主体之间所谓的"公平交易""意思自治"，重视劳资双方存在的事实上的不平等。通过法律强制性规定调整双方地位不平等，平衡双方的利益，从而保护弱势一方。

社会保障制度根植于社会连带与互助共济的价值理念，是"基于社会连带关系形成的分摊机制"。[2] 国家在设计社会保险制度时，应考虑社会多数人的保障利益以及实际上的费用负担能力，从而由国家制定强制性的法律规范，规定特点范围内的社会成员的投保、参保义务。对于违反法律规定，未依法进行参保的单位或个人，应当予以相应的处罚。理论上，一定范围内参保人数越多，基于保险的规模效益，被保险人所应负担的保险费用也越低，从而更容易推动社会保障的发展。社会保险的强制性是强制原则要求，社会保险应考虑国民中多数人之利益及费用负担之能力，由国家制定强制性法规，规定指定范围内之国民均应投保并缴纳保费。[3] 规模效益能够确保保险人和被保险人享受较低的保险费率，保障大多数人的利益，这也是社会保险强制性的

---

[1] 台湾社会法与社会政策学会主编《社会法》，元照出版公司2020年版，第130—131页。
[2] 李志明：《社会保险权：一项初步的研究述评》，《社会保障研究》2010年第1期。
[3] 参见人力资源和社会保障部《中国的社会保障》，http://www.gov.cn/test/2012-04/20/content_2118401.htm，2012年4月20日。

优势所在。由于社会保险所具有的"社会共担风险"的特性，其必然要求社会保险具有强制性，因为如果允许投保人在投保与否问题上进行选择，人类趋利避害的本能会引发道德风险问题，社会保险制度会变成风险程度高的群体参与，其他社会成员"旁观"的空壳制度。[①]

社会保险的强制性具体内容包括以下三个方面。一是社会保险关系的建立具有强制性。法律对社会保险的参加作出了强制性的规定，当事人必须加入到社会保险关系中，不可以自主选择社会保险项目及内容。二是社会保险费用的缴纳具有强制性。依照法律负有缴费义务的当事人，必须按时、足额缴纳保费，否则将承担法律上的责任。三是社会保险的强制性也体现在被保险人在缴纳社会保险时，不需要考虑个人风险的高低，而是依照工资比例负担，并且享有相同的给付保障，以此达到风险共担、完成社会财富再分配的目的。

社会保险的强制性无论是对用人单位还是劳动者而言，都构成对其自由的限制。但是由于这种限制对消除自由市场对社会经济秩序造成的损害，确保社会公平，实现社会正义，甚至对保障自由本身都有巨大的社会意义[②]，故社会保险的强制性具有正当性。

（三）社会保险缴费义务不可以通过合同转移

社会保险的强制性决定了用人单位的社会保险缴费义务不可以通过合同进行转移。用人单位缴纳社会保险是公法强加给用人单位的义务，虽然劳动合同中有关缴纳社会保险的条款具有一定的私法效力，但这种私法上的效力主要体现在劳动者方受到损害时可以要求赔偿，并不意味着用人单位可以将缴纳社会保险的义务通过合同转移给第三人。司法实践中，用人单位为了规避责任，有各种形式逃避社保缴费的情形。比如滥用劳务派遣，将用人单

---

① 参见李满奎《工伤保险的强制性及其实施路径研究》，法律出版社 2014 年版，第 65 页。
② 杨思斌：《社会保险权的法律属性与社会保险立法》，《中州学刊》2010 年第 3 期。

位的责任转移给派遣单位,用人单位同劳动者协商,约定劳动者自己缴纳保费[①],约定将社会保险费用以工资形式发放等[②]。这些都属于违反我国社会保险及劳动相关法律的行为,用人单位应当承担相应的行政责任和民事责任。

从法律层面来看,《社会保险法》明确规定了用人单位参加社会保险、缴纳保费的义务,这是社会保险具有强制性的直接法律来源。社会保险强制性的核心内容是强制参保的要求,用人单位是社会保险的参保主体,属于特定的社会保险的缴费义务主体。社会保险具有的强制性原则决定了任何约定、单方承诺或者工资补偿的方式都不可以免除用人单位的缴费义务,用人单位应当积极主动地缴纳社会保险并协助劳动者办理社保相关事宜,用人单位不得通过合同或其他任何形式,免去或者转移自身的社会保险缴费义务。

[①] 参见案例:原告广西宇豪建材有限公司与被告梁某莲工伤保险待遇纠纷,广西壮族自治区藤县人民法院(2016)桂 0422 民初 1287 号民事判决书;周某琴与扬州锦园旅游用品有限公司社会保险纠纷案,江苏省扬州市中级人民法院(2015)扬民终字第 1798 号民事判决书。

[②] 参见案例:丁某平诉石台县牯牛水泥有限公司养老保险待遇纠纷案,安徽省石台县人民法院(2017)皖 1722 民初 596 号民事判决书;孙某飞与南京晨光集团实业有限公司北京物业管理分公司等劳动争议案,北京市门头沟区人民法院(2014)门民初字第 2457 号民事裁定书。

10

法定退休年龄的认定

冯某菊、襄阳市人民政府复议再审行政裁定书[①]

刘雪鹏　浙江大学光华法学院

提要　本案中，在冯某菊办理内退的情形下，法院认为冯某菊退休年龄的认定标准为申报退休时的岗位性质。在此基础上，法院以不违反上位法的《襄阳市烟草专卖局公司岗位分类管理办法》（以下简称《监管办法》）为参考依据，结合有关岗位性质、内退等情形的规定，从尊重企业用工自主权的角度肯定了复议机关的决定。

一、案件事实与争议焦点

本案为一起最高人民法院受理的再审案件，再审申请人（一审原告、二审上诉人）冯某菊；再审被申请人（一审被告、二审被上诉人）襄阳市人民政府、原审第三人襄阳市烟草公司保康营销部、保康县人力资源和社会保障局（以下简称保康县人社局）。冯某菊于1964年12月出生，1984年9月参加工作，先后在襄阳市烟草公司保康营销部下属的寺坪批发部、第二批发部、卷烟业务科、烟草宾馆、客户服务中心、客户服务部等部门工作。2011年3月，冯某菊办理内退手续，其内退前在保康烟草营销部综合办公室任档案管理员。2014年12月30日，襄阳市烟草公司保康营销部申报冯某菊退休，在其填报

[①] 一审裁判文书为湖北省襄阳市中级人民法院（2016）鄂06行初字第4号行政判决书，二审裁判文书为湖北省高级人民法院（2016）鄂行终字第850号行政判决书，再审裁判文书为最高人民法院（2017）最高法行申8303号行政裁定书。

的《湖北省企业职工退休条件审批表》本人签字栏中,冯某菊签署了因其内退前属管理岗位故不同意办理退休的意见。2015年7月14日,襄阳市烟草公司保康营销部向保康县人社局发出保烟营函〔2015〕1号《襄阳市烟草公司保康营销部关于办理冯某菊退休手续的函》,向保康县人社局申报冯某菊退休审批。2015年7月24日,保康县人社局向襄阳市烟草公司保康营销部作出保人社函〔2015〕13号《关于对襄阳市烟草公司保康营销部冯某菊退休问题的复函》(以下简称〔2015〕13号《复函》),认为冯某菊目前不符合退休条件,等符合退休条件后,再重新申报退休。

襄阳市烟草公司保康营销部不服该〔2015〕13号《复函》,于2015年8月16日向襄阳市人民政府提出行政复议申请,请求襄阳市政府撤销〔2015〕13号《复函》,并责令保康县人社局在一定期限内为冯某菊办理退休手续。襄阳市人民政府以案件情况复杂为由,于2015年10月14日作出襄政行复延字〔2015〕64号延期审理通知,决定将该复议案件延期30日作出处理。2015年12月9日,襄阳市政府作出襄政行复决字〔2015〕72号行政复议决定。该决定认为,冯某菊于2011年3月内退,内退时为工人身份,申请人襄阳市烟草公司保康营销部申报为冯某菊办理退休手续,符合国发〔1978〕104号、鄂人发〔2009〕44号和襄烟局人〔2012〕127号文件规定,被申请人保康县人社局不予办理冯某菊退休审批手续的理由不充分。据此决定:(1)撤销保康县人社局不予审批冯某菊退休手续的行政行为;(2)保康县人社局自收到本决定书之日起60日内,对冯某菊退休事宜进行审批。冯某菊不服该行政复议决定,向法院提起诉讼,请求撤销该复议决定。湖北省襄阳市中级人民法院一审作出(2016)鄂06行初字第4号行政判决,冯某菊提起上诉,湖北省高级人民法院二审作出(2016)鄂行终字第850号行政判决,冯某菊不服,向本院申请再审。

本案的争议焦点为:(1)冯某菊的退休年龄应当按照其身份性质确定还是按照申报退休时的岗位性质确定;(2)保康县人社局认为冯某菊不符合退

休条件是否属于法律适用错误。

二、法院的推理与逻辑

围绕上述争议，法院的论证思路是：结合保康县人社局提供的证据，确定冯某菊退休年龄的认定标准——以申报退休时的岗位性质确定。以此为基础，法院将不违反上位法的《管理办法》作为岗位性质的参考依据。法院进一步论证了冯某菊内退情形下，法定退休年龄的确定方法。具体如下。

（一）厘清法定退休年龄的认定标准

一般来说，法定退休年龄是指劳动者由于年老等原因退出劳动岗位，申请退休金应达到的规范年龄。本案中，法院面临的主要争议是，当事人法定退休年龄的认定标准。这也符合退休及退休金给付行政争议的特点，即按照《社会保险法》，法定退休年龄作为行政机关给付退休金的法定要件之一，涉及多个法律、法规、政策规范的变迁，需要结合案件事实确定。本案也不例外。

具体而言，企业职工法定退休年龄的认定标准，自改革开放以来，主要经历了两个阶段。第一个阶段：全民所有制企业组织形态下，根据国务院《关于安置老弱病残干部的暂行办法》（以下简称《安置暂行办法》）、《关于工人退休、退职的暂行办法》（以下简称《暂行办法》），全民所有制企业、事业单位和党政机关、群众团体的法定退休年龄，男性年满60周岁，女工人年满50周岁、女干部年满55周岁。第二个阶段：随着企业改制，在《劳动法》实施后，企业实行全员劳动合同制度，企业职工的退休年龄和条件，按申报退休时所在岗位性质确定。可见，在不改变《安置暂行办法》《暂行办法》关于企业职工法定退休年龄的前提下，退休年龄的认定标准经历了由身份性质向岗位性质的转变。

本案的特殊之处在于，冯某菊于 2011 年 3 月办理内退手续。按照相关规范性文件，内退并不是提前退休，没有改变企业职工的法定退休年龄。结合冯某菊、用人单位襄阳市烟草公司保康营销部、保康县人社局提供的证据，冯某菊内退前，已与襄阳市烟草公司保康营销部签订了劳动合同。按照湖北省人力资源和社会保障厅鄂人社发〔2009〕44 号《关于进一步规范企业职工退休审批工作的通知》的规定，凡符合国务院《暂行办法》的规定，达到法定退休年龄，即男年满 60 周岁，女干部（管理或技术岗位）年满 55 周岁、女工人（操作、生产或服务岗位）年满 50 周岁，应当按规定办理正常退休手续。由此，法院明确了冯某菊退休年龄的认定标准：按照申报退休时所在岗位性质确定。

（二）法定退休年龄的确定方法：不违反上位法的《管理办法》可为参考依据

厘清了冯某菊法定退休年龄的认定标准，法院需要进一步按照岗位性质，确定冯某菊申报退休时是否达到了法定退休年龄。而企业职工的岗位性质，属于管理或技术岗位还是操作、生产或服务岗位，已办理内退的情况如何处理等，再审法院认为要结合企业内部岗位分类管理文件和职工档案等综合认定，这属于企业的用工自主管理权范畴。襄阳市烟草局于 2012 年 12 月 25 日经过职工代表大会讨论通过了《管理办法》，该《管理办法》第 6 条第 4 项针对企业职工办理内退的情形，规定了申报退休时岗位性质的确定方法。

最高人民法院如何审查襄阳市烟草局经过职工代表大会通过的《管理办法》？法院认为，《管理办法》并不违反法律、法规的禁止性规定，可作为襄阳市烟草商业系统内签订劳动合同的职工岗位性质认定和内退情形如何办理退休手续的参考依据。《管理办法》第 6 条第 4 项规定："2013 年 1 月 1 日之前已办理改非、内退、退岗手续的职工，不适用本办法的岗位分类，办理退休手续的年龄界限为（1）男职工年满 60 周岁；（2）改非、内退、退岗时担任副股级及以上职务的女干部年满55周岁；（3）由当地人力资源和社会保障部门认定具备国家干部身份的女职工年满55周岁；（4）其他女职工年满50周岁。"回到本案，冯某菊2011年3月已办理内退手续，因而冯某菊退休时不适用《管理办法》中岗位分类的情形，应当适用《管理办法》所规定的2013年1月1日之前已办理内退手续情形下的退休年龄界限，按女干部和女职工身份办理退休手续。

根据原审认定事实，保康县劳动部门的相关档案《劳动合同制工人转正定级呈报表》《关于企业职工转正定级的通知》等证据表明，冯某菊办理内退前系工人身份，申请人冯某菊并未提供其具备女干部身份的充分证据，保康县人社局向襄阳市烟草公司保康营销部作出的保人社函〔2015〕13号《复函》认定事实清楚，但适用法律、法规、政策错误。襄阳市政府作出襄政行复决字〔2015〕72号行政复议决定对其进行纠正正确。再审法院据此认定，冯某菊的其他申请再审理由不足以引起本案再审，一审判决驳回冯某菊诉讼请求，二审维持原判并无不当。

三、学理归纳

法定退休年龄的认定涉及法律、法规、政策规范的变迁，最典型的如用人单位劳动规章。法院如何审查用人单位劳动规章呢？这就涉及用人单位劳动规章的法律性质。

（一）法院如何界定用人单位劳动规章的法律性质

本案中，最高法院确定冯某菊退休年龄的关键，就是法院对《管理办法》的适用。正如湖北省襄阳市中级人民法院一审作出的（2016）鄂06行初字第4号行政判决书中，法院强调《管理办法》是襄阳市烟草局经过职工代表大会讨论通过的，在性质上属于用人单位劳动规章。什么是用人单位劳动规章？

《劳动法》《劳动合同法》只是对用人单位劳动规章作了原则性规定，要求用人单位应当建立健全劳动规章制度。在学理上，通常认为，用人单位劳动规章是指"用人单位依法制定的、仅在本单位内部实施的、关于如何组织劳动过程和进行劳动管理的规则"。①

《劳动合同法》第 4 条规定："用人单位在制定、修改或者决定有关劳动报酬……等直接涉及劳动者切身利益的规章制度或者重大事项时，应当经职工代表大会或者全体职工讨论，提出方案和意见，与工会或者职工代表平等协商确定。在规章制度和重大事项决定实施过程中，工会或者职工认为不适当的，有权向用人单位提出，通过协商予以修改完善。"最高人民法院《关于审理劳动争议案件适用法律若干问题的解释》第 19 条规定："用人单位根据《劳动法》第四条之规定，通过民主程序制定的规章制度，不违反国家法律、行政法规及政策规定，并已向劳动者公示的，可以作为人民法院审理劳动争议案件的依据。"可见，无论是立法还是司法解释，都没有明确用人单位劳动规章的法律性质。一方面，《劳动合同法》表现出一定程度的劳动者参与；另一方面，对于劳动者的参与程度，是劳动者、用人单位共同商议决定，还是劳动者、用人单位共同商议，用人单位单方决定，立法态度是不明确的。②法律规定的双重意向加剧了学理分歧。我国学者基本借鉴我国台湾地区四大学说的基本框架，并在此基础上发展了诸如"合同说""法律规范说""集体合意说""根据二分说"等。③其中，"合同说"主张，劳动规章制度由用人单位制定或变更，原本是单纯的社会规范，后来经过劳动者同意成为劳动合同的一部分，用来约束劳动者和用人单位。不同学者对合意认识不同，这一学说又发展成为"纯粹合同说"、"格式合同说"以及"事实习惯说"。④具体来说，

---

① 王全兴：《劳动法》，法律出版社 2004 年版，第 180 页。
② 信春鹰、阚珂主编《中华人民共和国劳动合同法释义》，法律出版社 2013 年版，第 16 页。
③ 参见丁建安《论"根据二分说"的优越性——再议企业劳动规章的法律性质及其制定、变更程序》，载《法制与社会发展》2013 年第 3 期。
④ 参见郑尚元、王艺非《用人单位劳动规章制度形成理性及法制重构》，《现代法学》2013 年第 6 期。

"纯粹合同说"认为，劳动规章和普通合同并无不同。"格式合同说"所持的观点是，与普通合同不同，劳动规章是用人单位单方事先拟定的格式合同。用人单位通过民主程序制定劳动规章，民主程序并不是集体协商或者民主表决，而是听取劳动者建议。该规章经过双方合意形成。"事实习惯说"主张，劳动规章既不是普通合同，也不是格式合同，而是企业基于管理制定的内部管理规定，属于事实上的习惯。而"法律规范说"认为，劳动规章具有法律约束力的根源，在于该规章制度与劳动者的主观意愿无关。劳动规章制度由用人单位单方制定，约束劳动者，具有与法规范类似的外在特征。而根据权力来源不同，该主张又细化成为"经营权说""习惯法说""授权法说"。其中，"经营权说"主张，劳动规章是用人单位基于自主经营权制定的法律规范。"习惯法说"持的见解是，劳动规章是用人单位内部的习惯法。"授权法说"的观点是，劳动规章的法律规范性质来自现行法律、行政法规等上位法规范的授权。[①]"集体合意说"的见解是，劳动报酬等事项应由劳动者、用人单位双方协商达成合意，非经集体合意不得对劳动者产生效力。该说介于"契约说"和"法律规范说"之间。[②]根据"二分说"将劳动规章的内容区分为两个部分：其一，工资、工作时间等劳动条件；其二，劳动者应遵守的劳动行为规范。对于前者，用人单位规章就是劳动合同的一部分，在性质上属于契约，经劳动者同意，用人单位劳动规章才约束劳动者。对于后者，用人单位按照经营管理权制定，在性质上类似法律规范，用人单位只需告知劳动者，就对劳动者生效。

在笔者看来，不同观点存在分歧源自用人单位性质的差异。具体来说，法规范说源自早期全民所有制企业组织形态。在计划经济时期，该说将企业看作公权力主体，劳动规章是用人单位作为公权力主体制定的内部规范，具

[①] 参见胡立峰《劳动规章制度法律性质之"法律规范说"检讨》，《西南政法大学学报》2008年第5期。

[②] 参见丁建安《企业劳动规章的法律性质辨析——兼评我国企业劳动规章法律制度》，《北方法学》2009年第3期。

有法律效力。随着企业改制，企业组织形态逐步分化为国有、集体及其控股企业、私有企业、个体经济组织。部分国有、集体及其控股企业制定的劳动规章，仍然具有法律规范的性质。合同说，则主要面向私有企业、个体经济组织。现行规范下，"集体合意说"适用于部分国有、集体及其控股企业。因为现行法律、行政法规、地方性法规，赋予这些企业的职工代表大会更强的职工参与权。职工代表大会有权与用人单位共同商议并决定劳动规章。根据"二分说"，当前制度情况下，我国的职工代表大会还不够发达，为了满足企业生产经营的需要，立法者需要承认企业单方制定的劳动规章对劳动者的约束力。[①] 综上，法院审查劳动规章，应关注用人单位性质及其制定劳动规章的程序。

本案再审法院并没有点明用人单位劳动规章的法律性质。整合裁判观点，我们可以发现：一审、二审、再审法院一致认为，在企业改革过程中，对行业内部岗位划分、对象适用、生效期限等内容的制定，应当属于企业的用工自主权。襄阳市烟草局经过职工代表大会通过《管理办法》，对企业内岗位性质、内退等情形作统一规定，正是企业行使用工自主权的体现。法院注意到，本案用人单位为国有企业，《管理办法》经过企业职工代表大会通过，实际上采取了劳动者、用人单位共同商议、决定的方式。而《管理办法》有关行业内部岗位的内容，是用人单位按照经营管理权制定的，属于企业的用工自主权。法院似乎倾向于采用"集体合意说"，界定《管理办法》的法律性质。

（二）法院如何审查用人单位劳动规章

劳动规章的法律性质，直接影响了司法审查的广度、深度。现行的劳动争议案件，法院对于用人单位劳动规章的审查，通常采用附带审查模式。因

---

① 参见朱军《论我国劳动规章制度的法律性质——"性质二分说"的提出与证成》，《清华法学》2017年第3期。

而，劳动者不能直接就劳动规章的内容提起诉讼，法院也不能直接审查劳动规章的内容。附带审查通常表现为以下两种形式：第一种情形，劳动者在相关劳动争议中，请求附带审查劳动规章的法律效力时，对此，法院可以附带审查劳动规章；第二种情形，法院在审理劳动争议相关案件时，基于案件审理的需要，主动审查劳动规章的法律效力。① 目前，司法实践对于用人单位劳动规章的审查主要有以下两种处理思路。

其一，多数情况下，对劳动规章的司法审查，基本仍以是否经过民主程序、是否为劳动者所知悉为标准：符合上述程序并向劳动者公示的，法院将以此为案件审理的依据。从学理上看，这种审查思路似乎将劳动规章界定为法律规范或者集体合意。法院只需进行合法性审查，即不违反上位法的强制性规定。按照法律规范说，用人单位作为公权力主体，其制定的内部劳动规章，当然属于法律规范。从集体合意的角度上看，劳动规章是用人单位基于经营管理权制定的，调整自己内部事务的规范。这意味着法律授权企业结合自己的生产经济状况，将法律规范中较为原则的规定予以细化。与更为原则的《劳动法》相比，劳动规章的规定更具有可操作性，更能明晰企业与用人单位的权利、义务关系。因而，劳动规章关涉企业的自主经营管理权，法院应予以尊重。②

其二，除了合法性审查，法院在某些情况下会对劳动规章进行一定程度的合理性审查。从学理的角度看，有的劳动规章，如劳动手册等，在法律性质上更接近契约，属于劳动合同的一部分内容。对此，法院按照近似契约的处理方法，对劳动规章进行合法兼具合理性判断。如在上海欧雅装饰材料有限公司与王某劳动合同纠纷上诉案中，法院认为，公司员工手册虽然规定在公司范围内争吵、打架属严重违纪行为，但该规定对于争吵、打架至何种

---

① 参见丁建安《劳动规章诉讼模式之反思与重构》，《法商研究》2016年第2期。
② 参见朱军《论我国劳动规章制度的法律性质——"性质二分说"的提出与证成》，《清华法学》2017年第3期。

程度才构成严重违纪行为并未作出明确规定，故对该规定不予适用。[1] 有的学者认为，法院在特定情形下审查劳动规章的合理性，可以解决劳动规章效力制度的保障问题。当部分劳动规章被解释为契约，超出合意的部分，双方当事人也就不再受到契约约束。此时，司法对于契约内容进行合理性审查，用以保护劳动者的合法权益。[2] 也有学者主张，法院可以对劳动者惩戒规定进行合理性审查。劳动惩戒通常会严重影响劳动者合法权益，也是对劳动者和用人单位之间平等契约关系的违背。立法者只是考虑到惩戒权作为一种预防机制，意在维系合同，而非传统私法上的解除合同。由此，《劳动法》《劳动合同法》有限承认企业劳动惩戒权。但是为了防止企业滥用惩戒权，法院有必要审查企业惩戒的合理性问题。[3]

如前所述，最高人民法院倾向于把《管理办法》界定为集体合意。本案再审法院遵循前述的第一种审查思路，审查《管理办法》的合法性问题。再审法院主张，《管理办法》对企业内岗位性质、内退等情形作统一规定，这属于企业行使自主管理权。在不违反法律、法规的禁止性规定的情况下，再审法院尊重企业的用工自主权，将《管理办法》作为退休年龄的认定依据。由此可见，立法目的、用人单位的性质、劳动规章的决定程序等影响劳动规章法律性质的因素，决定了司法审查的广度与深度。

四、遗留问题与展望

作为最高人民法院受理的再审案件，本案清晰展现了法定退休年龄认定中的单位与个人、企业劳动规章与司法审查、法律政策变迁的考量等要素，尤其是考虑到退休年龄认定关涉用人单位劳动规章，法律性质属于法律规范

---

[1] 上海市第二中级人民法院（2012）沪二中民三（民）终1462号民事判决书。
[2] 参见覃甫政《劳动规章制度法律性质"软法解释论"之提出及证成》，《东方法学》2016年第2期。
[3] 参见丁建安《劳动规章诉讼模式之反思与重构》，《法商研究》2016年第2期。

的，法院只需进行合法性审查。在不违反法律、法规的禁止性规定的情况下，法院可将其作为退休年龄的认定依据。以上思路可供后续案例参考。与本案相反，在上海欧雅装饰材料有限公司与王某劳动合同纠纷二审民事判决书中，劳动手册作为用人单位的劳动规章，在法律性质上更接近契约，法院采用合法兼具合理的审查路径。

11

见义勇为的工伤认定

重庆市涪陵志大物业管理有限公司诉重庆市涪陵区人力资源和社会保障局劳动和社会保障行政确认案[①]

张怡静　华东政法大学法律学院

> **提要**　本案中，立基于《工伤保险条例》的立法精神，为了最大限度地保障劳动者的合法权益，法院对《工伤保险条例》第15条第1款第2项规定的"职工在抢险救灾等维护国家利益、公共利益活动"中的"等"字作等外等的解释，而且认为见义勇为制止正在发生的违法犯罪行为与抢险救灾等维护危急性、突出性以及重大性等公共利益的活动具有共同的价值属性，由此判定职工见义勇为，为制止正在发生的违法犯罪行为而受到伤害的，属于该条例第15条第1款第2项规定的为维护公共利益受到伤害的情形，应当视同工伤。

一、案件事实与争议焦点

本案为最高人民法院公布的第94号指导性案例，一审为终审。原告重庆市涪陵志大物业管理有限公司，被告重庆市涪陵区人力资源和社会保障局，罗某均为第三人。

罗某均系重庆市涪陵志大物业管理有限公司（以下简称涪陵志大物业公司）保安。2011年12月24日，罗某均在涪陵志大物业公司服务的圆梦园小区上班（24小时值班），8时30分左右，在兴华中路宏富大厦附近有人对一

---

① 裁判文书为重庆市涪陵区人民法院（2013）涪法行初字第00077号行政判决书。

名过往行人实施抢劫，罗某均听到呼喊声后立即拦住抢劫者的去路，要求其交出抢劫的物品，在与抢劫者搏斗的过程中，不慎从22步台阶上摔倒在巷道拐角的平台上受伤。

罗某均于2012年6月12日向被告重庆市涪陵区人力资源和社会保障局（以下简称涪陵区人社局）提出工伤认定申请。涪陵区人社局当日受理后，于2012年6月13日向罗某均发出《认定工伤中止通知书》，要求罗某均补充提交见义勇为的认定材料。2012年7月20日，罗某均补充了见义勇为相关材料。涪陵区人社局核实后，根据《工伤保险条例》第14条第7项之规定，于2012年8月9日作出涪人社伤险认决字〔2012〕676号《认定工伤决定书》，认定罗某均所受之伤属于因工受伤。

涪陵志大物业公司不服，向法院提起行政诉讼。在诉讼过程中，涪陵区人社局作出《撤销工伤认定决定书》，并于2013年6月25日根据《工伤保险条例》第15条第1款第2项之规定，作出涪人社伤险认决字〔2013〕524号《认定工伤决定书》，认定罗某均受伤属于视同因工受伤。涪陵志大物业公司仍然不服，于2013年7月15日向重庆市人力资源和社会保障局申请行政复议，重庆市人力资源和社会保障局于2013年8月21日作出渝人社复决字〔2013〕129号《行政复议决定书》，予以维持。涪陵志大物业公司认为涪陵区人社局的认定决定适用法律错误，罗某均所受伤依法不应认定为工伤。遂诉至法院，请求判决撤销《认定工伤决定书》，并责令被告重新作出认定。

本案的争议焦点为：职工不是在工作地点因工作原因，为制止违法犯罪行为而见义勇为，该见义勇为行为是否属于《工伤保险条例》第15条第1款第2项规定的"职工在抢险救灾等维护国家利益、公共利益活动"范畴，进而能够视同工伤。

二、法院的推理与逻辑

法院围绕本案的争议焦点，认为首先罗某均与违法犯罪作斗争的行为既保护了个人财产及生命的安全，也维护了社会的治安管理秩序和法律的尊严，该见义勇为行为具有维护公共利益的属性。其次因为罗某均见义勇为而受伤的行为不是因工作原因在工作地点发生的，但其见义勇为行为维护的公共利益属于抢险救灾等维护国家利益、公共利益的范畴，所以根据《工伤保险条例》第15条第1款第2项的规定，应当将其视同工伤。进一步而言，《重庆市鼓励公民见义勇为条例》第19条、第21条明确规定了因见义勇为而受伤应当视同工伤，并享受工伤待遇。该规定符合《工伤保险条例》的立法精神，在本案中实际上是作为一种补强依据而适用。

（一）见义勇为是维护社会公共利益的行为

第三人罗某均因实施见义勇为而受伤，其见义勇为行为得到重庆市涪陵区社会管理综合治理委员会的表彰，并作出了涪陵综治委发〔2012〕5号《关于表彰罗某均同志见义勇为行为的通报》，法院对此予以了确认。在本案中，法院对罗某均见义勇为行为的认定主要依据行政机关所作出的通报，法院对该行政机关认定见义勇为的行为予以了尊重。该通报也反映了罗某均见义勇为行为具有一定的社会影响力以及社会意义。

法院对罗某均见义勇为行为所维护的利益进一步予以了阐明，罗某均不顾个人安危与违法犯罪行为作斗争，保护了他人的个人财产和生命安全，也维护了社会治安秩序，弘扬了社会正气。社会治安秩序的维护、社会正气的弘扬，意味着该见义勇为的行为具有维护公共利益的属性。同时，对于见义勇为行为，法院应当大力提倡和鼓励。

（二）因见义勇为受伤：视同工伤的认定

《工伤保险条例》第三章对工伤认定作出了规定，第14条和第15条分别规定了应当认定为工伤和视同工伤的情形。罗某均虽是在上班时间实施见义勇为而受伤，但其并不是在工作地点由于工作原因而受到伤害的，因此无法根据《工伤保险条例》第14条规定的应当认定为工伤的情形对其因见义勇为而受伤的行为进行工伤认定。但是该条例第15条第1款第2项规定了视同工伤的一种情形，即"在抢险救灾等维护国家利益、公共利益活动中受到伤害的"。

法院认为公民见义勇为，跟违法犯罪行为作斗争，与抢险救灾一样，都是维护社会公共利益的行为，应当适用《工伤保险条例》第15条第1款第2项的规定，视同工伤。在此，法院对《工伤保险条例》第15条第1款第2项中"抢险救灾等"的"等"字作等外等的解释，与抢险救灾性质一样，其行为是维护国家利益、公共利益的活动，因此可以纳入该条规定之中。在法院认定罗某均实施的行为是见义勇为行为且该行为维护的利益包括社会公共利益的基础上，因罗某均不是在工作地点由于工作原因而受伤的，因此应当适用《工伤保险条例》第15条第1款第2项的规定，认定其行为视同工伤。

（三）地方性法规的补强适用：符合《工伤保险条例》的立法精神

通过上述的论证说明，法院已经将罗某均因见义勇为而受伤的行为认定为视同工伤。由于重庆市制定了地方性法规《重庆市鼓励公民见义勇为条例》，其第19条、第21条进一步明确规定，因见义勇为伤残的公民，视同工伤，享受工伤待遇。《工伤保险条例》第1条规定，该条例是"为了保障因工作遭受事故伤害或者患职业病的职工获得医疗救治和经济补偿，促进工伤预防和职业康复，分散用人单位的工伤风险"。法院认为该地方性法规的上述规定符合《工伤保险条例》的立法精神，有助于最大限度地保障劳动者的合法权益、最大限度地弘扬社会正气，因此该地方性法规的相关规定应当在本案中予以适用。

就法律适用而言，《行政诉讼法》（2017年）第63条规定："人民法院审理行政案件，以法律和行政法规、地方性法规为依据。地方性法规适用于本行政区域内发生的行政案件。"《重庆市鼓励公民见义勇为条例》是重庆市的地方性法规，在人民法院审理发生在重庆市的行政案件过程中，其应当作为审理依据之一。虽然该条例对因见义勇伤残的公民视同工伤有明确的规定，但是法院在本案判决的论证过程中，并未直接依据该条例的规定，对罗某均因见义勇为而受伤的行为作出视同工伤的认定，而是围绕《工伤保险条例》第15条第1款第2项的规定，论证其见义勇为的行为是维护社会公共利益的行为，进而涵摄于该条的规定，认定因见义勇为而受伤的，应当视同工伤。

三、学理归纳

《工伤保险条例》第15条第1款第2项有关视同工伤的判断，主要涉及对公共利益的认定。公共利益意涵的不确定性导致了其在法律适用上的难题。《工伤保险条例》中公共利益的确定，一方面应基于《工伤保险条例》的立法精神；另一方面通过分析具体的案例，以更为准确地判断工伤中存在的公共利益，提高公共利益确定的可操作性和法律适用性，保障职工的工伤保险权益。

（一）体系解释的矛盾性

首先，法院在引用《重庆市鼓励公民见义勇为条例》（2010年）具体条文时，存在体系解释矛盾的问题。在该案中，法院认为该条例第3条将"见义勇为"定义为"不负有法定职责和特定义务的公民，为保护国家利益、社会公共利益或他人人身、财产安全，制止正在发生的违法犯罪或抢险、救灾、救人，表现突出的行为"。其中"国家利益、社会公共利益"和"他人人身、财产安全"是并列关系,"或"字也意味着见义勇为行为不一定全包含这三种利益。因此,根据该条例的规定,"见义勇为"与保护"国家利益、社会公共利益"并不完全等同。

本条例第 19 条第 3 款第 1 项还进一步规定:"见义勇为公民属国家机关、社会团体、事业单位工作人员(含临时人员、离退休返聘人员)或企业职工的,视同工伤(亡)认定其伤(亡)性质,并享受工伤待遇。"根据该条规定可以发现,其并未区分不同的见义勇为,而是当满足该条第 3 款规定的情形时,见义勇为就可以视同工伤。由此,在该案中法院可以直接依据该条款认定罗某均因见义勇为而受伤的行为为视同工伤。但是,本案法院在裁判说理时,并未按照此种逻辑予以论证,而只是将其作为一项补强论证的依据。从体系解释的角度而言,该条例在判断见义勇为而受伤的行为是否应视同工伤时,具体条文之间存在体系解释的矛盾。

《重庆市鼓励公民见义勇为条例》(2010 年)与《工伤保险条例》(2010 年)之间也存在体系解释矛盾的问题。《工伤保险条例》(2010 年)第 15 条规定了视同工伤的三种情形,其中与本案相关联的是第 1 款第 2 项的内容"在抢险救灾等维护国家利益、公共利益活动中受到伤害的"。根据此条规定,视同工伤应当是在维护国家利益、公共利益活动中受到伤害的,且是因抢险救灾等维护国家利益、公共利益的活动。该条款蕴含着并非所有因维护国家利益、公共利益活动受伤的情形都应当视同工伤。而《重庆市鼓励公民见义勇为条例》(2010 年)规定的见义勇为不仅包括抢险、救灾、救人表现突出的行为,还包括制止正在发生的违法犯罪表现突出的行为。因此,关于见义勇为是否一定属于抢险救灾等维护国家利益、公共利益的活动,该地方性法规和行政法规之间未能完成融洽的体系解释。

(二)见义勇为行为是否属于维护公共利益的行为

见义勇为行为在我国尚属于道德行为,学界对其法律属性的界定主要包括：（一）民法上的无因管理行为，[①]（二）行政法上的"行政协助行为"，[②]（三）具有多重属性的行为。具体而言，见义勇为者与歹徒的关系属于正当防卫；抢险救灾中的见义勇为属于紧急避险行为；见义勇为者与受益人之间是无因管理的关系，但见义勇为行为具有危险性或重大性。[③]但是上述观点既未区分民法意义上的见义勇为和行政法意义上的见义勇为，也未区分行政法意义上的见义勇为和因具有法定义务或约定义务等其他行政法意义上的行为。

见义勇为行为具有广泛性，表现形式具有多样性，不仅可以是为了保护国家、社会的利益，也可以是为了保护公民个人的利益。见义勇为行为同时会引起多重法律关系，见义勇为者与不同相对人之间也有着不同的法律关系。在我国，有关见义勇为人员奖励和保护的地方性法规已经屡见不鲜，其中对见义勇为原因的归纳也达成了一定的共识，但仍存在一些差异。结合各地方性法规对见义勇为的定义，具体而言，见义勇为的原因有：非因法定职责、法定义务或者约定义务，[④]非因法定职责或者特定义务，[⑤]非因法定职责、法定义务，[⑥]法定职责之外，[⑦]履行特定义务以外[⑧]等。各地方性法规在此产生的差异可能来源于对"法定"和"特定"等概念的不同理解和解释。在此，我们主要关注因见义勇为行为受伤能否获得工伤认定这一行政法意义上的见义勇为问题。

根据《工伤保险条例》的规定，认定视同工伤的情形之一，是在抢险救灾等维护国家利益、公共利益活动中受到伤害的。工伤认定问题涉及行政法律关系，因此，首先需要建构行政法意义上见义勇为行为的理论框架。根据我国地方性法规的具体规定，见义勇为保护的法益包括：国家利益、集体利

[①] 参见吴从周《见义勇为与无因管理——从德国法及台湾地区法规定评河南法院判决》，《华东政法大学学报》2014年第4期。
[②] 参见傅昌强、甘琴友《见义勇为行为的行政法思考》，《行政法学研究》2002年第2期。
[③] 参见孙学华《论见义勇为的法律性质——兼论专门立法的不必要性》，《云南民族大学学报》（哲学社会科学版）2006年第3期。
[④] 参见《重庆市见义勇为人员奖励和保护条例》《海南省见义勇为人员奖励和保障规定》等。
[⑤] 参见《云南省奖励和保护见义勇为人员条例》。
[⑥] 参见《广东省见义勇为人员奖励和保障条例》。
[⑦] 参见《浙江省见义勇为人员奖励和保障条例》。
[⑧] 参见《四川省保护和奖励见义勇为条例》。

益、社会公共利益或者他人的人身、财产安全;[①] 国家利益、(社会)公共利益或者他人人身财产安全;[②] 国家、集体利益和他人的人身、财产安全[③] 等。在此,各地规定的区别主要在于法益之间的关系是"和"还是"或",以及国家利益、集体利益和社会公共利益之间的概念区分与使用。进一步而言,《人民警察法》《中华人民共和国消防法》等规定了国家和政府具有维护国家稳定,维护社会安全和秩序,以及保障公民的合法权利等职责和义务。行政法意义上的见义勇为行为则是一定程度帮助国家和政府完成了维护公共秩序与安全、保护公民合法权益的职责。在此框架下,行政法意义上的见义勇为是一种事实行为,也是对政府职责的一种必要的补充。[④] 因此,见义勇为行为具有结果的双重性,有学者将其解释为见义勇为行为主客观的双重利他,客观利他指的就是符合一般社会观念或公共利益。[⑤] 具体而言,从见义勇为行为直接保护的对象而言,其数量不具有特定性,可以是群体性的,也可以是个体性的,且其维护了国家利益、公共利益或是他人的人身财产利益;见义勇为也会对社会产生积极的影响和引导作用,不仅有利于保障公民的生命和财产安全,也有助于形成正确的社会价值观、维护社会的公共秩序和安全,远不止于受益人本身,也是广义上的维护公共利益。

"公共利益"是一个不确定的法律概念,可以通过个案进行价值判断。在罗某均案中,其实施的是制止正在发生的违法犯罪行为的见义勇为行为,也是公务的行使内容,是维护公共利益的行为。

(三)因制止正在发生的违法犯罪行为而受伤能否视同工伤

从我国的实体法规定出发,见义勇为的具体表现可以是与违法犯罪行为

---

① 参见《重庆市见义勇为人员奖励和保护条例》。
② 参见《安徽省见义勇为人员奖励和保障条例》。
③ 参见《浙江省见义勇为人员奖励和保障条例》《海南省见义勇为人员奖励和保障规定》等。
④ 参见杨海坤、曹达全《试析行政法意义上的见义勇为行为——兼评我国见义勇为法律制度之不足》,《法学论坛》2008年第1期。
⑤ 参见张晨原、宋宗宇《见义勇为行政确认的判断标准》,《广东社会科学》2020年第2期。

作斗争或者救人、抢险、救灾的合法行为,[①] 及制止正在发生的违法犯罪行为或者抢险、救灾、救人等,事迹突出的,[②] 也有对"制止正在实施的违法犯罪行为"进行进一步区分的[③]。总的来说,见义勇为主要是制止违法犯罪行为和抢险救灾两类行为,不同的地方性法规规定的差异主要在于对违法犯罪行为的进一步区分和违法犯罪的状态是否是"正在实施",以及是否是表现突出的行为等内容。

在本案中,罗某均因制止正在发生的违法犯罪行为而受伤的行为能否视同工伤的问题,应根据《工伤保险条例》的立法精神进行价值填充。《工伤保险条例》的保障对象是职工,在职工工伤时可以得到国家的社会保障。《工伤保险条例》第15条第1款第2项仅具体规定了抢险救灾等公共利益,为了更好地保障职工的合法权益,此处的"等"字应作扩张解释。进一步而言,等外等所包含的内容应与抢险救灾具有相同的内涵,也即与抢险救灾对应的公共利益具有相同的价值。

但公共利益的内涵也并非毫无限制。公共利益的实现,正如工伤保险权益的实现需要国家、社会投入大量的资金。因此,确定公共利益的内涵以实现职工的工伤保险权益,需要遵循利益衡量原则。国家应该保障职工工伤保险权利的实现,但《工伤保险条例》第15条第1款第2项有关公共利益的确定亦有其涵摄范围,不能使用人单位的法律责任和工伤保险基金支付的范围过分地扩张。

国务院办公厅转发民政部等部门《关于加强见义勇为人员权益保护意见》的通知里面并未规定将见义勇为纳入工伤认定的范畴。但其提到"近年来,各地区、各部门在鼓励见义勇为行为、保护和表彰见义勇为人员方面做了大量工作,陆续出台法规政策,同时利用优待抚恤政策和社会救助体系对符合

[①] 参见《海南省见义勇为人员奖励和保障规定》等。
[②] 参见《重庆市见义勇为人员奖励和保护条例》。
[③] 参见《宁夏回族自治区见义勇为人员奖励和保护条例》。

条件的见义勇为人员及其家庭给予了一定程度的保障"。

从对《工伤保险条例》第 15 条第 1 款第 2 项具体内容的解释来看,抢险救灾的内容具有广泛性,险情和灾情的内容是多种多样且无法穷尽列举的。抢险救灾等公共利益所体现的价值共性是该公共利益具有危急性、突出性和重大性。制止正在发生的违法犯罪行为的见义勇为正具有维护危急性、突出性以及重大性等公共利益的价值,并且就《工伤保险条例》的立法精神和立法目的而言,在劳动关系中,职工作为弱势方,其合法权益应得到积极的社会保障。因此,可以将制止正在发生的违法犯罪行为的见义勇为归入《工伤保险条例》第 15 条第 1 款第 2 项"抢险救灾"等公共利益的范畴。

在本案中,罗某均见义勇为阻止抢劫等违法犯罪行为,保护了受害人的生命和财物,也维护了社会公共安全和秩序。将因制止正在发生的违法犯罪行为所为之见义勇为而伤亡的行为纳入视同工伤的范畴,体现了社会保障的政策目的和工伤保险的立法精神,也符合国家为弘扬社会主义核心价值观而要求充分加强对见义勇为人员的权益保护。

四、遗留问题与展望

作为最高人民法院公布的指导性案例,本案清晰展现了法院在因制止正在发生的违法犯罪行为而受伤的见义勇为行为视同工伤的认定中,对行政法意义上的见义勇为、见义勇为与维护公共利益的关系以及因制止正在发生的违法犯罪行为而受伤的行为能否视同工伤等内容的探究与论证。本案的论证思路可为后续案例起到指导和参照作用,有助于解决《工伤保险条例》第 15 条第 1 款第 2 项视同工伤认定中的难题以及法律适用上的困境。由于见义勇为形式的多样性以及公共利益判断的不确定性,未来可通过统一立法的形式完善见义勇为行为的法律保护体系,衔接好见义勇为与视同工伤认定之间的桥梁,更好地维护职工的工伤保险权利。

12

灵活用工人员的退休待遇给付

唐某诉十堰市人力资源和社会保障局劳动和社会保障局因病退（职）休行政确认案[①]

贾鹏臻　浙江大学光华法学院

提要　在行政诉讼中，司法机关对行政主体事实认定的审查存在复审性质。在关涉民事权益的诉讼中，其对行政主体的事实认定，可参照民事诉讼领域的优势证据规则，将按照证明效力占优势的一方当事人提供的证据作为认定案件事实的依据。

一、事实案件与争议焦点

原告、上诉人唐某，被告、被上诉人十堰市人力资源和社会保障局（以下简称十堰市人社局）。原告唐某系湖北省十堰市郧阳区柳陂镇人。1997年6月18日，湖北省华阳企业集团汽车拨叉工业公司向郧县劳动局申请办理占地招工审批手续并提交《招工报告》，并附兰家岩村占地招工登记表，其中登记了唐某的基本信息。1997年8月18日，郧县劳动局发出《录用新职工通知单》，经审查同意该公司录用唐某，通知其于1997年8月30日以前持本通知单去该公司报到并办理有关手续。自1998年起唐某开始缴纳社会保险。因湖北省华阳汽车拨叉股份有限公司企业改制，2006年8月16日该公司与唐某签订《解除劳动关系协议书》，双方从2005年10月31日起解除劳动关系。

[①] 一审裁判文书为湖北省十堰市茅箭区人民法院（2018）鄂0302行初字第82号行政判决书，二审裁判文书为湖北省高级人民法院（2019）鄂行终字第156号行政裁定书。

根据十政办发〔2002〕125号文件和十企改办〔2005〕13号文件，职工连续工龄计算至2004年12月31日，经双方共同确认，唐某的工作年限为8年。2017年1月唐某与改制后的湖北华阳汽车变速系统股份有限公司签订《劳动合同书》，双方建立劳动关系。2017年4月6日，唐某被医院确诊患有右肾癌并接受治疗，后经十堰市劳动能力鉴定委员会审定，唐某因病劳动能力鉴定为4级。2018年3月10日，唐某因病向十堰市人社局申报提前退休，提交了十堰市郧阳区人力资源和社会保障局（以下简称郧阳区人社局）出具的证明、《公示情况反馈单》、《湖北省企业职工因病提前退休条件审批表》、《关于唐某同志岗位情况说明》及十劳鉴〔2017〕14号《十堰市职工因病劳动能力鉴定结论通知》等相关材料。其中郧阳区人社局于2017年11月19日出具的证明内容为：唐某，1997年在我局（原郧县劳动局）办理招工手续，于1997年8月被拨叉公司录用，情况属实，特此证明。后2018年9月3日郧阳区人社局出具《关于撤销唐某招工证明的情况说明》，内容为：唐某所在的单位华阳拨叉厂为市属企业，为工作方便当时由郧县劳动局办理相关基础手续，招工审批由市局负责，郧县劳动局无权审批其招工；当时在不知情的情况下为唐某出具了证明。

2018年3月22日，十堰市人社局针对唐某退职申请作出《关于唐某同志要求办理因病退（职）休认定事项的行政程序处理决定书》，认为唐某的原始档案中，仅有不具有劳动用工管理权限的原郧县劳动局开具的《录用新职工通知单》，并无其他招工手续。原拨叉公司一直以来均属地、市企业，其劳动用工等管理权限都属原十堰市劳动（人事）局，原郧县劳动局无管辖权，其招工（录用）手续应由原十堰市劳动（人事）局办理。且1997年7月原十堰市劳动（人事）局曾专门下发过《关于企业用人统一使用十堰市企业增人管理卡的通知》，其适用范围包括市直各企业，原拨叉公司应适用于该范围。因此，唐某不符合职工因病办理提前退（职）休政策，不能因病办理提前退（职）休手续。唐某不服该决定书，向十堰市人民政府申请行政复议，十堰市人民政府受理其申请后经复议作出的《行政复议决定书》认为：十堰市人社局在作出《关于唐某同志要求办理因病退（职）休认定事项的行政程序处理决定书》，没有对申请人唐某提交的上述证据进行逐一核实，也没有说明不采纳申请人提交证据的理由。十堰市人社局没有进一步查明《招工报告》及被申请人的下级单位郧阳区人社局出具的证明唐某在原郧县劳动局办过招工手续的证明是否属实及其证明力问题。十堰市人社局仅以原郧县劳动局不具有劳动用工管理权限，其作出的《录用新职工通知单》不具有招工性质为由，认定申请人不符合因病办理提前退（职）休政策的要件性规定，事实不清，证据不足。决定撤销十堰市人社局作出的《关于唐某同志要求办理因病退（职）休认定事项的行政程序处理决定书》，并责令其30日内重新作出决定。

2018年8月30日，十堰市人社局重新作出《关于职工因病退（职）休事项的决定书》。经核实，唐某的原始档案仅有1997年8月由不具有劳动用工管理权限的原郧县劳动局开具的《录用新职工通知单》（1995年劳动法实施后，这种《录用新职工通知单》不具有招工性质，且在通知单上明确注明"在县市的地直单位招工，由地区劳动局审定通知"），以及两张体格检查表（一张为1995年10月27日，另一张无年份记录）。除此之外，没有任何经原十堰市劳动（人事）局办理过正式招收（录用）审批表或招工（录用）文件及花名册的相关原始资料和有关用工劳动合同等其他原始档案资料。至于郧阳县人社局出具的招工证明，该局已于2018年9月3日出具《关于撤销唐某招工证明的情况说明》，说明其无权审批招工，在不知情的情况下为唐某出具了相关证明。综上，唐某没有经原十堰市劳动（人事）局办理过正式的招工（录用）手续，因此不符合职工因病办理提前退（职）休政策的规定。唐某不服引发本诉。

本案中，原告提出诉讼请求：撤销十堰市人社局作出的《关于职工因病退（职）休事项的决定书》，并重新作出决定。

本案的争议焦点为：唐某提供的《录用新职工通知单》的内容是否具有招工性质，能否证明唐某具有职工身份，是否构成未经用工审批以及计划经济体制下政企内部程序遗留问题对抗因病致残的相对人,阻却因病退职条件的认定。

二、法院的推理和逻辑

在本案的事实认定中,二审法院认为,一审法院对十堰市人社局因病提前退(职)休进行审批的法定职权并无不当。十堰市人社局对于唐某因病办理提前退(职)休的其他条件无异议,即唐某符合被诉行政决定书上列明的后三个条件:因病或非因工致残经市州级以上劳动能力鉴定委员会鉴定为完全丧失劳动能力;唐某虽未达到病退退休年龄(男年满50周岁),但可以申请办理退职手续;社保缴费年限已满15年。十堰市人社局仅对第一个条件,即"经原县级以上劳动(人事)部门办理过正式招收(录用)手续"有异议。对此,二审法院对该要件内容的解释以及应当考虑的因素,予以重点评议。

二审法院评议如下。一是该要件的规定来源。依据被诉行政决定内容,该要件源自湖北省人力资源和社会保障厅《关于化解过剩产能职工安置过程中做好职工信息认定工作的通知》(鄂人社函〔2016〕407号)的明确规定,该文件系依申请公开。根据该文件规定,对唐某退休年龄把握口径应予适用,而不适用对职工信息认定工作。对唐某经原县级以上劳动(人事)部门办理过正式招收(录用)手续的审查范围,原则上应当以其退休(职)年龄的把握口径为限,而非对唐某职工信息进行认定工作。在该案中,唐某因病办理退职手续,系因病提前退休的特殊情形,无须审查年龄。二是相关文件规定的内容。根据《关于进一步规范企业退休审批工作的通知》(鄂人社函〔2009〕44号)文件相关规定,人社部门根据国家有关规定和用人单位提供的职工原始档案,对职工出生时间、参加工作时间及缴费年限进行核实和审查,在审核职工出生年龄和缴费年限时,要以职工办理招工(干)表等原始资料来确定其出生年龄和缴费年限。可见,十堰市人社局仅需审查唐某的出生时间、参加工作时间及缴费年限等内容。十堰市人社局对以上年限和时间等无异议，对唐某也不存在视同缴费年限的认定问题，故客观上十堰市人社局对于唐某实际参加工作年限也无异议。三是对《录用新职工通知单》的内容分析。十堰市人社局仅以唐某提供的《录用新职工通知单》系湖北省原郧阳地区下辖原郧县劳动局作出而未经原郧阳地区劳动局审批超越职权为由，决定对唐某不予办理因病提前退职手续。该通知单在审批签章后的小号字体注明"在县市的地直单位招工，由地区劳动局审定通知"内容，在通知内容中明确"并办理相关手续"。对此，二审法院理解在计划经济体制下原郧阳地区劳动部门对不同级别的企业的分级管理权限，属于上下级行政机关内部职权划分问题，但二审法院对原郧县劳动局审批的《录用新职工通知单》效力的认定，不赞成十堰市人社局的抗辩主张，主要理由是：（1）该录用通知单作出时间系1997年8月，该通知单所下达指标的具体文号空白，且劳动合同法已于1995年1月1日实施2年半有余。那么，该通知单的性质到底是计划经济下的相对单一下达指标招工方式，还是市场经济体制下的企业自主用工的灵活用工形式体现，故该通知单具体性质以及何为"正式"招工手续，不无疑问。（2）该通知单内容载明"并办理相关手续"，所指办理主体和具体手续不明。若系办理地区劳动局的审定手续，则办完各种手续存入本人档案备查，一般不会由唐某经办，应系企业与两级劳动部门之间的内部程序问题。唐某对行政机关的合理信赖应予保护，而非在20多年后以计划经济体制下政企内部程序遗留问题对抗因病致残的相对人，二审法院不予支持。若系签订劳动合同手续，不必原郧阳地区劳动局用工批准。四是现行法律明确规定。根据《社会保险法》第17条的规定，十堰市人社局和二审法院都认为，唐某应当得到及时的社会救助，鉴于十堰市病残津贴制度尚未完善，病残津贴与因病退职均从基本养老保险基金中支付的相同渠道，且唐某缴纳了15年以上的社保费用等情况，唐某因病致残申请提前退休（职）不违背该条立法目的和宗旨，从有利于劳动者保护的原则出发，二审法院将唐某主张的退职待遇视为法定的病残津贴待遇。

综合考虑上述因素,原郧县劳动局的审批行为其本身具有行政行为的法定效力,从适用范围、文义解释和目的解释方法上,均不违背对"经原县级以上劳动(人事)部门办理过正式招收(录用)手续"要件的要求,应对该要件从宽予以理解掌握,以共享改革开放成果,筑牢基本生存的社会保障网。十堰市人社局仅以未经原郧阳地区劳动局审批为由作出被诉行政处理决定,系考虑了一般人事后无法预料也不应考虑的无关因素,二审法院不予支持。

综上,二审法院认定,一审判决和被诉行政行为认定事实清楚,但适用文件规定不当,且对适用相关文件规定理解偏颇,导致对案涉核心事实要件符合性的判断错误,属于适用法律错误,依法应予撤销。唐某的上诉请求成立,并且应当得到及时保障和救助,二审法院予以支持。

三、学理归纳

在民事诉讼领域,《最高人民法院关于民事诉讼证据的若干规定》第85条规定,存在优势证据规则的认定。[①] 在行政诉讼领域,《最高人民法院关于行政诉讼证据问题的若干规定》第63条为行政诉讼领域关于优势证据的规定。[②] 但与刑事诉讼、民事诉讼不同的是,行政诉讼关于证明标准的认定较为

---

① 《最高人民法院关于民事诉讼证据的若干规定》第85条规定:人民法院应当以证据能够证明的案件事实为根据依法作出裁判。审判人员应当依照法定程序,全面、客观地审核证据,依据法律的规定,遵循法官职业道德,运用逻辑推理和日常生活经验,对证据有无证明力和证明力大小独立进行判断,并公开判断的理由和结果。
② 《最高人民法院关于行政诉讼证据问题的若干规定》第63条规定:证明同一事实的数个证据,其证明效力一般可以按照下列情形分别认定:(一)国家机关以及其他职能部门依职权制作的公文文书优于其他书证;(二)鉴定结论、现场笔录、勘验笔录、档案材料以及经过公证或者登记的书证优于其他书证、视听资料和证人证言;(三)原件、原物优于复制件、复制品;(四)法定鉴定部门的鉴定结论优于其他鉴定部门的鉴定结论;(五)法庭主持勘验所制作的勘验笔录优于其他部门主持勘验所制作的勘验笔录;(六)原始证据优于传来证据;(七)其他证人证言优于与当事人有亲属关系或者其他密切关系的证人提供的对该当事人有利的证言;(八)出庭作证的证人证言优于未出庭作证的证人证言;(九)数个种类不同、内容一致的证据优于一个孤立的证据。

模糊。①对此，学界认为，对于优势证据标准应从优势证据的构成要件进行解读，②即身份要件、真实要件和关系要件。据此，在本案中，法院认为，根据湖北省人力资源和社会保障厅《关于化解过剩产能职工安置过程中做好职工信息认定工作的通知》（鄂人社函〔2016〕407号）的规定，认定对唐某退休年龄的把握口径应予适用，而不适用于对职工信息认定工作。认定唐某未年满50周岁，但可以申办因病退职手续，因病退职系提前退休的特殊情形。同时，唐某的出生时间、参加工作时间及缴费年限等内容，并不存在异议，唐某符合相关身份条件。其次，在真实要件中，对于唐某所出具的《录用新职工通知单》及其所载内容真实性，十堰市人社局并未否认，仅认为系湖北省原郧阳地区下辖原郧县劳动局作出而未经原郧阳地区劳动局审批超越职权，但并未否认其中审批签章及相关信息的真实性。最后，在关系要件中，法院对原郧县劳动局审批的《录用新职工通知单》效力的认定，不赞成十堰市人社局的抗辩主张。其从保护唐某对于行政机关内部程序的信赖利益关系出发，认为应当保护唐某对行政机关的合理信赖。不应以内部程序遗留问题对抗唐某对于行政机关审批的信赖关系。因此，本院对于该案的审查，从三个要件审查确认唐某符合因病退（职）休条件。

从劳动和社会保障领域的行政确认案件的性质来看，行政机关作出的行政行为关涉行政相对人的切身利益，在此领域，行政行为作出的依据往往不是法律法规的明文规定，而需要国务院部委、各省市相对行政职能部门的规范性文件。这些规范性文件具有政策性、地方性、程序性的特点。而在法无明文规定的情况下，对于事实的确认缺乏统一的认定标准，此时，需要行政

---

① "就具体部门法领域而言，刑事领域适用的证明标准为'排除一切合理怀疑标准'，民事领域通行的证明标准为'优势盖然性标准'。"参见章剑生《现代行政法基本理论》，法律出版社2008年版，第574页。目前学界通说认为，行政诉讼证明标准具有中间性，既不像刑事诉讼那样严格，也不像民事诉讼那样宽松，而是介于两者之间，参见梁凤云、宋随军主编《行政诉讼证据实证分析》，法律出版社2007年版，第328—329页。

② 黄琳：《优势证据在行政诉讼中的构成及适用——以廖宗荣案为分析对象》，《证据科学》2014年第6期。

主体给予优势证据规则，作出接近于客观实际的事实认定。司法机关在对事实证据进行审查认定时，若发现行政机关作出的行政行为违反优势证据规则，则可以对行政主体的行政行为予以撤销。[1]

关于职工因病退（职）休申请条件的认定，我国主要在各级人民政府发布的规范性文件中有所说明，同时各省市基于历史发展和各地用工情况的不同，作出具体规定。如在本案中，主要适用湖北省原劳动和社会保障厅《关于进一步加强提前退休审批工作简历退休月报制度的通知》（鄂劳社函〔2002〕228号）、湖北省人力资源和社会保障厅《关于化解过剩产能职工安置过程中做好职工信息认定工作的通知》（鄂人社函〔2016〕407号）等规范性文件。综合上述文件归纳出申报因病提前退休职工应同时符合：1.经原县级以上劳动（人事）部门办理过正式招收（录用）手续；2.因病或非因工致残，经市州级以上劳动能力鉴定委员会鉴定为完全丧失劳动能力（劳动能力鉴定时效为一年）；3.男年满50周岁，女年满45周岁；4.社保缴费满15年。符合病退条件但未达病退年龄的职工，可以申请办理退职手续。由于本案中十堰市人社局以唐某所出具的《录用新职工通知单》所载内容未能足以证明唐某已经十堰市原劳动（人事）部门办理过正式的招工手续为由，决定唐某不能按因病办理退（职）休手续。被诉行政机关否定了《录用新职工通知单》的证据效力，进而否定了唐某具有拨叉公司职工身份。

在行政诉讼中，行政主体对被诉行政行为的合法性负有举证责任，行政主体需说明和证明其具有法定职权、认定事实清楚、法律适用正确、程序合法。司法机关对于被诉行政行为所给予的事实依据的审查，是对行政机关的事实认定有无违反标准进行判断，其不仅关注于事实证据本身，也关注行政机关作出被诉行政行为过程中对于证据的认定和衡量标准是否适恰。在劳动和社会保障领域，法无明文规定的情形下，对当事人的申请，其需要根据证据优势规则，

---

[1] 丁晓华：《法无规定时对行政主体事实认定的审查》，《人民司法（案例）》2018年第26期。

确认当事人的申请是否符合条件。即对于行政行为的结论，回顾其中事实认定是否清楚进行审查。在本案中，十堰市人社局认为唐某因未经办理正式的招工录用手续，不具有职工身份，无法申请因病办理退（职）休手续，否认了唐某身份的合条件性。因此，本案中二审法院需要认定的是，支撑该行政行为的证据是否具有完全的证明力。本案中，一审法院支持行政机关作出的认定依据和结论。而二审法院则认为唐某基于信赖保护原则，认定其为拨叉公司固定职工的可能性明显大于其未经办理正式招工手续而不能办理因病退休手续。二审法院并未对唐某是否为计划经济体制下的固定职工或市场经济体制下的灵活用工作出直接认定，同时对于历史遗留的《录用新职工通知单》的性质并未作出直接认定。而是基于其中所载的办理手续的主体和程序不明确，且非为唐某个人所能够经办的事项，属于政企之间的内部行政程序问题，认定基于对唐某信赖利益的保护，足以对抗录用职工的历史遗留问题，对行政机关的事实认定标准作出评判，认为本案中案涉行政机关的事实认定标准违背了证据优势规则的要求，因而行政主体的事实认定结论难以成立。

在申请因病办理退（职）休手续案件中，行政机关所做行政行为为相对人民事权利的确认行为。在法无明文规定的情形下，行政主体应当采用证据优势规则。同时，在司法审查中，司法机关对于行政机关事实认定的审查，也应当采纳证据优势规则。在行政诉讼中，行政机关处于居中地位对诉讼两造的证据展开证明力分析，最终将按照证明效力占优势的一方当事人提供的证据作为认定案件事实的依据，并加以采信。本案中，二审法院对涉案证据和行政机关的认定作出审查，对于唐某是否符合申请条件，其是否具有职工身份，虽未经办理正式招工录用手续，但可基于信赖利益保护和内部行政程序问题对其加以确认。十堰市人社局根据《录用新职工通知单》未经正式招收录用确认，作出不予办理因病退（职）休手续的决定，违背了证据优势规则的要求。

在劳动和社会保障领域，因存在具有地方性、历史性和政策性的规范性文件，在发生争议时，行政机关往往会基于其自身内部程序等要求，对于认定事实领域进行自由裁量，并因其专业性存有较大空间。司法机关在审查案涉事实依据时，应当对作出行政行为的依据和结论，对涉及劳动和社会保障领域所具有的给付行政的属性，对事实依据作出合理审查，确保所认定的事实并不因行政机关内部程序问题而阻却相对人信赖利益的保护，以及相对人合法权益的保障。

四、遗留问题与展望

行政诉讼与民事诉讼、刑事诉讼关于优势证据规则的明确规定存在差异化、模糊化的特点。在行政诉讼中，存在如行政处罚程序中，公权力的行使对私权利压倒性优势。过于宽松的优势证据证明标准容易造成对相对人权益的侵犯，应采用排除刑事诉讼所采用的排除合理怀疑标准。但在行政给付和行政确认案件中，其涉及民事权益的处分，过于严格的优势证据证明标准，容易造成行政相对人切身权益的减损。因此，需要采用多元化的证明标准。应当根据具体行政行为的种类、案件的性质以及对当事人权益影响大小等因素来确定一个多元化的证明标准。优势证据和排除合理怀疑等并存的多样化证明标准才能体现行政诉讼特有的性质。[①]

同时对于从《最高人民法院公报》2007年第1期刊载的廖宗荣诉重庆市公安局交通管理局第二支队道路交通管理行政处罚决定案中所提取的关于行政诉讼优势证据判定条件，需要从身份要件、真实要件和关系要件对优势证据作出认定，但对其中优势证据规则的判定能否适用于关于行政保障领域的所有案件，在证明标准存在争议的情况下，能否提取其中三个要件所需的案件事实，其中"一对一"事实证据的采用和认定，并据此作出正确的合理裁判，仍然需要进一步地探索和完善。

---

① 王学东：《行政诉讼证明标准完善之探讨》，《内蒙古电大学刊》2009年第5期。

13

基本养老保险滞纳金的性质
刘某与榆次区养老保险管理服务中心行政确认纠纷上诉案[①]

安永康　浙江大学光华法学院

提要　本案中，基本养老保险滞纳金的性质判断是关键所在。该滞纳金由法律设定，以用人单位未依法按时足额缴纳或代扣代缴基本养老保险费为前提，目的不仅是补偿利息损失，还在于督促用人单位依法履行义务，属于行政强制执行。因此，基本养老保险滞纳金的设定与使用也应遵守《行政强制法》的相关规定。

一、案件事实与争议焦点

本案为一起山西省晋中市中级人民法院受理的二审行政案件，二审上诉人（一审原告）刘某，二审被上诉人（一审被告）榆次区养老保险管理服务中心（以下简称榆次养老保险中心）。

刘某退休前主要有三段工作经历，分别为：1971年5月至1996年7月，在晋中建筑材料总厂工作；1996年8月至2005年8月，在晋中市钢铁有限责任公司工作；2005年9月起，自谋职业。2015年11月17日，刘某年满60周岁。

2015年刘某前往榆次养老保险中心核算养老保险，发现在其工作期间，养老保险费存在两次欠缴情况：1992年8月至1996年7月，在晋中建筑材料

[①] 一审裁判文书为山西省晋中市榆次区人民法院（2016）晋0702行初字第48号行政决书，二审裁判文书为山西省晋中市中级人民法院（2017）晋07行终字第29号行政判决书。

总厂工作时段；2005年9月至2015年11月，自谋职业阶段。

之后，榆次养老保险中心先后两次向刘某出具养老保险缴费通知单。2015年11月16日的通知单载明：单位名称——晋中建筑材料总厂，补缴时间段为1992年8月至1996年7月，单位补缴1590.60元，个人补缴636.24元，滞纳金为8356.19元，共计10763.03元。2016年1月20日的通知单载明：姓名——刘某，补缴时间段为2005年10月至2015年11月，补缴统筹金为23231.16元，个人补缴15487.44元，滞纳金为29124.16元，共计67842.76元。依据文件为山西省人力资源和社会保障厅于2015年7月18日制定的《关于〈社会保险法〉实施前已参保企业职工补缴基本养老保险费有关问题的意见》（晋人社厅发〔2015〕51号）（以下简称《山西省意见》）。刘某收到缴费通知单后，分别补缴了上述费用，且因晋中建筑材料总厂早已破产，刘某也补缴了原应由单位补缴的部分。2016年2月29日，刘某经晋中市人力资源和社会保障局批准退休。

刘某不服榆次养老保险中心向其收取养老保险滞纳金，认为该行为违反《行政强制法》有关行政强制执行的规定，《社会保险法》并未有对灵活就业人员未按时足额缴纳社会保险费可以加收滞纳金的规定。遂向晋中市榆次区人民法院提起行政诉讼，请求确认被告向原告个人征缴养老滞纳金违法，判令被告立即返还向原告收取的滞纳金36069.75元。

榆次区人民法院作出一审行政判决，认为榆次养老保险中心对刘某办理的2005年10月至2010年11月的养老保险补缴事宜合法，刘某的诉讼请求不能成立；刘某代晋中建筑材料总厂补缴养老保险费事宜，与本案法律关系不同，不予审理。刘某不服一审判决，向晋中市中级人民法院提起上诉。

本案的争议焦点主要为：榆次养老保险中心向刘某收取养老保险滞纳金的行为是否合法。

二、法院的推理与逻辑

围绕上述争议，二审法院认为，榆次养老保险中心征收养老保险滞纳金有合法依据；并且此滞纳金不属于行政强制，不必由法律加以规定；刘某代其原工作单位补缴单位欠缴的养老保险费本金部分并无异议，也应补缴滞纳金部分。因此，榆次养老保险中心向刘某收取养老保险滞纳金的行为，具有合法性。

首先，榆次养老保险中心有权依法征收养老保险滞纳金。《实施〈中华人民共和国社会保险法〉若干规定》（以下简称《实施规定》）第 29 条规定："2011 年 7 月 1 日后对用人单位未按时足额缴纳社会保险费的处理，按照社会保险法和本规定执行；对 2011 年 7 月 1 日前发生的用人单位未按时足额缴纳社会保险费的行为，按照国家和地方人民政府的有关规定执行。"《山西省意见》对有工作单位人员以及灵活就业人员规定了养老保险费补缴基数、比例和滞纳金事项，并明确"滞纳金不得减免"。上述文件为榆次养老保险中心收取养老保险滞纳金的行为提供法律依据。

其次，养老保险滞纳金不属于行政强制，不必由法律设定。《行政强制法》中也规定了加处滞纳金，将其作为行政强制执行的方式。但是，行政强制中的加处滞纳金是一种单方行政行为，是行政机关或行政机关向人民法院申请，对不履行行政决定的公民、法人或其他组织，依法强制履行该义务的行为。若当事人不履行该义务，行政机关或法院将依法通过划拨存款等方式强制执行。养老保险滞纳金征收是一种双方行政行为，需经缴费单位和个人事先申请，并由养老保险经办机构审核后办理补缴相关事宜。缴纳养老保险费用是享受养老保险待遇的前提，养老保险关系是一种个人与国家之间的权利义务关系。即使当事人不缴纳相应的费用，也不会因此而遭受行政处罚或被强制执行。因此，此滞纳金有别于行政强制中的滞纳金，不属于行政强制执行，不必由法律设定。榆次养老保险中心可以依据《山西省意见》，对刘某收取养老保险滞纳金。

最后,刘某代其原工作单位补缴单位欠缴的养老保险本金,并且对此并无异议,也应补缴与之关联的滞纳金。榆次养老保险中心向刘某收取养老保险滞纳金的行为并无不妥。

综上,二审法院认为榆次养老保险中心向刘某收取养老保险滞纳金的行为合法合理,遂驳回刘某的上诉请求,维持原判。

三、学理归纳

本案在双方辩论以及法院裁判过程中,一个关键点在于收取养老保险滞纳金究竟属于什么性质的行为。具体而言,这是不是属于行政强制执行方式,也直接关系到《山西省意见》是否能够设定养老保险滞纳金,直接影响榆次养老保险中心收取滞纳金行为有无合法依据。因此,本部分将以该行为性质为中心展开讨论。基于现有法律规定,结合相关理论研究,分析养老保险滞纳金的适用是否属于行政强制执行方式以及相关程序要求等。

(一)什么是养老保险滞纳金

《社会保险法》第86条规定:"用人单位未按时足额缴纳社会保险费的,由社会保险费征收机构责令限期缴纳或者补足,并自欠缴之日起,按日加收万分之五的滞纳金。"据此规定,养老保险滞纳金即用人单位在未依法按时足额缴纳社会保险费的情况下,由社保征收机构自欠缴之日起,向其按日加收一定比例的金钱。养老保险滞纳金具有如下特征。

第一,缴纳主体是用人单位,而不是职工个人,也不包括灵活就业人员。[1] 有关养老保险的法律规定明确,职工参加基本养老保险由用人单位和

---

[1] 根据《社会保险法》第10条的规定,灵活就业人员包括无雇工的个体工商户、未在用人单位参加基本养老保险的非全日制从业人员以及其他灵活就业人员。这些人员可以以个人参保人员身份,个人缴纳基本养老保险费,参加基本养老保险。

职工共同缴纳保险费，其中职工缴纳的社会保险费依法由用人单位代扣代缴。用人单位未按时足额缴纳代扣的，将由社保征收机构自欠缴之日起按日加收滞纳金，且用人单位不得要求职工承担滞纳金。① 上述规定适用于《社会保险法》实施之后，即 2011 年 7 月 1 日之后发生的欠缴情形。该日期之前发生的欠缴情况不在此规定适用范围内，而是允许有关部门根据国家和地方政府的规定执行。② 以个人身份参加社会保险的情况，也不适用上述规定。③ 并且 2016 年底发布的《关于进一步加强企业职工基本养老保险基金收支管理的通知》明确规定，对城镇个体工商户和灵活就业人员不得以事后追补缴费的方式增加缴费年限。据此规定，以个人身份参加职工基本养老保险的人员将不能再补缴养老保险费，也就不会涉及滞纳金问题。综上，根据现行法律规定，养老保险滞纳金的缴费义务主体是用人单位。

第二，加收滞纳金的前提是用人单位未按时足额缴纳养老保险费。用人单位按月向社保经办机构申报应缴纳的养老保险费数额，经社保经办机构核定后，根据该机构出具的缴费通知单在规定期限内缴纳保险费。④ 在用人单位未能按时足额缴纳养老保险费的前提下，会产生滞纳金。

第三，社保征收机构有权在责令缴费主体补缴的同时加收滞纳金，且自养老保险费欠缴之日起算。根据《社会保险法》的规定，在用人单位未按时足额缴纳养老保险费的情况下，社保征收机构有权责令其限期缴纳，并自欠缴之日起，按日加收万分之五的滞纳金。⑤ 但现有的法律规定存在不一致的

---

① 《社会保险法》第 10 条、第 60 条；《实施〈中华人民共和国社会保险法〉若干规定》（2011 年 7 月 1 日起实施）第 20 条；《社会保险费申报缴纳管理规定》（2013 年 11 月 1 日起实施）第 11 条。

② 《实施〈中华人民共和国社会保险法〉若干规定》第 29 条。

③ 《社会保险费申报缴纳管理规定》第 33 条。

④ 《社会保险费征缴暂行条例》第 10 条；《社会保险费申报缴纳管理规定》第 10 条。

⑤ 有关滞纳金的比例，《社会保险法》规定为万分之五。《社会保险费征缴暂行条例》规定的滞纳金比例为千分之二，高于《社会保险法》中的规定。《社会保险费征缴暂行条例》于 1999 年颁布，2019 年修订。但最新的修订版并未和《社会保险法》相统一。因《社会保险法》是养老保险领域的专门法律，同时，社保行政部门以部门规章形式发布的《社会保险费申报缴纳管理规定》也已经根据《社会保险法》的规定，将滞纳金比例从千分之二调整为万分之五。

情况。有些要求以相关行政部门责令限期缴纳为前置程序，例如《劳动法》要求劳动行政部门首先责令用人单位限期缴纳，逾期不缴的方可加收滞纳金（第100条）；《社会保险费征缴暂行条例》也规定，缴费单位未按规定缴纳和代扣代缴社会保险费的，由相关部门责令限期缴纳；逾期仍不缴纳的，除补缴欠缴数额外，加收滞纳金（第13条）。但《社会保险法》并不要求此前置程序，社会保障行政部门以部门规章形式发布的《社会保险费申报缴纳管理规定》已经根据《社会保险法》，取消了之前的前置程序要求（先催告再下达限期改正指令书）。综合考虑特别法优于一般法、新法优于旧法的原则，社保机构加收养老保险滞纳金不再受前置程序的限制，而是可以在责令缴费主体补缴的同时，即可加收滞纳金。[①] 无论是否有责令限期补缴的前置程序要求，滞纳金均自欠缴之日起算。

第四，滞纳金是养老保险基金的一部分。养老保险滞纳金并入基本养老保险基金，是社保统筹基金的一部分，而不是计入个人账户。因此，滞纳金的受益者是全体参保人员，而不是具体的参保个人。

（二）养老保险滞纳金是否属于行政强制执行

这一问题是本案的关键所在，在实践中也颇有争议。本案法院认为养老保险滞纳金不属于《行政强制法》中规定的滞纳金。而有法院认为"欠缴社会保险费是违法行为，加收……滞纳金是敦促用人单位履行法定义务的间接强制手段"；[②] 此"滞纳金仅是为了促使义务人履行义务，属于强制性法律责

[①] 但在实践中，各地仍存在不同规定。有些地方相关规定进行了修正并取消了前置程序要求，例如《江苏省社会保险费征缴条例》；但仍有一些地方规定与法律并不一致，例如《天津市城镇企业职工养老保险条例》《内蒙古自治区城镇职工基本养老保险条例》《河北省社会保险费征缴暂行办法》《黑龙江省城镇职工基本养老保险费征缴管理办法》。这些不一致的规定有可能在实践中导致不必要的争议。

[②] 吉林省乾安县人民法院（2016）吉0723行初字第18号行政判决书（赵某龙与乾安县社会保险事业管理局其他一审判决书）。

任,而非行政处罚"①。此滞纳金是否是彼滞纳金,要具体分析养老保险滞纳金是否符合行政强制执行所具有的特征。

作为行政强制执行方式的滞纳金,是指当行政机关依法作出金钱给付义务的行政决定,当事人逾期不履行时,行政机关依法加处的滞纳金。它具有如下特征:(1)适用前提是存在涉及金钱给付义务的行政决定,并且当事人逾期未履行;(2)由法律设定;(3)目的是督促当事人及时履行行政义务,属于间接强制执行方式,同时也有利息补偿作用,用于平衡当事人因未在规定期限内履行义务而给国家利益造成的损失。②

综合前文分析可以认为,养老保险滞纳金也具有行政强制执行的特征。首先,加收养老保险滞纳金的前提是用人单位未能按照社保征收机构核定的数额,按时足额缴纳保险费,未能依法履行金钱给付义务;其次,养老保险滞纳金由法律设定,即《社会保险法》及其实施之前的《劳动法》,社保征收机构据此加处滞纳金;最后,根据养老保险滞纳金的加收标准以及用途去向可以认为,社保征收机构加收滞纳金,不仅旨在督促相关用人单位及时补缴保险费,也有平衡利息损失的目的。《社会保险法》规定的滞纳金标准为欠缴金额的万分之五(每日),这明显高于一般的利息水平。可以认为,该滞纳金不仅用于补偿缴费义务主体因欠缴而给养老基金造成的利息损失,也有督促其及时补缴的作用。③因此,养老保险滞纳金属于《行政强制法》规定的作为

---

① 广东省珠海市中级人民法院(2010)珠中法行终字第36号行政判决书(陈某金与珠海市社会保障基金管理中心其他行政管理行为上诉案)。

② 胡建淼:《论作为行政执行罚的"加处罚款"——基于〈中华人民共和国行政强制法〉》,《行政法学研究》2016年第1期。

③ 对比参考《海南省城镇从业人员基本养老保险条例》第15条:用人单位因经济困难确实不能按期足额缴纳基本养老保险费的,经书面申请,社会保险经办机构受理审核,报省社会保险行政部门审查批准后可以缓缴,缓缴期最长不超过12个月。缓缴期满后应当如数补缴基本养老保险费及利息。缓缴期内,免缴滞纳金。此处"滞纳金"明显有别于利息。《河北省人力资源和社会保障厅、河北省财政厅、河北省地方税务局关于〈社会保险法〉实施前企业职工补缴基本养老保险费有关问题的通知》规定,对于《社会保险法》实施之前灵活就业人员补缴社会保险的情况,区分了统筹账户和个人账户,对统筹账户(12%部分)加收滞纳金,对个人缴费部分加收利息(按个人账户累计储存额记账利率计算)。此处"滞纳金"明显具有利息补偿作用。

行政强制执行方式的滞纳金。

养老保险滞纳金既然属于行政强制执行,其设定与适用就应遵守《行政强制法》的规定。这尤其包括以下两项限制:(1)除全国人大制定的法律之外,其他文件不得设定滞纳金;(2)加处的滞纳金数额不超过金钱给付义务自身的数额,即养老保险滞纳金不应高于用人单位欠缴的养老保险费数额。

(三)回归本案

在本案中,山西省人力资源和社会保障厅为处理《社会保险法》实施之前的欠缴问题,制定了《山西省意见》。那么榆次养老保险中心依据《山西省意见》向刘某加收滞纳金的行为是否合法?刘某两次欠缴养老保险费期间,工作性质不同,属于不同的参保人员。1992年8月至1996年7月,刘某尚有雇主单位,而2005年9月至2015年11月,刘某属于灵活就业人员,以个人身份参加基本养老保险。根据前文对基本养老保险相关法律规定的分析,有必要将上述关键问题分为两部分回答:(1)榆次养老保险中心针对1992年8月至1996年7月的欠缴情况,向刘某加收滞纳金是否合法;(2)榆次养老保险中心根据2005年9月至2015年11月的欠缴情况,向刘某加收滞纳金是否合法。

针对第一个问题:刘某当时属于晋中建筑材料总厂的职工,用人单位欠缴养老保险时,依法应由用人单位补缴养老保险费及相应的滞纳金。《山西省意见》规定,补缴2011年6月30日前的养老保险费用,应当从欠费之日起,按日加收万分之五的滞纳金,且不得减免。从法律规范角度来看,滞纳金的比例较《社会保险法》实施前的比例(千分之二)有所下降,而与新实施的《社会保险法》保持一致。该规定对行政相对人更加有利,因此可以认为合法合理。榆次养老保险中心依据此规定加收滞纳金,在规范角度并无不当。

问题在于榆次养老保险中心向刘某收取的滞纳金是否合法。从案件事实来看,榆次养老保险中心通知刘某补缴养老保险费及滞纳金时,原用人单位早已破产,刘某不得不代缴单位欠缴的部分。对于此部分,刘某并未提出异议。滞纳金与养老保险费本金的欠缴直接关联,既然刘某已经默认同意了以原用人单位职工身份,代替原单位补缴欠缴的养老保险费,那么榆次养老保险中心向其收取滞纳金,也未见不妥。此处尚需注意的是,虽然法院判决并未明确提出,但案件事实表明,滞纳金的数额已经超过了欠缴的保险费本金。根据《行政强制法》的规定,其合法性存在欠缺。

针对第二个问题:《山西省意见》规定,2011年6月30日之前为灵活就业人员的,也可以补缴年度基本养老保险费,并从欠费之日起,按日加收万分之五的滞纳金,且不得减免。刘某认为,《社会保险法》未设定对灵活就业人员加收滞纳金,《山西省意见》有关灵活就业人员缴纳滞纳金的规定于法无据。但法院认为,补缴养老保险费需要当事人先提出申请,养老保险经办机构审核后,办理补缴事宜,是一种双方行政行为。并且缴纳养老保险费是享受养老保险待遇的基础和前提条件,其中形成的是个人与国家之间的权利义务关系,不同于旨在强制履行义务的滞纳金。因此,法院认为,养老保险滞纳金不属于行政强制执行方式,榆次养老保险中心可以依据《山西省意见》向刘某加收其作为灵活就业人员期间未缴养老保险费的滞纳金。

根据前文有关养老保险滞纳金性质的分析可知,法院的推理逻辑存在概念混淆。首先,按时足额缴纳、代扣代缴养老保险费是用人单位的法定义务,不依法履行该义务将被加收滞纳金,养老保险经办机构有权责令用人单位进行补缴,其中并非申请-审批的双方行政行为;其次,虽然养老保险待遇包含的是个人与国家之间的权利义务关系,但滞纳金实际上是国家与用人单位之间的权利义务关系,法院在推理过程中将此二者混为一谈。

前文分析指出养老保险滞纳金属于行政强制执行,其设定与适用受《行政强制法》约束。《山西省意见》在无法律依据的前提下对灵活就业人员加收滞纳金,其合法性不足。榆次养老保险中心依据《山西省意见》向刘某加收第二次欠缴期间的滞纳金,合法性亦存在欠缺。但为了解决养老保险制度改革过程中产生的遗留问题，更好地发挥基本养老保险制度的权利保障作用，同时减少给国家利益造成的损失，或许在处理《社会保险法》实施之前灵活就业人员欠缴保险费问题时，向其加收利息相对更为合理。当然，现行法律规定已不再允许灵活就业人员补缴养老保险费，也就不会再涉及滞纳金问题。

四、遗留问题与展望

由于我国的基本养老保险制度几经改革，法律规定在逐渐完善，但该领域仍具有比较强的政策性。尤其是针对《社会保险法》实施之前的情况，各地方在处理制度衔接、费用补缴等问题上，常常出现不一致，实际实施过程中也难免产生争议。养老保险滞纳金是一种间接行政强制执行方式，社保征收机构是否能对个人加收滞纳金？加收滞纳金是否以责令限期补缴为前置程序要求？滞纳金的标准为何？诸多问题都需要在实践中予以明确，只有不断推动各地方制度与执行的协调，才能够实现基本养老保险制度在全国的统一。

14

医疗机构骗保行为的认定
广州丰国医院、广州市人力资源和社会保障局劳动和社会保障行政管理（劳动、社会保障）二审行政判决书[①]

李　方　浙江大学光华法学院

提要　本案中，当事人对于职工的职务行为是否应当由其所在单位承担后果，以及骗取社会保险金是否需要行为人主观上的故意这两点产生了争议。法院对于职务行为应当由单位承担后果作出了确认。同时，根据《广州市社会保险定点医疗机构管理办法》《社会保险法》的规定，法院从所产生的结果确认了丰国医院的行为只要在法律禁止性规定之内并造成了特定的不良后果，即可确认其行为符合"以违规手段骗取社会保险基金支出"的情形。

一、案件事实与争议焦点

本案为广州市铁路运输中级人民法院受理的劳动和社会保障行政管理二审案件，上诉人广州丰国医院（原审原告，以下简称丰国医院），被上诉人广州市人力资源和社会保障局、广东省人力资源和社会保障厅（原审被告，以下分别简称广州市人社局和广东省人社厅）。

丰国医院原是广州市社会保险定点医疗机构，广州市人社局对丰国医院作出了取消资格的通知，丰国医院收到通知后不服，于是向广东省人社厅申

[①] 一审裁判文书为广州铁路运输第一法院（2016）粤7101行初字第1141号行政判决书，二审裁判文书为广州市铁路运输中级法院（2017）粤71行终字第221号行政判决书。

请了行政复议，广东省人社厅作出了维持的复议决定，于是丰国医院提起了行政诉讼。

在本案中，经查明，丰国医院为开拓医保业务，派业务员为单位参保人进行免费体检，吸引参保人办理选点，业务员收集到参保人的身份证等信息后提交名单给收费处办理选点手续。丰国医院未经参保人同意，办理了门诊选点手续，且该院的员工违规使用了非本人选点的参保人门诊统筹待遇进行门诊统筹代开药、在医疗信息系统办理普通门诊医疗费用记账。上述经丰国医院确认的行为显示，丰国医院存在擅自将获取的参保人资料违规办理普通门诊就医选点手续以增加选点人数、违规使用参保人资料冒名记账就医骗取社会保险基金支出的问题，因而广州市人社局于2015年9月2日作出穗人社函〔2015〕1684号《取消资格通知》。丰国医院收到该通知后不服，于2016年1月4日向广东省人社厅申请了行政复议。经审查相关证据、依据，广东省人社厅于2016年3月31日作出粤人社行复〔2016〕2号行政复议决定书，决定根据《中华人民共和国行政复议法》第28条第1款第1项的规定，维持广州市人社局作出的《取消资格通知》。

丰国医院不服该行政复议决定，向广州铁路运输第一法院（一审法院）提起了行政诉讼，请求撤销该行政复议决定。一审法院根据2014年7月15日的《广州市医疗保险服务管理局业务工作联系表》、2014年8月13日的《广州市医疗保险服务管理局谈话笔录》，以及穗医管〔2009〕30号《关于实施广州市城镇基本医疗保险普通门诊医疗费用统筹待遇就医和结算管理业务的操作指引》等证据、资料查明，丰国医院的行为符合《广州市人力资源和社会保障局市卫生局关于印发〈广州市社会保险定点医疗机构管理办法〉的通知》（穗人社发〔2013〕70号）第16条第11项规定的采取办理冒名记账就医等违规手段骗取社会保险基金支出的情形。而根据《广州市人力资源和社会保障局市卫生局关于印发〈广州市社会保险定点医疗机构管理办法〉的通知》（穗人社发〔2013〕70号）第19条的规定，由市人力资源和社会保障行政部门取消定点医疗机构资格并无不妥。最终，原审法院认为广东省人社厅作出的行政复议决定书认定事实清楚，证据充分，适用法律正确，程序合法，判决驳回丰国医院的诉讼请求。

上诉人丰国医院不服原审判决，向本院提起上诉称：原审判决认定事实不清，适用法律错误，不公正判决损害上诉人的合法权益。请求二审法院撤销原判，依法改判支持上诉人的诉讼请求，即撤销被上诉人作出的取消社保定点医疗机构资格的通知以及复议维持决定。

本案争议焦点为：（1）丰国医院业务员的擅自违法违规行为是否为个人行为，是否应当由丰国医院承担责任；（2）构成《广州市人力资源和社会保障局市卫生局关于印发〈广州市社会保险定点医疗机构管理办法〉的通知》（穗人社发〔2013〕70号）第16条第11项规定的"采取办理冒名记账就医等违规手段骗取社会保险基金支出"的情形，是否要求丰国医院有主观上的故意。

二、法院的推理与逻辑

法院从行政主体、适用条件、事实根据、行政程序、处理结果方面进行了审查。根据《广州市人力资源和社会保障局市卫生局关于印发〈广州市社会保险定点医疗机构管理办法〉的通知》确认劳动保障部门（本案中的广州市人社局）有取消定点资格的职权，进而查明了本案的事实确实属于该通知中规定的情形并确定了该取消决定并无不当；重点解决了上诉人丰国医院的抗辩，确定其业务员的职务行为应当由丰国医院承担责任；根据已产生的后果推断，丰国医院即使没有事先骗取社会保险基金支出的故意，但实际上产生了相同结果，也应当认定为符合骗取社会保险基金支出的情形。本案法院推理顺序如下。

（一）行政主体是否有法定职权

根据《城镇职工基本医疗保险定点医疗机构管理暂行办法》第17条的规定："劳动保障行政部门要会同卫生、物价等有关部门加强对医疗机构服务和管理情况的监督检查。对违反规定的定点医疗机构，劳动保障行政部门可视不同情况，责令其限期改正，或通报卫生行政部门给予批评，或取消定点资格。"本案中，广州市人社局作为广州市劳动保障行政部门，有对违反规定的定点医疗机构作出取消定点资格的职权。

根据《广州市社会保险定点医疗机构管理办法》第19条的规定，对于实施了该办法第16条规定的骗取社会保险基金支出的行为的，由市人力资源和社会保障行政部门取消定点医疗机构资格。由此，广州市人社局根据该管理办法的规定作出取消上诉人丰国医院定点医疗机构资格的决定是有法定职权的。

（二）对法律依据和案件事实的审查

1. 法律法规依据

在本案中，法院所依据的法律法规主要有《广州市社会医疗保险条例》第37条、《城镇职工基本医疗保险定点医疗机构管理暂行办法》第17条、《广州市人力资源和社会保障局市卫生局关于印发〈广州市社会保险定点医疗机构管理办法〉的通知》第16条及第19条、《社会保险法》第87条。根据上述法律规定，广州市人社局作为广州市劳动保障行政部门，当受其管理的定点医疗机构确实存在以采取伪造病历挂床住院、虚假住院或者以欺诈、伪造证明材料等违法手段骗取社会医疗保险金，以及有对社会保险基金、参保人员利益造成严重损害以及社会不良影响的其他行为的，有权取消定点医疗机构资格。

2. 事实根据

在原审法院审查的过程中，所收集的证据包括《广州市医疗保险服务管理局业务工作联系表》及参保人的证词、《广州市医疗保险服务管理局谈话笔录》中丰国医院相应负责人员对案情事实的确认、定点医疗机构操作的具体规范流程以及结算系统的情况。通过对以上证据的收集和调查，并经由丰国医院的负责人确认，对于该医院利用免费体检获取参保人资料，而后利用这些资料冒名记账就医的事实没有争议。

基于上述已查明的事实，法院确认了上诉人未经参保人同意，擅自利用获取的参保人资料违规办理普通门诊就医选点手续，违规使用参保人资料在广州市医疗保险信息系统冒名记账就医，实时传送相关费用数据到医疗保险信息系统中心端。上述行为属于上诉人与社保基金中心进行结算的重要环节，并实时产生了导致参保人无法在其他定点医疗机构正常选点、正常享受普通门诊统筹待遇以及统筹费用发生的后果。

3. 个人职务行为与单位责任

在原审中，一大争议点便是职工的行为是否由单位承担责任。丰国医院主张其业务员无须上交体检报告等资料，因而该院在管理中对参保人有无体检、选点是否经本人同意并不掌握，且已经将业务员代开的药物发放，至于业务员是否实际将药物交予参保人管理层并不知晓。

对此，一审法院从行为名义和利益归属的角度进行了反驳。从行为名义角度看，业务员的行为是经丰国医院同意的，且对外名义也是丰国医院，尽管由业务员具体实施相应的行为，但是对于就诊人而言所面对的是医院而非仅仅是业务员个人。在这个案例中，业务员的行为即代表着丰国医院的意志。再从利益归属的角度来看，业务员的行为所产生的收益并非由业务员个人占有，而是归入医院所得中。无论是代为开药产生的收益，抑或是增加丰国医院选点人数所产生的可能的社会保险基金的收益，都非业务员个人的利益。由此也可以倒推出业务员的行为中体现了丰国医院的整体意志，因此，业务员的行为属于职务行为。一审法院由上述思路推导出丰国医院业务员的行为不属于个人行为，而属于职务行为，所以应当由丰国医院承担责任。

二审法院则是从行为的实施情境出发进行推理。行政处罚针对的被处罚主体，即行政相对人，也就是行政法律责任的承担主体，立法中确定的是行为人，此处行为人更多指的是单位，少数情况下是自然人，然后再针对担任行为人的直接负责人的主管人员和其他直接责任人员予以处罚。法人或者其他组织的工作人员在实施职务行为或者授权行为时违法的，被处罚主体为该法人或者其他组织。业务员的相关违法行为均是在受丰国医院聘请执行单位职务过程中发生的，是工作职责的有机组成部分，因此丰国医院作为用人单位依法应为员工的职务行为承担责任。

4.对"故意"的要求（一审的判断、二审的判断）

在一审中，丰国医院主张其没有骗取社会保险基金的主观故意，因此只是过失行为和未尽到相关监管职责的行为的问题。对此，一审法院从行为过程的角度对该主张进行了反驳。丰国医院在违规办理普通门诊就医选点手续、违规使用参保人资料冒名记账就医的过程中，涉及的是不同部门和不同环节，且只有特定岗位的特定人才有权限完成本部门的操作程序，一个人或者一个部门是无法单独完成的。过失行为的特征是具有巧合性，然而丰国医院的整个行为过程涉及多个程序和多个工作人员参与，从行为过程到行为结果均具有统一性，很难据此认定该违法行为是由工作上的疏忽大意导致的。因此，对其"仅出于过失因而不构成故意骗保"的主张不予支持。

之后，丰国医院又在上诉中再次强调：其没有骗取医保基金的主观故意和客观行为，也没有实际占有医保基金的客观事实；业务员的违规行为只是为了骗取医院的奖励而非帮助骗取社会保险基金；医院作为单位只是有过失行为和未尽到相关监管职责。对此，二审法院从医疗机构义务及产生的影响出发进行了反驳。首先，丰国医院作为社保定点医疗机构，明知应当严格审核监管制度，以保证传送到医疗保险信息系统中心端的相关信息和数据的准确无误。然而，在履行医疗职责中却怠于建立合理、必要的监管制度，放任员工违规操作，导致冒名记账就医和统筹费用发生的严重后果。因此，丰国医院没有尽到相应的责任，存在过错，应当对该结果承担责任。其次，针对丰国医院尚未实际得到社会保险基金这一点，法院查明，虽然涉案社会基金费用尚未结算和支付，但相关费用数据已实时传送到医疗保险信息系统中心端。根据该信息系统的特征，社会保险基金是完全以该信息系统中心端的数据为依据进行发放的，所以即使尚未到实际结算和支付的节点，由于实质性的影响已经造成，也应认定统筹费用已实际发生。据此，即使丰国医院主张自己并没有骗取社会医疗保险基金的主观故意，但从其作为定点医疗机构所应承担的责任和产生的实际后果来看，已经符合骗取社会医疗保险基金的客观表现，理应依法承担被取消定点医疗机构资格的责任后果。

（三）行政程序与处理结果是否符合法律规定

现代行政要求行政机关和行政人员做到公正无偏、公开明白、理性审慎、富有效率。为此，法律设定了行政执法的资格条件、回避等要求，规定了行政行为的步骤、形式和期限。[①] 本案的程序问题主要涉及的是送达时限上的瑕疵。

在通常情况下，法院不会仅因为行政主体作出行政处罚决定存在送达期限上的瑕疵而撤销该处罚决定。判断标准通常在于是否会对相对人的实体权利产生实质性的影响，若即使按时送达，相对人的权利也不会有实质上的影响，那么因此而撤销行政行为，会导致行政程序上的重复和浪费。

《行政处罚法》第 40 条规定："行政处罚决定书应当在宣告后当场交付当事人；当事人不在场的，行政机关应当在七日内依照民事诉讼法的有关规定，将行政处罚决定书送达当事人。"在本案中，广州市人社局于 2015 年 9 月 2 日作出《取消资格通知》，于 2015 年 11 月 30 日才向丰国医院送达，程序上确实存在一定的瑕疵。但就实体权利而言，即使按时送达，也仍会产生取消丰国医院定点医疗机构资格的结果，因而并无实质影响，所以该瑕疵不足以导致《取消资格通知》被撤销，法院并未予以支持。

[①] 何海波：《行政诉讼法》，法律出版社 2016 年版，第 341 页。

相似的判断在其他案例中也有所体现，尽管在 2015 年《行政诉讼法》修改后，法院对于行政程序轻微违法但不产生实体影响的行政行为也会判决违法，但因轻微瑕疵而撤销行政行为的判决一般不会轻易作出。比如郝某松诉北京市公安局海淀分局万寿寺派出所案中，原告用餐时与服务员发生争执而后遭到餐厅老板的殴打，原告当即报警，但时隔 7 个月才收到派出所的处罚决定，于是原告就此要求撤销行政处罚决定。[1] 在该案中，法院遵循了类似的推理和权衡逻辑，虽然行政处罚决定的作出存在程序上的瑕疵，但该瑕疵不足以影响原告的实体权利义务，为了节约行政管理和司法资源，法院未予支持原告的请求。

在行政机关的处理结果上，根据《广州市人力资源和社会保障局市卫生局关于印发〈广州市社会保险定点医疗机构管理办法〉的通知》第 19 条的规定，在明确了丰国医院对社会保险基金造成不良影响的事实基础上，广州市人社局取消其定点医疗机构资格是完全合法合理的。

三、学理归纳

（一）如何认定"骗保"行为主体

在本案中，认定医疗机构是否构成骗取社会保险基金的一个很重要的争议点即职工的违规行为能否归结于单位，进而由医疗机构承担相应的不利后果。

该争议点在其他案例中也有所体现。例如，在赵某英与南通市崇川区城市管理行政执法局、南通市城市管理行政执法局行政强制二审案[2] 中，法院认为职务行为通常是指工作人员行使职务的行为，是工作职责的有机组成部

---

[1] 何海波：《行政诉讼法》，法律出版社 2016 年版，第 365 页。
[2] 江苏省南通市中级人民法院（2015）通中行终字第 00554 号行政判决书。

分，与工作人员的个人行为相对应。在该案中，支撑法院判断原告行为为个人行为的一个重要事实依据是：原告系卫生服务站的职工，向社区居民提供卫生服务行为是职务行为，而案涉违章建设行为非卫生服务行为；而且原告不管是在调查询问笔录还是在协调会当中，从未提及其违法搭建行为系代表卫生服务站的职务行为。在该案中，法院则是充分考虑了职工行为的性质与是否以单位名义的事实，虽然认定的结果不同，但与本案的思路大部分相似。

  无独有偶，在宁乡县人力资源和社会保障局与邓某献、原审第三人宁乡县中医医院工伤认定二审案①，彭水县彭渝汽车维修有限责任公司与重庆市安全生产监督管理局等安监行政处罚一审案②，尹某茂、王某粉土地资源行政管理二审案③，江苏伟丰建筑安装集团有限公司与南京市城乡建设委员会、江苏省住房和城乡建设厅（城建）行政处罚、行政复议二审案④等案件中，在面临职工个人行为是否由单位承担后果时，法院均是遵循着相似的路径进行裁判的。是否由单位指派、是否有单位明确的授权、行为性质是否为其工作的延续、是否符合其工作目的和工作利益、与其日常工作是否有内在关联，均系认定是否为履行工作内容的重要参考标准。尤其是在江苏省住房和城乡建设厅（城建）行政处罚、行政复议二审案等案件中，法院更是明确地提出，一般而言对于公司制企业中非法定代表人的职务行为应从以下几方面认定：须以委托或劳动等合同关系为基础；须有法人的明确授权，包括具体性授权和常规性授权；须以法人的名义实施；须与职务存在内在联系，包含行为的内容是履行职务，行为是为了法人的利益等。

  回归于本案当中，法院也是基于业务员的行为发生于履行职责的过程中、以单位名义、受单位授权、利益归属于单位所有的客观事实，确定业务员行为属于职务行为。

---

① 湖南省长沙市中级人民法院（2015）长中行终字第00598号行政判决书。
② 重庆市渝北区人民法院（2017）渝0112行初字第11号行政判决书。
③ 河南省许昌市中级人民法院（2018）豫10行终字第141号行政判决书。
④ 江苏省南京市中级人民法院（2017）苏01行终字第464号行政判决书。

因此，综合上述司法裁判的观点，可以总结出法院在面临职务行为与个人行为区分界定时的判断规律，即主要是从职工行为的性质、名义及利益归属角度，确定相关的违法违规行为是否应当由职工所属单位承担后果。

（二）如何判断"骗保"行为的主观要件

本案中，就"骗保"行为的主观要件的判定，丰国医院提出，其业务员的行为是出于骗取医院奖励的故意，丰国医院只是有过失行为和未尽到相关监管职责，仅有内部监管不力的过失，业务员与丰国医院均不是以医疗保险基金为目的。据此，丰国医院主张其不具有骗取社会保险基金的故意。

法院则判定丰国医院虽不具有故意，但其存在过失的情形。本案中，判定被告是否故意骗取社会保险基金确有困难。因为丰国医院作为法人组织，法人的故意、过失，应就其代理人、管理人或其他对外有代表权之人或实际上为行政行为之人来确认。① 本案中，业务员代表丰国医院对外开展业务，应就该业务员的主观情形判定。而业务员是以为丰国医院骗取社会保险医疗基金为主观故意，还是仅限于获得奖金，难以考证。所以，法院是以丰国医院内部管理存在过失的方式论证丰国医院的主观要件。过失是指若可预期行为人为合法行为，由于行为人不注意（过失），而为违法行为，显然行为人具有有责性。② 可以将过失的判断拆分成"相对人应为行为具有可预期性""应为而事实上未为""导致违法行为发生"三部分。

本案中，就"可预期性"的判断，法院是从身份要件认定的。法院认为，丰国医院既然作为社保定点医疗机构，具有明知应当严格审核监管制度的可能性，基于此可能性，就产生了对丰国医院应建立监管制度之预期。"应为而事实未为"则表现于丰国医院"怠于建立合理、必要的监管制度"，最终导致了员工违规操作，由于该违规操作，造成了冒名记账就医和统筹费用发生的

---

① 黄异：《行政法总论》，台湾三民书局2013年版，第195页。
② 黄异：《行政法总论》，台湾三民书局2013年版，第190页。

严重后果，理应承担法律责任。法院证成了本案中丰国医院就骗保行为具有过失的主观要件，理应承担相应的法律责任。

但是，是否必须具备主观要件才能认定"骗保"行为呢？本案中，对广州市人社局取消丰国医院定点医疗机构资格的行政行为的法律性质为何，行政判决书文本并未触及。但是，对该行政行为的法律性质的判断，与"骗保"行为认定中主观要件之存否，甚至与行政诉讼法律适用具有重要关联。如果将取消资格的行政行为判定为行政处罚行为，则作为行政处罚之基础的乃是人社部1999年发布的规范性文件，可能与处罚法定原则存在一定背离。所以，问题的核心在于判定广州人社局取消资格行为是否属于行政处罚。

何为行政处罚？《行政处罚法》第2条规定："行政处罚是指行政机关依法对违反行政管理秩序的公民、法人或者其他组织，以减损权益或者增加义务的方式予以惩戒的行为。"

我国台湾地区行政法学理论认为，广义的行政处罚是指维持行政秩序，达成行政目的，而对违反行政法义务者所科处之各种制裁，可通称为"行政罚"或"行政制裁"。此意义下，行政处罚可以包括秩序罚（狭义之行政处罚）、行政刑罚、执行罚及惩戒罚。[①] 狭义上的行政处罚则指在一般行政法法律关系内，对违反行政义务之人民，原则上由行政机关依法律或自治条例之规定，所科处之非刑名制裁。由于行政罚之科处，系以维持行政秩序，而对违反行政法义务者所为之制裁，故亦称"秩序罚"。[②] 但是，行政机关因人民违反行政义务，而对其所为之加负担行政处分，并非皆为行政处罚。[③] 我国《行政处罚法》第9条规定了行政处罚的种类，除罚款、行政拘留之外，还包括各种其他行政处罚种类，可概括称为"裁罚性不利行政行为"[④]。除此之

[①] 陈敏：《行政法总论》，台湾新学林出版股份有限公司2013年版，第697页。
[②] 陈敏：《行政法总论》，台湾新学林出版股份有限公司2013年版，第699页。
[③] 陈敏：《行政法总论》，台湾新学林出版股份有限公司2013年版，第702页。
[④] 陈敏：《行政法总论》，台湾新学林出版股份有限公司2013年版，第702页。此用语乃借鉴我国台湾地区"行政罚法"第二条规定"裁罚性不利处分"。

外，行政机关还会对行政相对人施加其他负担行政行为，这种非属行政处罚性质的负担行政行为，可称为"单纯不利行政行为"[1]，或"管制性不利行政行为"[2]。之所以将行政机关对相对人的负担行为如此加以划分，其理由在于，就"裁罚性不利行政行为"而言，须遵守《行政处罚法》之立法目的、原则与具体规定，而"单纯不利行政行为"则除应依循一般行政法规定及原则外，无须特别规定，亦不以当事人具有责任能力及责任条件为必要。[3] 就本案而言，认定"骗保"是否需要主观要件，系于将取消定点医疗机构资格之行政行为归于上述何种类型。

那么，如何区分"裁罚性不利行政行为"与"单纯不利行政行为"呢？一种说法是先依据形式规定判定，对无法采用形式方法判断的，则以裁罚性为准。具体区分标准是：第一，法规形式上规定于"罚则"，应视为裁罚性不利处分；第二，"罚则"章节外之规定，则以有无裁罚性为准。裁罚性实质对违反行政法上义务者，所谓具有非难性的处分行为。[4] 另一种说法则反对从形式判断，认为应直接就规定之精神来认定：原则上，无须已有违法有责之行为，行政机关为排除已发生之危害，或防止危害之发生或扩大，原得以行政处分采取不利于当事人之措施，为"单纯不利行政处分"。反之，以已有违法有责之行为为要件，而对当事人以行政处分采取不利之措施，则为"裁罚性不利行政处分"。因此，行政机关基于职权，依行政程序法之规定撤销或废止证照或许可，或采取限制当事人行动或处置财产自由之保权措施，虽不利于当事人，亦非裁罚性行政处分。[5]

回到本案中，就取消定点医疗机构资格的行政行为，其法律性质到底为

---

[1] 陈敏：《行政法总论》，台湾新学林出版股份有限公司2013年版，第703页。
[2] 吴庚：《行政法之理论与实用》，台湾三民书局2015年版，第479页。
[3] 陈敏：《行政法总论》，台湾新学林出版股份有限公司2013年版，第702页。
[4] 吴庚：《行政法之理论与实用》，台湾三民书局2015年版，第479页。
[5] 陈敏：《行政法总论》，台湾新学林出版股份有限公司2013年版，第704页。

何？《行政处罚法》第9条并未明确规定取消资格是否属于行政处罚。[①] 分析取消定点医疗机构资格，需结合审查定点医疗机构资格的行政行为。行政实务上，审查定点医疗机构资格的行为属于行政审批，行政审批在严格意义上不是行政法上的概念，学者分析认为，行政审批应作为行政许可与行政确认的上位概念。[②] 据此，本案中，广州市人社局审查批准定点医疗机构资格的行为应为行政许可（行政确认）。取消定点医疗机构资格的行为，类似于撤销行政许可行为。那么，撤销行政许可的行为是否属于行政处罚呢？从最高人民法院判例来看，似乎并不认可。在戴某晖诉湖南省蓝山县人民政府撤销建房行政许可案[③]中，戴某晖明知自己系城镇居民，其从果木村村民手中购买集体所有的土地，并委托果木村村委会用村民名义申请用地，骗取《建房许可证》，根据《行政许可法》第69条第2款的规定，被许可人以欺骗、贿赂等不正当手段取得行政许可的，应当予以撤销的规定，戴某晖持有的《建房许可证》理应予以撤销。对于撤销行为是否属于行政行为，最高人民法院认为：蓝山县政府作出被诉撤证决定，是对行政机关违法行政行为的自我纠错，并非对行政相对人违法行为的行政处罚。本案与之类似但不同，本案中，丰国医院合法取得定点医疗机构资格，其行政许可行为具有合法性。取消定点医疗机构资格是因为其在为行政相对人提供医疗服务的过程中，存在违规骗取医疗保险基金的行为。丰国医院其实是违背了保留于行政许可中的条件。例如，法律规定审核发放营业许可证，并注明了可以注销该许可的条件，其后该法定要件实现，或者许可机关在发放许可时对被许可人添加的附加条款等。许可发放后，被许可人未履行上述附加条款，因而导致许可发放机关注销原许可。在此情形之下，尽管被许可人的行为主要是基于违反行政义务，但这

---

① 《行政处罚法》第9条行政处罚的种类：（一）警告、通报批评；（二）罚款、没收违法所得、没收非法财物；（三）暂扣许可证件、降低资质等级、吊销许可证件；（四）限制开展生产经营活动、责令停产停业、责令关闭、限制从业；（五）行政拘留；（六）法律、行政法规规定的其他行政处罚。

② 章剑生：《现代行政法总论》，法律出版社2019年版，第390页。

③ 最高人民法院（2019）最高法行申4439号行政判决书。

种对许可的注销也并非行政处罚。[①] 既然不属于行政处罚，一般来说，是不需要判定主观要件存否的，即不需要判定丰国医院"骗保"行为主观要件之存否。

四、遗留问题与展望

本案中，法院对行政机关之决定的合法性问题进行了严谨而全面的审查，在解决本案中争议点时更是从行为性质与严格尊重法律原意的角度层层剖析，法院所遵循的推理思路与诸多类似案例有共通之处，也值得之后相似案件借鉴。就"骗保"行为中，为责任主体与处罚对象的判定、"骗保"主观要件之"过失"的判断路径提供了审查的思路。

---

① 陈敏：《行政法总论》，台湾新学林出版股份有限公司 2013 年版，第 702 页。

第四部分

程序审查

15

如何追回基本养老保险待遇
巩义市社会保险局与张某劳动保障行政纠纷上诉案[①]

安永康　浙江大学光华法学院

提要　本案中，法院指出，领取养老金是养老保险投保人的法定权利；社保机构在未事先告知养老金领取人的情况下，径自停发养老金，以此来追回其本不应得的部分，缺乏法律依据。只有根据法定事由，遵循法定程序或正当程序，才能停发养老金。社保机构因自身工作失误而向领取人发放了其本不应得的部分待遇，虽然应当追回该部分待遇，但这并不属于停发养老金的法定事由。社保机构应当在保障领取人知情权的基础上，通过其他途径予以追回。

一、案件事实与争议焦点

本案为一起河南省郑州市中级人民法院受理的二审行政案件，二审上诉人（一审被告）巩义市社会保险局（以下简称巩义社保局），二审被上诉人（一审原告）张某。

张某于1979年8月进入黄河石料厂工作，1980年办理正式招工转正手续，1982年调入原巩县供销公司工作，至退休。2013年12月30日，巩义社保局为张某办理正式退休手续，核准原告享受的养老待遇由基础养老金、个人账户养老金、过渡性养老金、过渡性补贴组成。此后，张某每月领取养老

[①] 一审裁判文书为河南省登封市人民法院（2018）豫0185行初字第38号行政判决书，二审裁判文书为郑州市中级人民法院（2018）豫01行终字第710号行政判决书。

金 2428 元，至 2017 年 11 月。

之后巩义社保局发现，张某不符合领取过渡性补贴的条件，但因社保局自身工作失误，张某的养老待遇中包含了这一部分。事实经过如下。2013 年 9 月，张某的原工作单位主管局未出具文件证明张某的工作单位未给包括张某在内的 5 名职工办理城镇职工养老保险相关手续。该单位也未给职工整体参加城镇企业职工养老保险，并申请为张某等 5 人建立城镇企业职工养老保险账户。巩义社保局根据规定初审后报郑州市社会保险局复核，又报省社会保险事业管理局核准批复，并于 2013 年 12 月将张某等 5 人纳入基本养老保险。因此，巩义社保局认为，张某系 2007 年 6 月 30 日后在本市统筹区域参加基本养老保险，不符合《郑州市企业职工基本养老金计发办法》第 7 条第 2 款[①]以及《〈郑州市企业职工基本养老金计发办法〉实施细则》第 5 条[②] 计算过渡性补贴的条件。但是巩义社保局在 2013 年 12 月为张某办理退休手续时，因工作失误，未扣除过渡性补贴（289.1 元），一直发放到 2017 年 11 月。

巩义社保局发现问题后，为追回多发放的过渡性补贴，便停发了张某的养老金。2017 年 12 月，巩义社保局对张某的参保信息进行了变更，并对其养老保险待遇重新进行了核定，认为不应向张某发放过渡性补贴。该局以《关于参加基本养老保险人员信息变更后待遇核改问题的复函》第 2 条[③] 为依据，要求张某退回多领取的过渡性补贴共计 13687.86 元。于是，巩义社保局以局属各单位为对象下发了《关于更改市职介中心张某同志养老保险的通知》，大致内容为张某不符合领取过渡性补贴的条件，对其养老保险待遇予以调整，

---

① 规定：2007 年 6 月 30 日前在本市统筹区域内参加基本养老保险、2007 年 1 月 1 日以后退休的人员，其视同缴费年限发生在 1994 年 12 月 31 日以前的，基本养老金由基础养老金、个人账户养老金、过渡性养老金和过渡性补贴组成。

② 规定：2007 年 7 月 1 日以后参加基本养老保险或由其他统筹地区转入我市统筹区域的人员，退休时不计发过渡性补贴。

③ 规定：由于社会保险经办机构核算等原因造成参保人员相关信息失实的，社会保险经办机构应当及时按照有关规定重新为其核定基本养老金标准，并根据实际情况补发或收回差额部分的基本养老金。

扣除过渡性补贴。养老金调整后的标准为 2014.76 元/月，多领的 13687.86 元需退回。但巩义社保局并未向张某送达该文件。自 2017 年 12 月起，停发了张某的养老金。

张某不服，向河南省登封市人民法院提起行政诉讼，请求确认巩义社保局停发张某养老金的行为违法，并判令其立即向张某按照原计发标准支付拖欠的养老金及利息。一审法院判决确认巩义社保局停发养老金的行为违法，并要求其按原计发标准核算发放停发的养老金。巩义社保局不服，向郑州市中级人民法院提起上诉。

本案的争议焦点主要为：巩义社保局停发张某养老金的行为是否合法。

二、法院的推理与逻辑

法院认为，张某依法享有领取养老保险待遇的权利。巩义社保局未经事先告知即停发张某的养老金，属于程序不合法。

首先，张某依法享有领取养老金的权利。基本养老金由社会保险经办机构发放，职工达到国家规定的退休条件并办理相关手续的，按照规定享有退休保险待遇，领取保险金。张某已于 2013 年 12 月依法办理退休手续，之后开始领取养老保险待遇，这是其享有的权利。

其次，巩义社保局停发养老金的行为，不符合法定程序。虽然张某的参保信息有误，但这是由巩义社保局自身工作失误造成。虽然张某不应享受过渡性补贴，巩义社保局也下发了《关于更改市职介中心张某同志养老保险的通知》，但文件接收对象仅为局属各单位，并未向张某送达，实际上剥夺了张某维权的救济途径，对张某不发生法律效力。此种情况下，巩义社保局径自停发张某的养老金，以此方式追回张某多领的养老金，损害了张某的权利，缺乏法律依据。故巩义社保局停发养老金的行为不合法。

三、学理归纳

本案虽然看似涉及一个法律问题，即巩义社保局向张某停发养老金的行为是否合法，但实际上包含了几个子问题。首先，最直接的问题在于享受基本养老保险待遇是参保人的法定权利，该权利在什么条件下、通过什么程序才能被剥夺或限制，即停发养老金。其次，具体到本案中，巩义社保局因自身工作失误而多给张某发放了养老金，能否追回。如果能，是否能够通过停发养老金或者其他途径进行追回。目前的《社会保险法》等法律规范在此方面规定并不全面，实践中难免发生争议，有必要对上述问题进行讨论。

（一）在哪些情形下可以停发养老金

《社会保险法》第 16 条规定："参加基本养老保险的个人，达到法定退休年龄时累计缴费满十五年的，按月领取基本养老金。"因此，享受基本养老保险待遇是参保人的法定权利。非因法定事由，社保机构不得减损参保人的合法权利。现行相关法律规范规定，在以下情形中可以暂停或终止发放养老金。[①]

（1）养老金领取资格存疑：若在养老金领取期间，领取人失踪，或者未在规定期限内向社保机构进行年度基本养老金领取资格确认，或者确认过程中社保机构认为其资格存疑的，社保机构应暂停向其发放养老金。

（2）养老金领取人涉嫌或正在承担刑事责任：若养老金领取人因涉嫌犯罪而被通缉或者在押但尚未定罪，或者被判处拘役、有期徒刑及以上刑罚，或者被劳动教养，社保机构应暂停发放上述期间的养老金。但需注意，若养老金领取人被判处管制、有期徒刑宣告缓刑、监外执行以及获得假释，则社

[①] 参见《城乡居民基本养老保险经办规程》第 33 条，《机关事业单位工作人员基本养老保险经办规程》，《社会保险稽核办法》，劳动和社会保障部办公厅《关于退休人员被判刑后有关养老保险待遇问题的复函》《关于对劳社厅函〔2001〕44 号补充说明的函》，《劳动和社会保障部关于进一步规范基本养老金社会化发放工作的通知》。

保机构可以按领取人被判刑前的标准继续发放基本养老金，但不参与基本养老金调整。

（3）养老金领取人的领取资格丧失：若养老金领取人死亡、丧失国籍，或者已享受其他基本养老保险待遇（重复领取基本养老金），社保机构应终止（重复的）养老金发放。

（4）养老金领取人以非法手段骗取养老保险待遇：若养老金领取人在丧失待遇领取资格后继续领取，或者以其他形式骗取养老保险待遇的，社保机构应立即停止养老金支付，并责令其退还不应领取的部分。

综上，享受基本养老金是养老保险投保人的法定权利。养老金的停发与养老金领取人的领取资格直接关联，尤其是因其个人原因而导致资格存疑或（暂时）丧失的情况。非因上述事由，社保机构不得停发养老金。

（二）停发养老金需要遵循什么程序

现行法律规范虽然规定了诸多暂停或终止养老金发放的事由，但有关实践操作程序的统一规定较少。在城乡居民养老保险待遇发放过程中，如果出现疑似重复领取养老金的情形，现有的规范性文件要求社保机构告知养老金领取人。具体而言，如果社保机构发现此类情况，应当于 5 个工作日内向该领取人下达告知书，说明重复领取养老金的事实、相关法律规定等，并暂停发放养老金。若无法和养老金领取人取得联系，则需要通过户籍所在地村（居）委员会进行告示或送达告知书，告示之日起暂停发放养老金。[①] 除此之外，停发养老金的程序要求并不明确。

在法律规定缺位的情况下，正当程序原则就有了适用空间。在基本养老保险等社会保障领域，相关待遇的领受者一旦被限制或剥夺领取资格，就会直接影响到其生存、发展的基本权利，这种不利变更很容易引起争议，因此

---

① 参见《人力资源和社会保障部办公厅关于做好重复领取城乡养老保险待遇核查工作的通知》。

程序保障尤为重要。[1]正当程序原则是法治政府对行政权力公正行使的最低限度。在没有成文法依据的情况下，作出行政处理决定的主体也应当从充分保障行政相对人权益的原则出发，将该处理决定向相对人宣布、送达，并允许相对人提出申辩意见。[2]

正当程序原则的核心要求在于程序参与、公平听证。这要求行政机关在作出对行政相对人不利的处理决定时，应当充分听取相对人的意见，通过告知、说明理由等具体制度实现最低限度的程序正义。这强调的是，受行政处理决定影响的利害关系人能够参与到行政处理决定形成的过程中，能够通过陈述申辩充分表达自己的意见，也更有利于其寻求事后救济。[3]

除因重复领取而停发养老金之外的其他情形，也应当遵循正当程序的要求。在其他情形中，社保机构虽然有法定事由停发养老金，但并没有具体的法定操作程序。根据正当程序原则，社保机构也可以参照处理重复领取养老金问题时所遵循的程序，通过送达告知书等方式，充分保障养老金领取人的知情权，给予其陈述意见的机会，以避免不必要的纠纷。

（三）什么情况下需要追回养老金

停发养老金是面向未来的决定，而追回养老金涉及面向过去的决定，即向养老金领取人追回其已经得到的全部或部分利益。追回养老金的前提是，领取人获取了依法不应得到的养老保险待遇。这主要由两个原因造成：一是养老金领取人以欺诈等非法手段获取养老保险待遇；二是社保机构等部门因自身工作失误，而多向领取人发放了养老保险待遇。

对于第一种情形，养老金领取人通过伪造证明材料、故意隐匿信息等手段，骗取养老保险待遇的，法律规定社保行政部门应当依法责令其退回骗取

---

[1] 胡敏洁：《社会保障政策执行程序的法律原理》，《当代法学》2018年第4期。
[2] 指导性案例38号：田某诉北京科技大学拒绝颁发毕业证、学位证案（最高人民法院审判委员会讨论通过，2014年12月25日发布）。
[3] 参见周佑勇《司法判决对正当程序原则的发展》，《中国法学》2019年第3期。

的养老金。① 这种情况下，养老金领取人通过非法手段取得不正当利益，国家予进行追回，合法合理。

对于第二种情形，养老金领取人自身并无过错，过错一方在于社保机构或其他有关部门。这种情况下，追回养老保险待遇意味着溯及既往的撤销授益性行政行为，有可能会受到信赖保护原则的限制，因此需谨慎而为。授益性行政行为的撤销，是信赖保护原则最早形成并产生最重要影响的领域，也是最主要的适用领域之一。信赖保护原则的法理基础在于法安定性，这意味着要维护行政处理决定的存续力。政府通常不应改变其已经作出的决定，如果确需改变，也应符合相关的形式和实体条件，注重保护利害相关者的合法权益，但是信赖保护也要求私益值得保护。②

在第二种情形下的养老金追回过程中，领取人的私益是否值得保护？《宪法》第 45 条规定，公民在年老的情况下，有从国家和社会获得物质帮助的权利。《社会保险法》等法律规定以基本养老保险制度的形式，将这种基本权利具体转化为政府的职责和投保人的法定权利。投保人以参加养老保险、缴纳保险费为享受基本养老保险待遇的基础，政府通过养老保险基金为其提供保险待遇。养老保险基金由个人账户和统筹基金组成，其中个人缴费部分计入个人账户，而用人单位缴费、政府补贴等计入统筹基金。统筹基金的受益人是全体投保人，而非具体的个人。如果养老金领取人领取了自己本不应得到的部分，必然会影响到其他领取人的权益。因此，为了更好地利用有限的基本养老基金资源，追回领取人本不应领取的养老金具有合理性，此时信赖保护原则的适用受限。

---

① 并处骗取金额二倍以上五倍以下的罚款。见《社会保险法》第 87 条。
② 参见刘飞《信赖保护原则的行政法意义——以授益行为的撤销与废止为基点的考察》，《法学研究》2010 年第 6 期。

（四）追回养老金需要遵循什么程序

虽然应当追回养老金领取人本不应得的部分，但《社会保险法》等相关法律规范并未明确规定应当如何追回。根据上文有关停发养老金程序的讨论，以及部分相关规范要求，追回养老金也应当遵循正当程序原则，保障具体养老金领取人的合法权益。

事先告知养老金领取人，并允许其表达意见，在此前提下通过扣发、责令退还等方式进行追回，是追回养老金程序的关键。例如，在养老金领取人对待遇计发标准有异议的情况下，社保机构应当允许领取人提供证据、申请核查，并将核定结果及时反馈给领取人，经其确认后，再按新待遇标准发放养老金，并补发或扣发相应的历史待遇。[①] 在处理重复领取职工养老保险待遇和居民养老保险待遇的情况下，由居民养老保险待遇领取地的社保机构核定金额后通知领取人退还，终止居民养老保险关系；若拒不退还，则从其居民养老保险个人账户余额中抵扣。[②] 因此，可以认为，确保养老金领取人事先的知情权，是追回养老金最基本的要求。同时，上述规定并未授权社保机构以停发养老金的方式，追回多发放的养老金。

在尚无明确法律规定的领域，一些法院也强调正当程序的要求。例如，在社保机构不知养老金领取人服刑的情况下，向其发放了本不应发放的养老金，虽然这部分养老金依法应追回，但社保机构在未告知当事人的情况下，直接从应发养老金中扣除（即使仅是部分扣除），也缺乏法律依据，不符合正当程序要求。社保机构应事先通知领取人，与其确认多领取的养老金数额，并在协商一致的情况下，方可通过扣除一定数量养老金的方式追回多发的部分待遇。[③] 虽然法律规范并未针对所有追回情形都明确规定追回程序，但社保

[①]《城乡居民基本养老保险经办规程》第25条。
[②] 参见《人力资源和社会保障部办公厅关于做好重复领取城乡养老保险待遇核查工作的通知》。
[③] 山东省烟台市中级人民法院（2016）鲁06行终字第516号行政判决书，高某亭与烟台市牟平区社会劳动保险事业分处案。

机构参照已有的规定,制作并向相关养老金领取人送达告知函、追回核定表等书面材料,能够保障领取人的程序权利,满足正当程序的要求。[①]

(五)回归本案

本案中,巩义社保局具有向张某追回部分养老保险待遇的事实理由和规范依据。张某参加基本养老保险的时间,不符合享受过渡性补贴的参保时间要求。虽然其领取过渡性补贴是由巩义社保局自身工作失误造成,但根据前文有关追回养老金情形的分析,张某仍应退还这部分待遇。巩义社保局可以依据《郑州市企业职工基本养老金计发办法》及其实施细则予以追回。

但巩义社保局通过向张某停发养老金的方式追回多发的养老保险待遇,缺乏法律依据。根据前文分析,停发养老金的情形与领取人的资格直接关联。张某虽然不应领取过渡性补贴,但其仍然享有领取基础养老金、个人账户养老金和过渡性养老金的权利,即仍然具备领取养老保险待遇的资格。因此,张某的情形并不属于停发养老金的法定事由,巩义社保局的停发决定不符合法律规定。

巩义社保局停发养老金的程序也缺乏正当性。前文分析指出,在没有明确法律规定的情况下,应当遵循正当程序原则,保障行政相对人的知情权,允许其充分表达意见。而本案中,巩义社保局仅以局属各单位为对象下发《关于更改市职介中心张某同志养老保险的通知》,但并未向张某送达该通知,即直接开始执行停发的决定,损害了张某的程序权利,剥夺了其表达意见、寻求救济的机会,不符合正当程序原则。

进一步思考,在张某的情况下,对于巩义社保局应如何合法合理地追回本不应发放的过渡性补贴,现有法律规范显然并未明确规定。但根据前文分析,遵循正当程序原则要求,巩义社保局可以通过书面形式,事先将追回过

[①] 福建省泉州市中级人民法院(2019)闽 05 行终字第 70 号行政判决书,黄某忍、南安市社会保险管理中心劳动和社会保障行政管理(劳动、社会保障)二审案。

渡性补贴的事实理由、法律依据告知张某，允许其陈述意见，再通过协商一致的方式，从每月应发的养老金中进行部分抵扣，或者由张某直接退还，应当是合法合理的途径。

四、遗留问题与展望

基本养老保险是社会保障制度的重要组成部分，与社会成员的基本生存权利息息相关。享受基本养老保险待遇是参保人的法定权利，非因法定事由、非经法定程序或正当程序，不得被剥夺或削减。在一定程度上，由于包括基本养老保险在内的社会保险领域历经变革，该领域的很多规定仍以政策或规范性文件形式存在，法律规定相对不够全面，程序性安排尤为欠缺，这导致基层实践中问题丛生。虽然正当程序原则能够为行政相对人提供保护，但在实践中并非所有社保机构都能严格遵循，本文所谈案件则为例证。为了更好地保护养老保险待遇领取人的法定权利，有必要在法律层面，对程序性事项作出最低的要求，确保待遇领取人能够知情，并参与到行政处理决定形成过程中。

16

信息提供与申请权

唐某君诉兰溪市人民政府工伤认定案[①]

汪敬涛　浙江大学光华法学院

提要　本案中，法院对兰溪市人力资源和社会保障局（以下简称兰溪市人社局）不予工伤认定的行为进行了事实层面的简单确认，但并未深究原告未及时申请工伤认定的原因，这背后所涉及的是社会保障行政机关所负有的信息提供义务。

一、案件事实与争议焦点

原告唐某君（上诉人、再审申请人，以下均称原告）就工伤认定一事诉被告浙江省兰溪市人民政府（被上诉人、再审被申请人，以下均称被告）一案，历经浙江省中级人民法院一审、浙江省高级人民法院二审及最高人民法院再审。

原告唐某君在2011年1月2日下午，为准备次日元旦节后复工，从住所前往公司宿舍，途中发生交通事故（原告负20%的责任）。次日，即1月3日，原告公司管理人员即向兰溪市人社局咨询工伤认定，该局人社科工作人员判断其情形不属于工伤认定范围，并口头给予答复。同年1月5日，原告女儿和公司另一位管理人员又带书面材料到兰溪市人社局，再次被拒绝。

[①] 一审裁判文书为浙江省金华市中级人民法院（2017）浙07行初字第630号行政判决书，二审裁判文书为浙江省高级人民法院（2017）浙行终字第1355号行政判决书，再审裁判文书为中华人民共和国最高人民法院（2018）最高法行申8848号行政裁定书。

其后 6 年中，原告及家属前往兰溪市人社局 60 多次，该局均以非上班途中为由拒绝原告的工伤认定。

2017 年 4 月 8 日，原告就兰溪市人社局出具的信访事项答复意见书向被告申请行政复议，兰溪市人社局遂主张不认定工伤的原因系原告没有在一年的时效内提出书面申请，而与是否在上班途中无关。被告认为，若原告对该信访答复不服，救济方式应根据《信访条例》的规定申请复查，故原告的行政复议申请不符合《中华人民共和国行政复议法》第 6 条及《中华人民共和国行政复议法实施条例》第 28 条的受理条件，决定驳回原告的行政复议申请。

2017 年 7 月 26 日，原告就被告所作出的复议决定起诉至金华市人民法院，原告在庭审中将诉讼请求明确为"判令撤销被告兰溪市人民政府案涉行政复议决定，责令重作"。金华市人民法院认为，一方面，在发生交通事故后，原告及其近亲属，或者其所在公司，均仅向兰溪市人社局相关工作人员就其受伤情形是否符合工伤认定情形作了咨询，而并未在《工伤保险条例》规定的申请时限内提出工伤认定申请，故不存在兰溪市人社局不履行法定职责之情形；另一方面，案涉《信访事项答复意见书》确非法律规定的行政复议案件受理范围，故判决驳回原告诉讼请求。

2017 年 10 月 18 日，原告以一审法院将其申请工伤认定的行为视作咨询和信访，属认定事实明显错误为由上诉至浙江省高级人民法院，请求重新判决，上诉法院认定事实与一审法院相类，判决驳回上诉。

2018 年 11 月 30 日，经原告申请，最高人民法院审查后，作出再审行政裁定书，认定原两审法院裁判并无不当，至此，长达近 8 年的争议在法律意义上落下帷幕。

本案的争议焦点为：虽然原告的诉讼理由在上诉及再审过程中有所增改（如原告申请再审的理由有三个。兰溪市人社局拒不认定其工伤，导致工伤申请超过时效；两审判决适用法律错误；二审未开庭审理即作出判决，存在程序违法），但是核心争诉始终围绕工伤认定。

即使在一审中，原告明确诉请为撤销案涉复议决定，但这明显非其真正诉求，原告自始至终所主张的皆为兰溪市人社局拒不认定其工伤的行为违法，这点从上述梳理中亦可明了。或许也正是有鉴于此，为彻底定纷止争，虽然在一审中，原告诉请为撤销案涉复议决定，理论上法院明确案涉信访答复不属于复议范围即有充分理由驳回起诉，二审及再审亦同理，但是在两审判决书及再审裁定书中，均直接或间接地指出兰溪市人社局拒不认定工伤的行为并无违法之处。

兰溪市人社局拒不认定工伤的行为是否违法这点，虽因原告诉讼请求的缘故并非庭审中的核心争议，但实际上是原告所真正想解决的问题，也是争议关键，其他问题实为旁枝末节。因此，本文无意将案件争议聚焦在案涉信访答复是否属复议受理范围这点上，而是追本溯源，探讨兰溪市人社局的行为是否违法，也即本文所欲探讨的案件焦点：兰溪市人社局拒不认定工伤的行为是否构成违法。

二、法院的推理与逻辑

最高人民法院认为原告及其近亲属，或者是其所在单位在交通事故发生之后，都未在《工伤保险条例》规定的法定期限内向兰溪市人社局提出过工伤认定的申请。因此，兰溪市人社局已不再负有依再审申请人申请作出工伤认定的法定职责，间接地表明兰溪市人社局起初拒不认定工伤的行为不违法。浙江省高级人民法院亦认为，原告或者其直系亲属、工会组织应在事故伤害发生之日或者被诊断、鉴定为职业病之日起1年内，直接向用人单位所在地统筹地区劳动保障行政部门提出工伤认定申请，然而并无证据表明原告及其直系亲属或其所在公司在法定期限内向兰溪市人社局提出过正式的工伤认定申请。一审金华市人民法院则更加直接地指出在发生交通事故后，原告唐某君及其近亲属，或者其所在公司，均仅向兰溪市人社局相关工作人员就其受伤情形是否符合工伤认定情形作了咨询，而并未在《工伤保险条例》规定的申请时限内提出工伤认定申请，故不存在兰溪市人社局不履行法定职责之情形。

从上述论述来看，两审及再审法院的论证逻辑均只是对原告并未在规定时间内提交正式的工伤认定申请作了事实上的确认，从而认定兰溪市人社局的行为并不违法，但是对于原告为何未在规定时间内提交正式的工伤认定申请并未深究，更遑论考量兰溪市人社局是否对原告未在规定时间内提交正式的工伤认定申请负有责任。

三、学理上的讨论：信息提供与申请权

前已述及，两审及再审法院认定兰溪市人社局的行为不违法，其理由是原告并未在规定时间内提交正式的工伤认定申请。但是为何原告方在事故发生后第一时间到了兰溪市人社局，却不及时提交申请呢？

（一）申请权的实现有赖于信息提供

《工伤保险条例》第17条规定，职工发生事故伤害或者按照职业病防治法规定被诊断、鉴定为职业病，所在单位应当自事故伤害发生之日或者被诊断、鉴定为职业病之日起30日内，向统筹地区社会保险行政部门提出工伤认定申请。用人单位未按前款规定提出工伤认定申请的，工伤职工或者其近亲属、工会组织在事故伤害发生之日或者被诊断、鉴定为职业病之日起1年内，可以直接向用人单位所在地统筹地区劳动保障行政部门提出工伤认定申请。从该项规定可以看出，工伤认定程序的启动方式系依当事方的申请，在当事方未提交正式申请的情况下，行政机关无法依职权认定工伤。据此，从本案来看，形式上原告方确实并未提交正式的工伤认定申请，因此兰溪市人社局未认定工伤的行为似乎并无不当。但是从事实上看，原告方未提交工伤认定

申请与兰溪市人社局的应对有关。

依被告陈述，交通事故发生后，原告公司办事人员和原告女儿到兰溪市人社局咨询工伤认定事宜，该局人社科工作人员根据原告公司办事人员和女儿对事故的描述，判断其情形不属于工伤认定范围，口头给予答复。

通常而言，在行政相对人看来，行政机关工作人员的意见具有权威性与专业性，且在相当程度上代表了行政机关的意见。在兰溪市人社局工作人员口头告知原告其情形不属于工伤认定范围后，行政相对人有理由认为再在形式上递交正式的认定申请没有实际意义。因此，原告方的重心就在于说服工作人员，从而获得工作人员的肯定式答复，这在常理上不难理解。换言之，原告之所以没有及时提交正式申请，正是兰溪市人社局工作人员的口头答复所致。

即使将原告的行为视为咨询，兰溪市人社局工作人员根据以往工作经验对咨询给出了否定答复，但是如果工作人员在给出答复后继而释明这只是其个人判断，具体结果仍需要原告正式提交申请后，按程序审核，督促原告及时提交正式申请，那原告极有可能不会错过1年的申请时限。

在事件发生后6年内，原告及其家属前往兰溪市人社局60多次，该局均以非上班途中为由拒绝原告的工伤认定，从来没有提醒过原告要及时提交正式申请，最后却改口称不认定工伤的原因是原告没有在时限内提交申请。如果兰溪市人社局及其工作人员在与原告方人员接触过程中告知其提交申请，那么原告方完全可以在时限内递交申请书，从而启动工伤认定程序。

社会保障行政机关就必要事项告知行政相对人的行为在域外法上被称为信息提供。在日本法上，社会保障行政机关在行政相对人咨询时，负有提供必要的信息以促进其行政目的的实现，或帮助行政相对人实现其权益的义务，此种义务被称为信息提供义务。在社会保障给付程序的启动系以依申请为原则的前提下，为避免符合条件的当事人错失申请机会，相关行政机关的信息提供具有重要的作用与意义。

但是，在我国法律上，信息提供是否可以视为社会保障行政机关的义务？以及因行政机关怠于提供信息导致行政相对人未及时申请社会保障给付时，就行政相对人的损失，相关行政机关是否负有赔偿责任？

（二）现有实定法规定

在社会保障领域，信息提供对于社会保障申领人的申请权实现具有至关重要的意义，但社会保障行政中的信息提供在国内司法实务中仍是个被忽视的领域，以"不知道""政策"等词在北大法宝上搜索相关案例发现，法院对当事人关于行政机关并未积极履行信息提供的主张通常不予审查，或只是简单认定。本案一审二审及再审判决中，法院也均忽略了对案涉行政机关是否忠实履行了信息提供义务的考察，而简单停留在认定原告确实未提交正式的申请这点上。

究竟相关行政机关是否负有法律上的信息提供义务，如果有，则违反义务的法律后果为何，这些理论上的问题现有司法实务均未作出回应。但实际上，不乏关于信息提供义务的实定法规范。

就本案涉及的实定法，《社会保险法》第4条规定中华人民共和国境内的用人单位和个人依法缴纳社会保险费，有权查询缴费记录、个人权益记录，要求社会保险经办机构提供社会保险咨询等相关服务。《工伤保险条例》第46条第6项也规定经办机构的职责之一即为工伤职工或者其近亲属免费提供咨询服务。这里所指的咨询服务即可以理解为信息提供的一部分。社会保障的申领者中有为数众多的弱势群体，其获取信息的能力弱于一般民众，且社会保障申领程序繁杂，部分细项非专业职员难以理解，因此社会保障领域的此种特性决定了信息提供的重要性。有鉴于此，法律对社会保障机关的信息提供义务作了特别规定。

但是现有实定法并未规定如果经办机构违反信息提供义务，或并未恰当履行信息提供时应当承担何种责任，也并未规定在这种情况下如何对行政相对人的权益进行救济。

（三）兰溪市人社局是否恰当履行了信息提供义务

要探讨兰溪市人社局是否忠实履行了信息提供义务，需明确信息提供义务的具体内容为何。法律条文中指"提供咨询"，那么主动提供当事人并未直接提问的信息是否也属于"咨询"的一部分？提供了错误的咨询是否属于违反了信息提供义务？就前一个问题而言，咨询的形式如果仅限于被动的一问一答，那么很可能使该条文的效果大打折扣。以申请工伤为例，若当事人并不知道申请工伤有 1 年时效，那么自然也不会询问"申请工伤有无时效"，但是"有时效限制"这个信息对于工伤申请是极为必要的，因此若将"提供咨询"的含义局限在就当事人提问的被动回答上，很可能使当事人错失申领机会，应对"提供咨询"作合理解释，要求相关机关在当事人咨询时，在可能的范围内积极向当事人提供必要的信息，即提供主动的咨询。就后一个问题而言，提供的咨询应当正确是应有之义，无须赘言。

基于上述论述分析本案事实，依被告陈述，交通事故发生后，原告公司办事人员和原告女儿到兰溪市人社局咨询工伤认定事宜，该局人社科工作人员根据原告公司办事人员和原告女儿对事故的描述，判断其情形不属于工伤认定范围，口头给予答复。各审法院均认为原告并未提交正式的工伤认定申请，而既然并未提交正式申请，为何兰溪市人社局职员在听取原告方描述后，即下肯定性判断，认为原告无法进行工伤认定？

在原告事故发生前一天，也即 2011 年 1 月 1 日，新修订的《工伤保险条例》生效，该条例第 14 条第 6 项规定，职工在上下班途中，受到非本人主要责任的交通事故或者城市轨道交通、客运轮渡、火车事故伤害的应当认定为工伤。唯在本案中，争议点在于原告是在从家里到城里宿舍（不在公司内）的过程中发生交通事故，其间是否属于上下班途中有待论证。但至少兰溪市人社局职员不应当在咨询时即下肯定性结论，是否属于工伤需要社会保险行政部门在受理申请后调查核实，如确不属工伤范围，也应出具不予认定通知书，当事人凭该决定书可申请复议也可提起行政诉讼，以实现对当事人的事后救济。

被告职员应当谨慎对原告咨询作回答，在无法判断时应该按流程积极引导当事人提出申请，不致使当事人错失机会。原告主张没有提交工伤认定申请书系兰溪市人社局没有及时告知所致，对于工伤申请认定而言，申请时效是必要信息，如果当事人不了解该规定，因时效经过而导致无法工伤认定，则无法得到及时救济。兰溪市人社局主张其拒不认定工伤的原因系原告未及时提交正式申请，然而原告之所以未能及时提交正式申请，系该局在咨询阶段即口头答复了原告方，未经详细核实，在咨询这一前置阶段就否定了申请工伤的可能，且原告6年间前往该局60余次，然而兰溪市人社局始终未能告知其及时递交正式申请，引导其进入正式程序，妨碍了原告申请权的实现。综上，可以认为兰溪市人社局并未恰当履行信息提供义务。

（四）对损害的救济

兰溪市人社局怠于履行信息提供义务，导致本案原告方未能及时提出正式的工伤认定申请，对此造成的损害应当如何救济呢？首先，信息提供在行政法中应当视为行政事实行为，属于行政指导的一种，并非具体行政行为。既然如此，无法单纯地就兰溪市人社局未履行信息提供义务提起行政诉讼。其次，因为原告方并未提出正式的工伤认定申请，也就不存在兰溪市人社局不予受理的行政决定，所以无法就兰溪市人社局不予工伤认定提起行政诉讼。

在此情况下，就现有救济体系而言，提起行政赔偿诉讼是最佳途径。在行政赔偿诉讼中，法院可以作替代审查，就原告是否满足工伤保险受给条件直接作出判断，若符合受给条件，则判决赔偿与工伤保险待遇等额的金额。同时考虑到本案原告在工伤发生6年后才得到救济，可以参考民事迟延履行金作出一定的利息赔偿。另外，本案原告方6年间前往兰溪市人社局60余次，其间所受精神折磨可想而知，因此也可以酌情判决一定的精神损害抚慰金。若原告并未满足工伤保险受给条件，则可驳回行政赔偿请求。

四、遗留问题与展望

给付行政相对于传统侵害行政，在行政程序上呈现出很大的不同，具体而言有以下几点。一是"去高权性"之趋向。"去高权性"指与传统"高权型"行政程序相比，给付行政程序更倾向于采用形式上"平权型"实施方式。二是"积极角色"之肯定。给付主体不仅是给付行政的提供者，也扮演了给付行政相对人"助手""参谋"的角色。因此，给付行政程序更具积极性、主动性和创造性，也更能体现服务的人性化。三是"信息支持"之提供，这包括给付主体要提供全面的、精确的、可被理解的信息。四是"正当程序"之关注。各国普遍对给付行政程序的正当性给予高度关注。五是对"信赖保护"之强调，主要表现在给付行政领域中的授益行政行为，其撤销、废止受到更严格的限制。[①] 以上五点非常有助于理解社会保障机关在申请程序中的作用。给付行政中大部分给付行为的启动有赖于当事人的申请。申请程序的主要目的在于减少行政相对人的欺诈申请。因此，申请程序不宜过于复杂，要考量行政效率，因为行政相对人属于社会弱者，情势危急，如果申请周期过长，申请程序过于复杂，则往往会造成当事人错失申请资格。另外，复杂冗余的申请程序可能会增加行政相对人的程序性负担导致救助不能的后果。[②]

除了依申请启动给付程序，个别行政给付行为也可能依职权启动。依职权启动行政给付程序的，可能伴随着侵害行政行为。这就要求行政机关特别注意公民人身自由权、财产权的基本人权保护。[③] 在申请程序中，还要注意由

---

① 参见江必新、邵长茂《共享权、给付行政程序与行政法的变革》，《行政法学研究》2009年第4期。
② 参见杨东升《行政给付程序论》，《上海政法学院学报》（法治论丛）2014年第1期。
③ 参见杨东升《行政给付程序论》，《上海政法学院学报》（法治论丛）2014年第1期。

于社会保障制度一般都较为复杂，且申请者多在经济上或身心上处于弱势地位，难以知晓甚至不知给付要件或申请程序。因此在这一阶段，要求行政机关对于社会保障制度的构成内容、实体的给付请求权、给付申请程序等信息，于申请前，主动、积极、全面地（要保障者为全体，如居民最低生活保障标准）或个别地（要保障者为个人，如某街道的伤残人士）公开、公布、通知、接受指导、查询等。①现有研究对立法实践中的问题都把握得相当精准，唯在应对之道上，失于宽泛，只是提出了改进指导，对于如何在实践中操作，或限于文章篇幅，少有深入论述者。

虽然已有研究认识到行政机关积极提供全面的、精确的、可被理解的信息的重要性，但是具体什么信息是需要被提供的，提供到何种程度，如果行政机关违反了信息提供义务行政相对人是否可以请求赔偿等，都是有待研究的课题。如果一味课予行政机关广泛且严格的信息提供义务或许会导致无法履行期待可能性，那么如何把握其中的平衡则需要进一步厘清。而这些问题在现有司法实务中并未明确，亟须司法机关在相关诉讼中充实与发展相关理论。

（一）信息提供义务的范围

对于信息提供义务的范围，在日本法上，社会保障行政中的信息提供可以分为两类：一类是针对特定主体的，如就相对人的咨询作出答复、提供必要的信息，本案中的信息提供即属此种；另一类是针对不特定人的，典型的是宣传。日本司法实务中通常只认可前者是行政机关法律上的义务。我国司法实务中，也存在不少就第二种信息提供起诉的案件。

在张某媛诉遵义市红花岗区长征镇人民政府、遵义市红花岗区卫生和计划生育局行政给付案②中，原告张某媛即以被告怠于提供相关信息为由请求

---

① 高秦伟：《论社会保障行政程序的法制化构建》，《国家行政学院学报》2008年第2期。
② 贵州省遵义市汇川区人民法院（2015）汇行初字第43号行政判决书。

赔偿。原告诉称国家在2007年至2014年三度下达了扶助伤残独生子女家庭的相关文件，但直至2014年10月原告到区卫计局才得知有相关政策。原告主张自己年老、家庭困难且不通晓计算机等现代讯息设备，而被告工作人员又怠于政策法规的宣传，没有及时传达政策内容，也没有深入到群众中走访了解每户的情况，以致原告错失申请机会，因此请求判令两被告赔偿2007年至2014年的国家救助扶助金。被告长征镇政府则辩称其已通过开展各种宣传活动，发放张贴宣传资料，履行了法定职责。法院最后认同了被告的主张，认为两被告均面向社会进行了宣传，按照政策规定，扶助需由本人提出申请，而原告在2014年前未向卫生部门申请救济扶助，因此要求被告发放2007年至2014年的独生子女伤残扶助金没有法律依据，判决驳回。

在涉及第二类信息提供的案件中，各法院也并未对信息提供义务进行理论说明，只是简单认定事实，迄今也无认定违反义务的案例出现。日本司法实务中之所以排除第二类信息提供作为相关行政机关法律上的义务，一是由于实定法上无法律依据支撑，目前日本《信息公开法》中并未对行政机关主动公开信息作规定，因此日本法院在证成针对不特定对象的信息提供义务时难以援引《信息公开法》；二是出于对行政成本的考量。

但是我国《信息公开条例》中既规定了依请求公开，也规定了主动公开。《信息公开条例》第三章详细规定了主动公开的信息范围。其中第20条第11项规定，行政机关应当公开扶贫、教育、医疗、社会保障、促进就业等方面的政策、措施及其实施情况。这就为针对不特定对象的信息提供义务提供了法源依据。但信息提供义务的范围具体如何确定仍有待于在具体案件中衡量。

（二）信息提供义务的履行标准

通常来说，无论是针对特定对象还是针对不特定对象的信息提供，相关行政机关都享有裁量权。尤其是针对不特定对象的信息提供，何时提供、以何种方法提供、提供到什么程度都由行政机关自主裁量，除非明显超越裁量权限，否则难以认定为违反义务。同样地，针对特定对象，相关行政机关如何回复、回复到何种程度等也都由行政机关自主裁量。通过法律事先细致规定义务履行的标准是难以实现的。

法院在审查的时候也必须结合具体案例具体分析，通过案例的不断累积慢慢形成一个大致的标准。在审查时，可以考量数个因素，比如就针对不特定对象的信息提供，考察政策法规宣传内容完备与否、宣传广度与频度、宣传方式是否多元化等，同时需要结合当地的财政水平与行政成本来分析。针对特定对象的信息提供，就要结合当事人的具体咨询内容判断。通常来说，在不造成行政机关过大负担的情况下，应当尽可能地提供相关信息，考虑到很多前往行政机关咨询的申请人并不了解具体的社会保障制度，必要情况下相关行政机关需要积极探知相对人的真意，以确定其所欲申请的社会保障项目。

此外，对违反信息提供义务的行为所造成的后果如何补救，是通过国家赔偿途径获得赔偿，还是建构如德国社会法上的地位回复请求权体系，也是一个可以讨论的课题。不论如何，可以肯定的是，随着政府各项办理工作越来越网络化，如何更加有效地提供给处于信息洼地的社会保障对象信息，如何有效救济相对人因行政机关未能恰当履行信息提供义务而遭受的损害，是极具现实意义的问题。

第五部分

举证责任

17

行政诉讼中原告延迟举证的法律后果

松业石料厂诉荥阳市劳保局工伤认定案[1]

王明喆　南京师范大学法学院

提要　根据最高人民法院《关于行政诉讼证据若干问题的规定》第59条(《最高人民法院关于适用〈中华人民共和国行政诉讼法〉的解释》第45条)的规定,劳动保障行政部门受理工伤认定申请后,依照法定程序要求用人单位在规定时间内提供相关证据,用人单位无正当理由拒不向行政机关提供证据,事后在行政诉讼程序中向人民法院提供的,人民法院可不予采纳。在决定取舍这样的证据时,司法解释既然规定"一般不予采纳"而不是"一律不予采纳",就不能只从形式上看该证据是何时提交的,还应当考虑采纳该证据是否有利于人民法院查明案情,原告在延迟举证中是否有可归责性。

一、案件事实与争议焦点

第三人李某波是原告松业石料厂的职工。2003年5月21日16时许,李某波在原告松业石料厂砸石头时,被飞起的石片崩伤右眼,经诊断为右眼外伤、角膜溃疡。受伤后,李某波向被告荥阳市人事劳动和社会保障局(以下简称荥阳市劳保局)申请工伤赔偿争议仲裁,荥阳市劳保局仲裁科进行了调查。由于原告松业石料厂坚持认为李某波不构成工伤,仲裁无果,李某波于

---

[1] 参见《最高人民法院公报》2005年第8期。

是于 2004 年 2 月 20 日向被告荥阳市劳保局申请工伤认定。被告荥阳市劳保局于同年 2 月 23 日受理，并于 3 月 4 日向原告松业石料厂下达了《工伤认定协助调查通知书》，要求原告在 10 日内将与李某波申请工伤认定的有关材料函告或当面陈述。在指定期限内，原告松业石料厂只向被告荥阳市劳保局提交了一份认为不构成工伤的答辩状，并未附任何证据。被告荥阳市劳保局根据调查结果，依照《工伤保险条例》第 14 条第 1 项的规定，于 2004 年 3 月 24 日作出《03 号工伤认定书》，认定李某波所受伤害为工伤。原告松业石料厂不服，在法定期限内向市政府申请行政复议。同年 7 月 21 日，市政府以《17 号复议决定书》作出维持《03 号工伤认定书》的决定。松业石料厂遂提起本案行政诉讼，要求判决撤销被告作出的《03 号工伤认定书》。

本案中，原被告双方对于《工伤保险条例》相关条款的解释和适用没有异议，争议主要集中在事实部分，即原告认为第三人李某波并非上班时间内受伤。原告松业石料厂在诉讼过程中共提供了 4 份证据证明第三人的受伤不是工伤（一审中原告共提供了 6 份证据，其中第 5 份、第 6 份分别是被告作出的《03 号工伤认定书》和荥阳市人民政府作出的《17 号行政复议决定书》）。4 份证据分别是：证据一，2004 年 5 月 13 日以崔庙卫生院眼科医师陈某转名义出具的诊断证明书，用以证明李某波早有眼疾；证据二，松业石料厂 2003 年 5 月份记工表一份，用以证明李某亮关于李某波在 5 月 21 日上班时间受伤的证言不真实；证据三，2004 年 9 月 3 日，原告的委托代理人对李某亮的调查笔录一份，主要内容为李某亮不清楚李某波受伤过程；证据四，2004 年 9 月 3 日，原告的委托代理人对李某木的调查笔录一份，主要内容是李某木不清楚李某波受伤过程。

本案最重要的争议焦点在于，劳动保障行政部门受理工伤认定申请后，依照法定程序要求用人单位在规定时间内提供相关证据，用人单位无正当理由拒不向行政机关提供证据，事后在行政诉讼程序中向人民法院提供的证据是否可以采纳。

二、法院的推理与逻辑

针对本案争议焦点是：原告在行政程序中不提供却在行政诉讼中提供的证据能否采纳，一审和二审分别作出判断。

一审荥阳市人民法院认为，最高人民法院《关于行政诉讼证据若干问题的规定》（以下简称《行政诉讼证据规定》）第59条规定："被告在行政程序中依照法定程序要求原告提供证据，原告依法应当提供而拒不提供，在诉讼程序中提供的证据，人民法院一般不予采纳。"被告荥阳市劳保局受理第三人李某波的工伤认定申请后，依照《工伤保险条例》第19条第1款的规定，向原告松业石料厂下达了《工伤认定协助调查通知书》，通知该厂在10日内举证。松业石料厂接到通知书后，在法定期限内除提交一份答辩状外，并未提供任何相关的证据。在质证时，荥阳市劳保局以松业石料厂在行政诉讼程序中提交的4份证据违反了法定程序，李某波以这些证据内容不真实为由，提出异议。依照上述司法解释的规定，对松业石料厂超过法定举证期限提交的这些证据，不予采纳。对松业石料厂提交的其他证据，荥阳市劳保局和李某波未提出异议，予以采纳。证人李某亮的当庭证言，因缺乏真实性，不予采纳。荥阳市劳保局提交的证据符合证据的真实性、合法性、关联性要求，属有效证据，应当作为认定本案事实的根据。《工伤保险条例》第14条规定："职工有下列情形之一的，应当认定为工伤：（一）在工作时间和工作场所内，因工作原因受到事故伤害的……。"2003年5月21日16时许，第三人李某波在原告松业石料厂进行砸石头的工作时，被飞起的石片崩伤右眼。这一基本事实，不仅有在一起劳动的松业石料厂职工李某亮证实，更有5月21日以后李某波就医期间形成的诊断证明、医疗收费票据等证据证实。各医疗单位出具的诊断证明均证实，李某波为右眼外伤、角膜溃疡。被告荥阳市劳保局根据查明的这一基本事实，依照《工伤保险条例》第14条第1项的规定，以《03号工伤认定书》认定李某波所受伤害为工伤。这一认定事实清楚，证据确凿，适用法律法规正确，符合法定程序，应当维持。

二审河南省郑州市中级人民法院认为，上诉人松业石料厂未在行政程序中提交而在诉讼程序中提交的 4 份证据，被上诉人荥阳市劳保局和第三人李某波在一审质证时均持异议。在决定取舍这样的证据时，司法解释既然规定"一般不予采纳"而不是"一律不予采纳"，就不能只从形式上看该证据是何时提交的，还应当从内容上看采纳该证据是否有利于人民法院查明案情。在此基础上，二审法院认为证据一的诊断证明书上既没有患者主诉也没有医师检查所见，从字面上无法得知患者是哪只眼眼角膜溃疡，因何溃疡，是一年后出具的一份残缺不全的诊断证明书，且与崔庙卫生院对 2003 年 5 月 26 日出具的那份诊断证明书有矛盾之处；证据二极易伪造，如无其他证据印证，则不具有证明力；证据三是李某亮翻证后的证言，不足采信；证据四不能否定李某波在工作时眼睛受伤的事实。再者，从 4 份证据的内容分析，这 4 份证据完全能在行政机关调查工伤情况时形成，松业石料厂当时如果持有这 4 份证据，完全有条件向行政机关提供。松业石料厂不在《工伤认定协助调查通知书》指定的期间内向行政机关提交这些证据，确实违背了《行政诉讼证据规定》第 59 条的规定。一审在这些证据受到对方当事人质疑的情况下，根据《行政诉讼证据规定》第 59 条的规定，决定不采纳松业石料厂提供的有疑问证据是正确的。

三、学理归纳

本案是关于工伤认定的行政纠纷。工伤认定属于依申请的行政行为，根据我国《工伤保险条例》第 17 条第 1 款和第 3 款的规定，工伤认定应由职工所在单位向社会保险行政部门提出申请，由用人单位所在地的设区的市级社会保险行政部门办理。工伤认定是一个典型的三方行政法律关系，工伤认定的申请人与受益人并不相同，申请人是用人单位，受益人是职工或职工家属，申请人（用人单位）反而可能因为工伤认定行为而承担一定的法律责任。因而，为防止用人单位怠于申请影响职工合法权益，《工伤保险条例》第17条第2款规定，用人单位未按规定提出工伤认定申请的，工伤职工或者其近亲属、工会组织可以直接向用人单位所在地统筹地区社会保险行政部门提出工伤认定申请。工伤认定对于职工来说是授益性行政行为，而对于用人单位来说却相当于侵益性行政行为。本案中，用人单位并未申请工伤认定，职工本人（本案第三人）申请工伤认定，行政机关作出工伤认定决定，因此用人单位提出行政诉讼，请求撤销该工伤认定。

工伤认定是行政机关就公法上的具体事件作出的对外直接发生法律效果的单方行政行为，行政机关为了作出肯定或者否定工伤认定的行政决定，必须全面收集相关证据，以形成对案件事实的认识和把握。在这一过程中，行政机关可以向当事人、第三人等收集证据。《工伤保险条例》第19条正是本案有关行政机关收集证据的规定，即社会保险行政部门受理工伤认定申请后，根据审核需要可以对事故伤害进行调查核实，用人单位、职工、工会组织、医疗机构以及有关部门应当予以协助。这条规定规定了行政机关的调查职权以及当事人等的协助义务，其目的就在于使行政机关全面掌握案件事实情况，从而能够准确地作出行政行为。本案的争议焦点在于，行政机关依照法定程序要求公民在规定时间内提供相关证据，公民无正当理由拒不向行政机关提供证据，事后在行政诉讼程序中向人民法院提供的，人民法院是否可以采纳该证据。本案对这一问题进行判断，在学理上和实务上都有重要的意义。

（一）原告的举证责任与举证限制

我国《行政诉讼法》第34条（本案判决时为修改前的《行政诉讼法》第32条）明确规定，被告对作出的行政行为负有举证责任，在行政诉讼中行政机关有义务证明其作出的行政行为合法，法院在审查时，原则上只需要根据行政机关提供的证据进行判断即可。《行政诉讼法》之所以作这样的规定，是为了对原告的诉权进行实质性的保护，充分发挥行政主体的举证优势，并且促进行政机关依法行政。① 但是这并不意味着原告在诉讼中不需提出证据只需"隔岸观火"即可，原告提出证据的方式至少有以下两种类型。第一，原告必须提出证据。原告在起诉被告不履行法定职责案中，原则上应该提供其向被告提出申请的证据，另外，在行政赔偿、补偿的案件中，原则上应该对行政行为造成的损害提供证据。② 第二，原告可以提出证据。除去原告必须提供证据的情形之外，原告为了证明行政行为违法，在行政诉讼中还可以自由提供证据。被告负有举证责任的规定并不排除原告提出证据的可能性；反之，出于切实保障公民权利的角度，原告有提出证据证明其主张的诉讼权利。原告可以提出证据这一观点已经得到了现行法的确认。③

需要注意的是，现行法对原告提出证据进行了一定限制，《行政诉讼证据规定》第 59 条规定，被告在行政程序中依照法定程序要求原告提供证据，原告依法应当提供而拒不提供，在诉讼程序中提供的证据，人民法院一般不予采纳。2018 年公布的《最高人民法院关于适用〈中华人民共和国行政诉讼法〉的解释》第 45 条也采纳了这一规则。学理上将这种限制称为举证时限，具体是指在行政诉讼过程中法律规定或法院指定的当事人能够有效提出证据的期限。根据当事人提交证据是否有举证时限，可以划分为证据随时提出主义和证据适时提出主义。将本应在行政程序中提交的证据拖延到行政诉讼中提交的，就是延迟举证。④ 一般认为，行政诉讼中被告举证需要在法定的时间内进行，但关于行政诉讼中原告或第三人举证是否需要设定期限，理论与实务界均有不同意见。⑤ 最高法院的司法解释规定了原告提出证据的时限，"在一般

---

① 参见姜明安主编《行政法与行政诉讼法》，北京大学出版社、高等教育出版社 2015 年版，第 461—462 页。
②《最高人民法院关于行政诉讼证据若干问题的规定》第 4 条、第 5 条作出了明确规定，这一规定在 2015 年《行政诉讼法》修改时被吸纳作为第 38 条。
③《最高人民法院关于行政诉讼证据若干问题的规定》第 6 条作出了明确规定，这一规定在 2015 年《行政诉讼法》修改时被吸纳作为第 37 条。
④ 参见殷勤《论行政诉讼中原告或第三人的举证延迟》，《人民司法》2019 年第 31 期。
⑤ 参见黄学贤《行政诉讼中原告或第三人举证期限探讨》，《法学》2011 年第 12 期。

情况下,为了有利于行政主体查明证据,从而合法合理地作出行政行为,原告在行政程序中提供证据是原则,允许其到诉讼程序阶段提供证据只能是例外"①。证据适时提出主义可以督促原告在行政行为作出的过程中积极提供证据,诱导公民配合行政机关工作,提高行政效率。不可否认,当证据客观存在却不被法院采纳,可能会导致法院作出不当判决,行政行为不符合法律规定,存在违背依法行政的风险。

(二)延迟举证的认定与后果

行政机关认为原告提出证据属于迟延举证的,应当证明三点:原告具有法定的行政协助义务,被告在行政程序中依法要求原告提供上述相应的证据,原告以明示或者默示的方式怠于履行客观举证义务。②本案中,《工伤保险条例》第19条明确规定,用人单位、职工、工会组织、医疗机构以及有关部门负有协助行政机关的义务,而且行政机关在收到第三人的工伤认定申请后,已经向原告发出《工伤认定协助调查通知书》,但是原告在指定期限内,只向行政机关提交了一份认为不构成工伤的答辩状,并未附任何证据。由此可以认定,本案原告在行政诉讼中提出在行政执法过程中未提出的证据的行为属于典型的延迟举证。

对于延迟举证的法律后果,《行政诉讼证据规定》第59条(《最高人民法院关于适用〈中华人民共和国行政诉讼法〉的解释》第45条)规定,被告在行政程序中依照法定程序要求原告提供证据,原告依法应当提供而拒不提供,在诉讼程序中提供的证据,人民法院"一般不予采纳"。问题在于,应该如何理解"一般不予采纳","一般不予采纳"是否意味着完全不可以采纳。另外,如果存在例外,则在什么情况下可以采纳。

有一种观点认为,对超过法定举证时限的证据一律不予以采纳,即全部

---

① 参见黄学贤《行政诉讼中原告或第三人举证期限探讨》,《法学》2011年第12期。
② 参见殷勤《论行政诉讼中原告或第三人的举证延迟》,《人民司法》2019年第31期。

否定说。本案一审法院就以上述司法解释的规定为理由，认定"对松业石料厂超过法定举证期限提交的这些证据，不予采纳"。这种观点的合理性就在于督促公民适时提供证据，防止诉讼拖延、庭审不能集中审理以及低效率、突袭举证等问题。同时也有另一种观点，即附条件采纳说。这种观点认为不采纳超过举证时限的证据与尊重实体真实之间存在一定的紧张关系，应该从尊重客观真实和保障当事人实体权利的角度出发考虑问题，而且，原告在举证时限内不提供证据可能存在多种原因，在判断是否采纳证据时应当考虑在延迟提供证据中原告的责任。

本案二审明确采纳了附条件采纳说，司法解释既然规定"一般不予采纳"而不是"一律不予采纳"，就不能只从形式上看该证据是何时提交的，还应当从内容上看采纳该证据是否有利于人民法院查明案情。二审判决中虽然没有明确说明采纳第二种观点的原因，但是从其判决理由不难推断出以下两点理由。第一，形式上的理由。从"一般不予采纳"的字面来看，最高人民法院司法解释的规定仅是一种原则性规定，也就是说原则上不予采纳，司法解释并没有彻底排除采纳延迟证据的可能性。第二，实质上的理由。二审判决认为不能仅仅关注该证据是何时提交的，还应当关注采纳该证据是否有利于人民法院查明案情，其背后的实质理由就在于尊重客观真实和保障当事人实体权利，当采纳该证据有利于确定事实、查明案情时，就不能仅仅因为延时提供证据而一律对其进行否定。因此，二审法院依据这两点理由采取了对延迟证据"原则不采纳、例外采纳"的观点。[1]

（三）是否采纳证据的判断标准

接下来的问题在于在何种情况下承认"例外"，即采纳超过时限证据的标

---

[1] 有学者在考虑个案争议的基础上主张"以证据失权为原则，以不失权为例外"，这与本案二审法院的观点实质相同。参见殷勤《论行政诉讼中原告或第三人的举证延迟》，《人民司法》2019年第31期。

准问题。从二审法院的判断中可以发现两个判断基准。

第一，内容基准，也就是该证据本身对于认定事实、查明案情是否有实质性的作用。二审法院提出，不能只从形式上看该证据是何时提交的，还应当从内容上看采纳该证据是否有利于人民法院查明案情。当该证据是案件事实认定的重要核心证据时，可以倾向于采纳该证据，如果该证据对于查明案件作用不大时，可以排除该证据。具体到本案中，法院认为上诉人（原告）未在行政程序中提交而在诉讼程序中提交的4份证据均不足以采纳。

第二，责任基准，除对超过时限证据本身进行审查判断外，判断是否应当采纳超时证据还有另一基准，也就是原告在延迟举证中是否有归责可能性。申言之，当事人在行政执法中未提出而在行政诉讼中提出相关证据有正当理由时，可以倾向于承认该证据。相反，当事人因为故意或者过失等自己的责任造成未能及时提交证据时，可以倾向于排除该证据。本案中，二审法院认为，从4份证据的内容分析，这4份证据完全能在行政机关调查工伤情况时形成，松业石料厂当时如果持有这4份证据，完全有条件向行政机关提供。然而，原告（上诉人）在收到行政机关的《工伤认定协助调查通知书》后，仅给被告（被上诉人）送来一纸答辩书，没有随答辩书附来任何证据，所述理由也无法否定被告此前已经掌握的证据。因而，未能及时提供相关证据的责任在于原告自身，所以这4份证据不应被采纳。

（四）"突袭举证"的应对

最后需要注意的问题是，承认了例外情况下的延时证据的采纳是否会对行政机关造成"突袭举证"的困扰。关于这一点，《行政诉讼证据规定》第7条第1款规定，原告或者第三人应当在开庭审理前或者人民法院指定的交换证据之日提供证据。这一规定为《最高人民法院关于适用〈中华人民共和国行政诉讼法〉的解释》所吸收（第35条第1款）。另外，《行政诉讼法》（2017年）第36条第2款规定，原告或者第三人提出了其在行政处理程序中没有提出的理由或者证据的，经人民法院准许，被告可以补充证据。如此一来，通过事先提供证据和被告补充证据规则，行政机关在诉讼中也拥有一定的"反击手段"，可以避免承认原告延时提交证据造成的对行政机关的冲击。

综上，可将本案例要点归纳如下：（1）对于《行政诉讼证据规定》第59条（《最高人民法院关于适用〈中华人民共和国行政诉讼法〉的解释》第45条）的解释，应该采纳附条件肯定说；（2）能否作为例外采纳延时证据，应当考察相关证据对于认定事实、查明案情是否有实质性的作用，以及原告在延迟举证中是否有可归责性。

四、意义与展望

本案对行政机关在行政程序中依照法定程序要求原告提供证据，原告依法应当提供而拒不提供时，在诉讼程序中提供的证据能否采纳进行了判断。一审、二审分别代表了两种不同的观点。一审法院采用了全部否定说，二审法院则采用了附条件肯定说。而且通过对二审法院的判决理由进行分析，可以发现例外情况下采纳延时证据的理由和采纳延时证据的标准。2018年《最高人民法院关于适用〈中华人民共和国行政诉讼法〉的解释》第45条沿袭了之前《行政诉讼证据规定》第59条关于延时举证的规定，因此本案对今后同类案件的判断仍然具有指导意义。

18

证明责任规则下因"工作原因"致伤的工伤认定

铃王公司诉无锡市劳动局工伤认定决定行政纠纷案[①]

张怡静　华东政法大学法律学院

提要　《工伤保险条例》第14条第1项规定，职工在工作时间和工作场所内，因工作原因受到事故伤害的，应当认定为工伤。在铃王公司诉无锡市劳动局工伤认定决定行政纠纷案中，职工在工作时间和工作场所内受到事故伤害，但是否因工作原因致伤无法直接判定。无锡市劳动局在已有大量事实证据的情形下，在重新启动的工伤认定程序中根据需要未再进行调查核实，并根据法律规定要求用人单位承担否认工伤的举证责任。但用人单位无法证实职工不是由于从事与工作相关的事务而受伤，无锡市劳动局据此作出认定工伤的决定。对此，法院判定郭某军是由于从事与工作相关的事务而受伤，且从事与工作相关的事务也属于"工作原因"，因此无锡市劳动局作出认定工伤的行为合法。

一、案件事实与争议焦点

本案为一起江苏省无锡市中级人民法院二审案件，二审上诉人（一审原告）铃王（无锡）电器有限公司（以下简称铃王公司），二审被上诉人（一审被告）无锡市劳动和社会保障局（以下简称无锡市劳动局），第三人郭某军。

[①] 参见《最高人民法院公报》2007年第1期。

二审案件字号为（2006）锡行终字第4号。

第三人郭某军系铃王公司的技术科副科长，其在2000年2月14日于工作时间内在厂区跌倒致伤。2000年6月7日，铃王公司工会主席吴某去无锡市总工会法律援助中心进行了咨询。2001年10月30日，郭某军向新区仲裁委申请劳动争议仲裁。此后，共涉及三次工伤认定。

第一次工伤认定。2001年11月9日新区仲裁委委托无锡市劳动局进行工伤认定。2002年4月5日，无锡市劳动局作出锡劳社医〔2002〕17号《关于郭某军工伤认定的复函》，没有认定郭某军所受伤害为工伤。郭某军不服该认定，向无锡市人民政府申请复议。无锡市人民政府维持了〔2002〕17号工伤认定复函。郭某军不服，提起行政诉讼。无锡市南长区人民法院作出（2002）南行初字第13号行政判决，撤销了该复函，并判决无锡市劳动局重新作工伤认定。

第二次工伤认定。2003年1月22日，无锡市劳动局重新调查后，根据省工伤保险规定第7条、第8条作出锡劳社医〔2003〕1号《企业职工工伤认定书》，不认定郭某军所受伤害为工伤。郭某军仍不服，再次提起行政诉讼。无锡市南长区人民法院作出（2003）南行初字第8号行政判决，撤销了〔2003〕1号工伤认定书，并判决无锡市劳动局在判决生效后60日内重新作工伤认定。无锡市劳动局不服该一审判决，提起上诉。2005年2月22日，无锡市中级人民法院作出2号终审判决书维持原审判决。

第三次工伤认定。2005年3月8日，无锡市劳动局通过邮局向铃王公司发出289号《工伤认定举证通知书》，主要内容为：根据无锡市中级人民法院2号终审判决书和《工伤保险条例》第19条的规定，你单位需对郭某军的工伤申请承担举证责任。请你单位在收到通知书之日起15日内将不认为是工伤的理由及证据材料递交我局医疗保险处（书面材料需加盖单位公章）。逾期，我局将依据有关规定，依法作出工伤认定结论。铃王公司接到举证通知书后未在通知书指定的期限内举证，其在2005年4月11日递交了不认为郭某军是工伤的陈述及一些证据。因此，2005年4月30日，无锡市劳动局作出0491号工伤认定书，认定郭某军为工伤。

铃王公司不服无锡市劳动局作出的0491号工伤认定书，申请行政复议。2005年8月3日，无锡市人民政府复议维持了0491号工伤认定书。铃王公司仍不服，遂提起行政诉讼。无锡市南长区人民法院判决维持0491号工伤认定书。铃王公司遂向无锡市中级人民法院提出上诉。

本案的争议焦点为：（1）无锡市劳动局在已经掌握大量证据的情况下，在重新启动的工伤认定程序中根据需要未再经过调查核实，而是通过举证责任分配的方式作出第三次即0491号工伤认定书的行为是否合法；（2）职工在工作时间和工作场所内受伤，从事与工作相关的事务是否属于工伤认定中的"工作原因"。

二、法院的推理与逻辑

围绕上述争议焦点，本案的核心是判断郭某军所受伤害是否为工伤，进一步而言，郭某军是否是因为"工作原因"而受伤。郭某军在工作时间和工作场所内跌倒致伤，针对郭某军的受伤能否认定为工伤的问题，存在三次工伤认定的决定。本案的被诉行政行为是对郭某军作出的第三次工伤认定决定。这是一个新的行政行为，法院需要重新作出合法性审查，同时也应适用2003年《工伤保险条例》的规定进行审查。在判断郭某军所受伤害是否为工伤时，法院首先对被告无锡市劳动局依据《工伤保险条例》规定的举证责任得出"没有证据证明郭某军所受伤害不是因为从事与日常生产、工作相关的事务而跌伤"的结论予以认定，继而法院认为被告无锡市劳动局在已经掌握大量案件事实证据的情况下，在重新启动的工伤认定程序中，根据需要未再经过调查核实作出认定工伤的决定是正确的，其行为均未违反法律法规和法定程序。具体论证如下：

（一）作为被诉行政行为的"第三次工伤认定"

在本案中，一审法院根据2003年颁布的《工伤保险条例》第64条规定，在该条例实施前已受到事故伤害或者患职业病的职工尚未完成工伤认定的，按该条例的规定执行。郭某军受伤一事发生于2002年，且虽经过市劳动局的两次认定，但在该《工伤保险条例》（2003年）施行之日，郭某军没有取得发生法律效力的工伤认定决定，因此对其所受事故伤害仍未完成是否属于工伤的认定。2005年，根据无锡市中级人民法院的2号终审判决的内容，无锡市劳动局需要重新作出工伤认定。此时，无锡市劳动局按照《工伤保险条例》（2003年）规定的程序对郭某军是否属于工伤进行认定是正确的。

在此，虽然案件事实都是郭某军突然跌倒受伤这同一事实，以及确认该事实的证据也没有发生变化，但是第三次工伤认定行为的内容，也即本案中被诉具体行政行为的内容发生了改变，法院对此可以重新进行合法性审查并作出不同评价。在行政法上，禁止行政机关依据同一事实和理由作出相同的行政行为，也即禁止反复效力。在此，禁止的是重复内容相同的行政行为，而不是不同于原行政行为的行政行为。[①] 我国《行政诉讼法》第71条规定禁止"基本相同的行政行为"，较之禁止反复效力更为严格。但在本案中，被诉行政决定与前者完全不同，并未违反前述规定。因此，二审法院认为铃王公司以一审法院对同样事实、同样证据作出不同判决而认为一审判决错误的上诉理由不成立。

（二）无锡市劳动局未经调查核实而认定工伤是否违法

有关工伤认定中的调查核实程序，2003年《工伤保险条例》第19条第1款规定："劳动保障行政部门受理工伤认定申请后，根据审核需要可以对事故

[①] 参见王贵松《行政诉讼判决对行政机关的拘束力——以撤销判决为中心》，《清华法学》2017年第4期。

伤害进行调查核实……",以及2003年《工伤认定办法》第8条规定:"劳动保障行政部门受理工伤认定申请后,根据需要可以对提供的证据进行调查核实。"根据前述规定,劳动保障行政部门可以根据需要决定是否进行调查核实。因此,本案法院认为,调查核实不是工伤认定的必经程序。无锡市劳动局在已经掌握大量的证据及考虑需要的情况下,在重新启动的工伤认定程序中未再展开调查,而是根据法律规定要求用人单位承担否定工伤的举证责任。但用人单位无法证实职工不是由于从事与工作相关的事务而受伤,因此,无锡市劳动局作出认定郭某军所受伤害为工伤的决定。据此,法院认为无锡市劳动局未经调查核实径行通知铃王公司举证,并认定郭某军所受伤害是工伤的行为符合《工伤保险条例》的规定,未违反法律规定。

根据《工伤保险条例》以及《工伤认定办法》的规定,调查核实不是工伤认定的必经程序。本案中,无锡市劳动局在已经掌握大量的证据,且不存在必须进行调查核实的情况下,可以不经调查核实而作出工伤认定。但是在权利保护具有必要性,而发生裁量收缩的情形时,调查核实则应当成为必要的程序。

(三)是否因"工作原因"受伤从而构成工伤

郭某军的跌伤能否认定为工伤,主要依据为2003年《工伤保险条例》第14条第1项的规定:职工在工作时间和工作场所内,因工作原因受到事故伤害的,应当认定为工伤。工作时间、工作场所和工作原因是工伤认定的三要素,其中"工作原因"是认定工伤的核心要素。本案中,双方对郭某军的跌伤是发生在"工作时间和工作场所内"这一点上并无争议,争议的焦点主要集中于郭某军是否因"工作原因"而受伤。受伤职工郭某军认为自己是因为工作原因而跌伤,应当属于工伤,但职工单位铃王公司认为郭某军是在没有任何人指派其离开工作岗位从事其他事情时,擅自走到公司公告栏前突然摔倒致伤,其受伤不存在任何外力或者不安全因素的影响,因此郭某军的受伤不属于工伤。

在本案中，职工本人与用人单位有关该职工的受伤行为是否应认定为工伤的问题存在完全相反的主张。在此种情况下，根据2003年《工伤保险条例》第19条第2款的规定"职工或者其直系亲属认为是工伤，用人单位不认为是工伤的，由用人单位承担举证责任"，以及2003年《工伤认定办法》第14条的规定"职工或者其直系亲属认为是工伤，用人单位不认为是工伤的，由该用人单位承担举证责任。用人单位拒不举证的，劳动保障行政部门可以根据受伤害职工提供的证据依法作出工伤认定结论"，可知，铃王公司应当承担郭某军受伤不属于工伤的举证责任。因此，在第三次工伤认定中，无锡市劳动局按照法律法规规定的程序，向铃王公司发出了《工伤认定举证通知书》，明确告知了铃王公司在工伤认定举证中的义务以及不履行该义务的法律后果。

但是，铃王公司不仅未在举证通知书规定的举证期限内提交证据，而且提供的证据也不能证明郭某军不是因为履行工作职责而受伤。在此，劳动保障行政部门可以根据受伤害职工提供的证据依法作出工伤认定的结论。对此，无锡市劳动局对郭某军提供的主要证人都进行过调查，无锡市总工会记录工会主席吴某陈述的事实内容，与郭某军在被上诉人无锡市劳动局向其调查时陈述的事实基本一致。综合考虑后，法院认为应当将其陈述确认为证据。因此，无锡市劳动局认定郭某军的受伤属于工伤符合《工伤保险条例》的规定。

三、学理归纳

工伤认定的核心内容在于对"工作原因"的判定。针对疑难案件，"工作原因"的判定并非一目了然。在本案中，双方当事人对认定工伤中的"在工作时间"和"工作场所内"两个要素并无争议。有关"工作原因"的判定，法院在通过调查已经取得大量证据的情况下，在重新启动的工伤认定程序中未再进行调查，而是直接根据《工伤保险条例》规定的举证责任要求铃王公司举证，并以此来判断郭某军是否是因"工作原因"而受伤，进而认定郭某军的受伤是否属于工伤。

（一）工伤认定实质要件之"工作原因"的判断

根据2010年修订的《工伤保险条例》有关工伤认定的情形，主要规定于条例第14条和第15条。对于"工作原因"的描述包括"工作原因""从事与工作有关的预备性或者收尾性工作""履行工作职责""职业病"等。由此可以看出，作为工伤认定核心要素的"工作原因"，并不只是履行本职工作，也应当包括职工因从事与日常生产、工作相关的事务而受伤。该条例第15条规定的是视同工伤的情形，例如"抢险救灾"等维护国家利益、公共利益的行为，这进一步延伸了"工作原因"的内涵。抢险救灾等行为在法律上是属于人民警察等特定人员的职责，但是作为公民，履行抢险救灾等职责，应当赋予其享受工伤的权利，在此可以将抢险救灾等当作广义上的工作原因来理解。

"工作原因"的判断会涉及因果关系是否成立的判断。2010年修订的《工伤保险条例》第16条规定，职工虽然符合工伤认定或者视同工伤认定的情形，但若存在以下三种情形则不得认定为工伤或者视同工伤，具体包括故意犯罪的、醉酒或者吸毒的、自残或者自杀的。相比2003年《工伤保险条例》规定的三种情形——因犯罪或者违反治安管理伤亡的、醉酒导致伤亡的、自残或者自杀等情形，可以发现，修订后的《工伤保险条例》有关"工作原因"因果关系成立的判定更为宽泛，也即因果关系的成立包括职工的过失行为。有关因果关系和过错责任的关系，有学者进一步指出，工伤认定中因果关系的判断应当是周延而完整的，在对因果关系的判断中应当考虑职工过错，只有在职工过错未改变工作行为的性质时，才可认定为工伤。[①]

实践中，是否是"工作原因"的判断具有复杂性，劳动者除履行一般的本职工作外，还从事着大量界限不明的工作任务。法律的规定无法穷尽各种

---

① 参见侯玲玲《工伤排除规则重构：从过错到因果》，《中国法学》2019年第5期。

具体情形，结合《工伤保险条例》的立法目的，最大限度地保障劳动者的合法权益，工伤认定的标准和范围不宜过窄。但对工作原因的理解也不能过于宽泛，在认定是否是工作原因时，应当在《工伤保险条例》的规定下，结合法律解释方法或是证明责任规则进行确定。

在本案中，法院查明，无锡市总工会对吴某陈述事实所作的咨询记录具有真实性，应当确认为证据。吴某的陈述内容为："上午上班后，他（郭某军）帮助维修班的员工排线时，不慎把左手手指划了一道口子，他见伤口流血就到办公室向别人要了创可贴，走出办公室不多远，在无任何人碰撞他的情况下，不知什么原因，突然自己跌倒。"从该陈述证据可以得知，郭某军的受伤与其工作具有紧密联系，是正常的工作需要与流程。从这一层面而言，郭某军致伤的行为应当包含于完整的工作链当中，属于与工作相关的一系列动作，而非出于个人原因从而脱离出工作的行为。在对"工作原因"进行判断时，不能割裂职工在正常工作中进行的行为，不能简单以不是进行工作所要求的内容而否认"工作原因"的判定。《劳动法》第3条规定劳动者享有"获得劳动安全卫生保护的权利"，因为劳动者在工作中的很多行为，比如在工作中就餐、上厕所等，这些行为虽然不是直接的工作内容，但是属于人的必要的、合理的生理需求。因此，这些行为与劳动者的正常工作密不可分，职工在此过程中发生事故而受伤，也应当认定为工伤。对此，最高人民法院2014年通过的《最高人民法院关于审理工伤保险行政案件若干问题的规定》（以下简称《若干问题的规定》）第4条第4项规定了"其他与履行工作职责相关，在工作时间及合理区域内受到伤害的"，目前而言，对前述工作原因的判定可以该条款作为解释的路径。

（二）工伤认定程序要件之证明责任规则

根据《工伤保险条例》（2003年）第19条第2款的规定，职工或者其近亲属认为是工伤，用人单位不认为是工伤的，由用人单位承担举证责任。同时《工伤认定办法》（2003年）第17条进一步规定，用人单位拒不举证的，劳动保障行政部门可以根据受伤害职工提供的证据依法作出工伤认定结论。在本案中，法院实际上是通过举证责任的分配来确定郭某军的受伤是否是因工作原因。

在工伤认定中，职工处于相对弱势位置，合理强化用人单位的举证责任尤其必要，法院在审查工伤认定行为时，在尊重行政机关专业判断的基础上，同时要注重被诉行政行为的实质内容和程序内容，加强综合判断。目前，《若干问题的规定》第4条第1项已经明确规定"职工在工作时间和工作场所内受到伤害，用人单位或者社会保险行政部门没有证据证明是非工作原因导致的"，认定为工伤。2015年江苏省发布的《江苏省实施〈工伤保险条例〉办法》明确了除职工或其直系亲属提供的证据外，还可采纳工会组织或其他部门提供的证据，以及社保行政部门调查核实取得的证据。[①] 如此规定，更有利于事实的认定，不仅能更好地保障职工的合法权益，也能维护工伤认定的合法、公正，符合《工伤保险条例》的立法精神。

其次，《行政诉讼法》（2017年）第34条规定："被告对作出的行政行为负有举证责任，应当提供作出该行政行为的证据和所依据的规范性文件。"这一规定与《工伤保险条例》的举证规则构成了工伤认定的双重举证责任倒置。因为在工伤认定的案件中，用人单位和职工都有可能作为原告，作为被告的行政机关也并不总是站在职工一方，认定工伤成立。因此现行《工伤认定办法》规定："用人单位拒不举证的，社会保险行政部门可以根据受伤害职工提供的证据或者调查取得的证据，依法作出工伤认定决定。"较之2003年的《工伤认定办法》增加了"调查取得的证据"的内容，这将更有利于保障劳动者

[①]《江苏省实施〈工伤保险条例〉办法》（2015年）第15条：……用人单位举证。用人单位无正当理由在规定时限内不提供证据的，社会保险行政部门可以根据职工或者其近亲属、工会组织以及相关部门提供的证据，或者调查核实取得的证据，依法作出工伤认定决定。2005年发布的《江苏省实施〈工伤保险条例〉办法》规定，在用人单位拒不提供相关证据时，劳动保障行政部门可以根据职工或者其直系亲属提供的证据依法作出工伤认定结论。现有规定更符合《工伤保险条例》的立法精神。

的合法权益，有助于实现《工伤保险条例》的立法目的。

因此，对于"工作原因"的举证，根据现行《工伤保险条例》第 18 条及《工伤认定办法》第 6 条规定的内容，工伤认定是依申请的行政行为，在工伤认定的受理阶段，申请人应当承担其申请符合法定条件的举证责任。用人单位处于相对优势的地位，收集证据等较之劳动者更为方便、快捷，因此，法律规定用人单位应承担否定工伤的举证责任，拒不举证的，有可能承担于己不利的法律后果。而社会保险行政部门应承担调查核实的责任，在工伤认定中更好地维护劳动者和用人单位的合法权益。在工伤认定的行政诉讼中，社会保险行政部门则承担工伤认定行为合法性的举证责任。

证明责任规则与认定工伤与否相关联，直接影响行政诉讼的裁定。[①] 法院首先要确定案件的事实内容，在根据已有证据能够通过法律解释方法认定工伤时，直接作出判定。若案件事实仍处于真伪不明状态，法院此时需要通过举证责任的分配规则作出裁判，也即承担举证责任一方所提供的证据不能证实案件事实的真伪时，应当承担败诉的不利后果。这不仅需要厘清各方承担的举证责任，进而探讨如何分配举证责任及其承担的不利后果等问题，而且其中还牵涉行政程序证明责任和行政诉讼证明责任之间交缠与衔接的问题。证明责任规则的适用对于认定工伤，尤其是判断工作原因具有重要意义。

四、遗留问题与展望

作为最高人民法院发布的公报案例，铃王公司案清晰展现了工伤认定中"工作原因"的判断、调查核实程序的运用、举证责任的分配等内容。工伤认定具有复杂性，尤其是对作为判断工伤的核心要素"工作原因"的认定，需要充分考量事实认定、程序规则、法律适用等因素。在 2014 年最高人民法院

---

① 参见王东伟《论工伤认定行政诉讼案件中的举证责任》，《证据科学》2016 年第 1 期。

发布的第 40 号指导性案例孙某兴诉天津新技术产业园区劳动人事局工伤认定案中，法院认为因"工作原因"是指职工受伤与其从事本职工作存在关联关系，且职工主观上的过失不能作为认定工伤的排除条件，工伤保险施行"无过失补偿"的基本原则。可见，最高人民法院对"工作原因"的判断也较为宽松，有助于维护劳动者的合法权益。有关能否以劳动者的过错责任替代因果关系的判断，以及行政程序证明责任和行政诉讼证明责任之间的交缠与衔接问题等，则将留待后续研究。

19

行政诉讼原告举证责任
苏某诉厦门市同安区民政局、同安区街道办事处、凤山居委会低保待遇给付案[①]

李　方　浙江大学光华法学院

> **提要**　行政诉讼区别于民事诉讼的一个显著特点在于原、被告恒定，且作为被告的行政主体对于涉诉的具体行政行为的合法性负举证责任。但是，行政机关负主要的举证责任并不当然免除行政管理相对人的举证责任。在起诉行政机关行政不作为的案件中，行政管理相对人对于特定事项也要负相应的举证责任。

一、案件事实与争议焦点

本案取自最高人民法院中国应用法学研究所编写的《人民法院案例选》2013 年第 1 辑，是一起由福建省厦门市中级人民法院于 2011 年审理的二审行政案件[②]，原告（上诉人）苏某，被告（被上诉人）厦门市同安区民政局、大同街道办事处以及凤山居委会。

原告苏某系智力残疾人，残疾等级为 4 级，苏某生系苏某的父亲。苏某的家庭户住址为厦门市同安区大同街道，该家庭户成员为苏某生和苏某，户

[①] 一审裁判文书为福建省厦门市同安区人民法院（2011）同行初字第 2 号行政判决书，二审裁判文书为福建省厦门市中级人民法院（2011）厦行终字第 28 号行政判决书。

[②] 本案二审法院作出裁判后，苏某不服并申请再审，又经福建省厦门市中级人民法院驳回 [见福建省厦门市中级人民法院（2014）厦行监字第 13 号驳回再审申请通知书]。由于无法获取本案二审法院判决书全文，故下文对法院裁判思路分析主要以《人民法院案例选》中所载判决书文本为准。

主为苏某生。原告于2008年7月开始领取残疾人低保费,2010年1月间,被告凤山居委会取消原告苏某的低保资格。2010年7月,被告厦门市同安区民政局决定对原告苏某停止发放最低生活保障费。被告大同街道办事处向苏某发放2009年度、2010年度春节慰问金以及2009年度最低生活保障一次性补贴。庭审中,被告厦门市同安区民政局确认其系根据2005年的文件向苏某发放低保金,根据厦府办(2010)8号文件的规定,因4级智力残疾不属于低保金发放对象,故决定2010年7月停止向原告发放最低生活保障费。原告诉求判令被告大同街道办事处和凤山居委会赔偿在残疾人换发新证期间,因故意刁难原告而造成的原告及监护人的误工损失费和交通费300元,但原告未提供相应证据证明在原告残疾人换发新证期间,被告大同街道办事处和凤山居委会有故意刁难的情形,亦未提供相应证据证明其有因被告的刁难而支出误工损失费和交通费的事实。

本案中,原告提出了5项诉讼请求,具体是:(1)被告作出的停发苏某低保金的决定违反相关规定;(2)被告刁难原告申请换发新证,应予赔偿;(3)被告应就其对原告造成的损失进行赔偿;(4)被告对原告进行报复性歧视,对原告造成精神损害,应予赔偿;(5)审查被告作出停发决定所依据的规范性文件的合法性。法院裁判也围绕原告的上述诉讼请求展开。

本案的主要争议焦点为:被告停发低保金行政决定是否违法,被告是否应就相关行为进行赔偿。

二、法院的推理和逻辑

(一)判定本案适格被告

《行政诉讼法》(2017年)中与被告相关的条款在第49条、第26条有体现,原告提起诉讼应有明确被告,"公民、法人或者其他组织直接向人民法院提起诉讼的，作出行政行为的行政机关是被告"。第49条规定原告的起诉条件，以提出"明确"的被告为行政审判的开始，第26条规定法院的实体裁判要件，以"正确"的被告为具体案件中的适格被告。原告提出的被告并不一定是本案的适格被告，适格被告还需法院审判确定。从第26条规定可知，在人民政府行政机关作出行政行为时，作出行政行为的行政机关是被告。其中，作出行政行为又可分为行政作为与不作为，在行政作为中，行政机关已经作出行政行为，则以实际作出行政行为的行政机关为适格被告，所谓"谁行为，谁被告"的认定规则；在行政不作为中，则以应当作出行政行为的行政机关为被告，可谓"谁负责，谁被告"。[①] 此外，如果是社会组织执行行政任务，则应依据《行政诉讼法》(2017年)第2条第2款、第26条第5款的规定来判定适格被告："前款所称行政行为，包括法律、法规、规章授权的组织作出的行政行为"，"行政机关委托的组织所作的行政行为，委托的行政机关是被告"。据此，社会组织如依法律、法规授权执行行政任务，则以该组织为被告，如依委托执行行政任务，委托的行政机关是被告。

本案中，原告在起诉书中提出了三个被告，分别是同安区民政局、大同街道办事处以及凤山居委会。其中，同安区民政局、大同街道办事处属于人民政府。凤山居委会的法律性质为基层群众性自治组织。法律依据为《中华人民共和国城市居民委员会组织法》(2018年修正)第2条：居民委员会是居民自我管理、自我教育、自我服务的基层群众性自治组织。根据前述《行政诉讼法》判定被告的相关规定，对于同安区民政局与大同街道办事处的被告资格认定，应以"作出行政行为"为标准，对于凤山居委会的被告资格认定，则应审查其权力来源，是依据法律法规的授权，还是行政机关的委托。

本案中，法院依据《厦门市最低生活保障办法》第4条判定适格被告。该办法第4条规定：最低生活保障工作实行各级人民政府负责制。市民政部门负责本行政区域内最低生活保障工作的组织和实施。各区民政部门以及镇

[①] 章剑生：《现代行政法基本理论》，法律出版社2013年版，第362页。

人民政府和街道办事处具体负责辖区内最低生活保障的管理工作。……居民委员会和村民委员会根据区民政部门以及镇人民政府、街道办事处的委托，承担最低生活保障的日常管理、服务工作。据此，法院认为，大同街道辖区内最低生活保障的管理工作，由厦门市同安区民政局和大同街道办事处具体负责，是本案的适格被告；凤山居委会则是根据区民政部门以及镇人民政府、街道办事处的委托，承担最低生活保障的日常管理、服务工作，不是本案的适格被告。据此，法院判断适格被告的方式为"谁负责，谁被告"，基于委托承担工作的社会组织不是本案的适格被告。此判断体现出行政诉讼应当以谁为被告，不仅是名义的问题，还是权责分配的问题。[①] 基于行政委托执行行政任务的社会组织，其权力转移而责任仍保留于委托的行政机关，所以仍以委托行政机关为适格被告。

（二）认定案件事实

在认定本案适格被告后，法院对停发行政决定合法性进行审查。法院首先认定案件事实，这涉及审查当事人提供的证据，分配举证责任。根据《行政诉讼法》（2017年）第34条、第38条的规定，被告对作出的行政行为负有举证责任；在起诉被告不履行法定职责的案件中，原告应当提供其向被告提出申请的证据；在行政赔偿、补偿的案件中，原告应当对行政行为造成的损害提供证据。

本案中，被告同安区民政局提供相关证据，证明其停发低保金行政决定事实清楚、程序合法、适用法律正确。具体包含两项依据与事实：第一，对于停发决定，被告同安区民政局依据《厦门市最低生活保障工作实施意见》第3点第2条规定，经调取苏某原申请低保的相关材料，证实苏某为智力4级残疾人，非完全丧失劳动能力病残人员，因此不符合低保条件；第二，对于换发新证，被告同安区民政局依据《厦门市最低生活保障办法》第12条、

[①] 何海波：《行政诉讼法》，法律出版社2016年版，第205页。

第 19 条规定（规定内容为：低保保障对象为居民的，享受低保待遇期限为 6 个月，申请低保待遇由户主向户籍所在地居民委员会或者村民委员会提出书面申请），是经调查，苏某在 2010 年下半年低保申请中，未向居委会提交具体书面申请材料，被告同安区民政局从 2010 年 7 月起停发苏某的低保金。

对于原告的举证责任，法院依据《厦门市最低生活保障办法》第 12 条、第 19 条，认为最低生活保障待遇系依申请而为的行政行为，原告申请最低生活保障待遇，应由户主即苏某生向凤山居委会提出书面申请。申请时，户主苏某生应当提供家庭成员户口簿、身份证、家庭收入等证件和材料，证明其提出的申请符合申请条件。在享受的最低生活保障待遇期限届满之后，仍需获得最低生活保障的，应当在期限届满前 30 日内重新申请。而原告未能证明提出有效申请，导致原告诉求缺乏事实依据，法院不予支持。

本案中，原告还提出了赔偿请求，要求大同街道办事处和凤山居委会赔偿在残疾人换发新证期间，因故意刁难原告而造成的原告及监护人的误工损失费和交通费 300 元，以及刁难对原告造成的精神损失。对于赔偿请求，依据《行政诉讼法》（2017 年）第 38 条第 2 款的规定，在行政赔偿案件中，原告应对行政行为造成的损害提供证据。本案中，对于赔偿误工费、交通费的请求，法院认为原告需要证明被告大同街道办事处和凤山居委会有故意刁难的情形以及因被告的刁难而支出误工损失费和交通费的事实。据此，法院判定原告需要证明的事项包括以下三点。第一，证明致害原因事实。致害主体为具体执行低保工作的行政机关，也包括被委托组织，主观上要有"故意"，客观上要有刁难的事实。第二，证明受到损害的事实。原告需要证明其支出误工损失费、交通费的事实。第三，证明致害原因与损害之间存在因果关系。上述损害的发生，应是因被告的刁难而引起的。就原告提出被告赔偿 20 万元精神损害费的诉讼请求，法院判定缺乏事实和法律依据，不予支持。

（三）审查行政决定是否具有法律依据

本案中，原告还提出对《厦门市最低生活保障工作实施意见》进行审查。本案于 2011 年 6 月 16 日审结，规范性文件附带审查制度于 2015 年《行政诉讼法》修订后建立，法院裁判时，规范性文件的合法性不属于法院的审查范围，法院不予审查。对于行政行为是否具有法律依据，经法院审查，《厦门市最低生活保障工作实施意见》第 3 点第 2 条规定，4 级智力残疾不属于低保金发放对象。因此，被告厦门市同安区民政局于 2010 年 7 月间对苏某停止发放最低生活保障费的决定，符合《厦门市最低生活保障工作实施意见》的相关规定。停发决定具有法律依据。

据此，法院作出最终裁判，判定停发行政决定合法，原告的赔偿请求缺乏事实依据，且与被告作出的向苏某停止发放最低生活保障费的决定缺乏直接相关性，不予支持。福建省厦门市同安区人民法院于 2011 年 3 月 29 日作出（2011）同行初字第 2 号判决：驳回原告苏某的诉讼请求。福建省厦门市中级人民法院于 2011 年 6 月 16 日作出（2011）厦行终字第 28 号判决：驳回上诉，维持原判。

三、学理归纳

本案审理于 2011 年，裁判适用的是 1989 年颁布的《行政诉讼法》，仅在第 32 条规定了被告的举证责任，并未有原告举证责任的直接规定。该法第 41 条第 3 项规定原告起诉应"有具体的诉讼请求和事实根据"，可以认为是对原告提供证据的要求。本案中出现的依申请行政行为、赔偿之诉中原告的举证责任的问题，以及法院的判断，对推进原告举证责任发展具有一定意义。最高人民法院中国应用法学研究所在《人民法院案例选》中，将本案裁判要旨归纳为："在起诉行政不作为时，原告对特定事项承担相应举证责任。"那么，如何通过本案法院的审查思路，理解裁判要旨中的"行政不作为""原告对特定事项""承担相应举证责任"呢？

（一）何为"行政不作为"

《行政诉讼法》（1989年）中并未出现"行政不作为"的字样，该法仅在有关条文中规定了某些不作为的具体表现形态。[①] 1999年，最高人民法院发布《最高人民法院关于执行〈中华人民共和国行政诉讼法〉若干问题的解释》（以下简称《若干解释》）首次将不作为以一个法律术语的形式予以规定。[②] 在行政法学术史上，最早提及"行政不作为"的行政法教科书是张焕光、胡建淼1989年合著的《行政法学原理》。[③] 1993年，罗豪才主编的《中国司法审查制度》中，专章对行政不作为的司法审查进行了讨论。[④]《若干解释》颁布后，如何解释"行政不作为"的概念与构成要件，学界进行了更深入的探讨。有学者认为，"行政不作为"是指行政主体负有作为的法定义务，并且具有作为的可能性而在程序上逾期有所不为的行为，其包括作为义务的存在、作为可能性、程序上逾期不为三个构成要件。[⑤] 该观点对行政不作为的界定更多地是从程序的角度，可称之为"程序说"。[⑥] 随着理论发展，有学者基于积极行政背景下的服务行政理念，认为必须重视行政机关在实体上是否达成行政目的，提出"形式作为而实质不作为"，是指行政主体虽然启

[①] 按《行政诉讼法》（1989年）第11条规定，"行政不作为"具体表现为不履行依法办理许可证和执照的法定职责；不履行保护人身权、财产权法定职责的；不履行依法发给抚恤金法定职责。第54条第3项规定：被告不履行或者拖延履行法定职责的，判决其在一定期限内履行。

[②] 该解释第22条规定：复议机关在法定期间内不作复议决定，当事人对原具体行政行为不服提起诉讼的，应当以作出原具体行政行为的行政机关为被告。第27条规定：原告对此承担证责任在起诉被告不作为的案件中，证明其提出申请的事实。第50条规定：原告起诉被告不作为，在诉讼中被告作出具体行政行为，原告不撤诉的，参照上述规定处理。第56条规定：有此情形的，人民法院应当判决驳回原告的诉讼请求——起诉被告不作为理由不能成立的。

[③] 张焕光、胡建淼：《行政法学原理》，劳动人事出版社1989年版，第228页。

[④] 罗豪才主编《中国司法审查制度》，北京大学出版社1993年版，第168页。

[⑤] 周佑勇：《行政不作为构成要件的展开》，《中国法学》2001年第5期。

[⑥] 例如，行政机关审查行政许可申请后，作出的拒绝申请的行为是否为"行政不作为"呢？"形式说"持否定意见，理由在于：作为与不作为应从行为的外在表现形式和存在状态来认定，程序上已表现出积极作为，则应为行政作为，而不论其实体内容。参见周佑勇《行政不作为构成要件的展开》，《中国法学》2001年第5期。

动了行政程序但是并未实质性地履行法定义务的行为；重点在于行政主体在实质上并没有达成法定的目标，且此种未达成是在行政主体具有达成可能性而由于其主观原因所造成的。①近年来，基于行政机关提供服务的不同方式，实质不作为还表现出行政主体自身不完全履职、负有职责的行政主体交由第三方行政主体履职、行政主体未及时履职、行政主体未有效履职以及行政主体未尽合理监管职责的形态。②司法实务中的行政不作为并未拘泥于上述学理描述的范围。有学者考查公报案例中的对行政不作为的司法裁判发现，法院受理的依职权型行政不作为案件已经大大超越了《行政诉讼法》规定的"保护人身权、财产权"的狭小范围，申请工商机关查处违法医疗广告或不正当竞争、申请科技局组织科技成果鉴定、申请镇政府撤销虚假婚姻登记、申请财政局等行政机关甄别企业性质等新型案件不断涌出，反映出法院在行政不作为案件审理上的能动主义立场。③据此，行政不作为的内涵是不确定的，在不同语境下具有不同含义。在行政诉讼审判的语境下，行政不作为的内涵呈现扩大趋势。④

回到本案中，依据《行政诉讼法》（1989年）第11条第1款第4项、第5项，可将行政不作为分为依申请型行政不作为以及依职权型行政不作为。本案中，法院依据《厦门市最低生活保障规定》，认为最低生活保障待遇系依申请而为的行政行为，符合依申请型行政不作为的情形。在该情形下，行政行为的触发是基于行政相对人提出的申请，申请是行政行为作出的前提，法院需要审查行政相对人是否提出了有效申请。本案中的依申请型行政不作为，

---

① 黄学贤：《形式作为而实质不作为行政行为探讨——行政不作为的新视角》，《中国法学》2009年第5期。
② 郑琳：《论行政形式作为下的实质不作为——基于实证的分析》，《公法研究》2020年第1期。
③ 章志远：《司法判决中的行政不作为》，《法学研究》2010年第5期。
④ 以"行政不作为"为关键词从中国裁判文书网检索出自2014年至2015年的判决书。大略范围：国家赔偿不作为、行政处罚不作为、行政登记、行政复议、行政给付等。其中，行政监管不作为约占所有案件的五分之一。参见李云霖、晏赛舟《行政不作为诉讼应对之实证研究》，《江苏行政学院学报》2016年第2期。

提出有效申请是原告举证责任的情形。

（二）原告举证责任的范围

在依申请行政行为中，原告应对提出申请承担举证责任。该举证责任所包含的事项是指证明提出申请的事实，还是证明申请合法有效？

本案审理时，《行政诉讼法》（1989年）虽未直接规定原告的举证责任，《若干解释》第27条以及《最高人民法院关于行政诉讼证据若干问题的规定》（以下简称《证据规定》）第4条对此作出规定，分别为："原告应证明其提出申请的事实"，"原告提供证据材料"。就文义解释来看，"证明事实"与"提供证据材料"对原告证明责任的要求不同。《行政诉讼法》（2017年）第33条规定，证据经法庭审查属实，才能作为认定案件事实的根据。而证据材料并未出现在《行政诉讼法》（2017年）文本中[1]。学者认为，证据材料是法庭在听取当事人的质证后作出审核认定之前的各种可能与案件事实有关的证据形式。[2]《证据规定》仅要求原告提供相应证据材料，与证明事实相比，对原告举证责任范围的规定是缩小的。据此，有学者提出，《证据规定》是将原告提出证据不再看作举证责任，而是一种举证行为。[3] 司法实务界有不同看法，认为两者只是字眼不同，内涵并无差别，均要求原告负举证责任。[4] 但是与《行政诉讼法》（2017年）规定的被告"举证责任"相比，原告承担的责任较轻。《证据规定》所规定的原告的举证责任，是指原告在特定的情况下应履行一定的证明责任，与被告负举证责任是有区别的。[5] 此判断背景为实务界大多认为就原告履行证明责任的

---

[1]《行政诉讼法》（2017年）第59条第1款第2项规定"伪造、隐藏、毁灭证据或者提供虚假证明材料"，与证据材料有所不同。

[2] 章剑生：《现代行政法总论》，法律出版社2019年版，第440页。

[3] 张树义主编《〈最高人民法院关于行政诉讼证据若干问题的规定〉释评》，中国法制出版社2002年版，第41—42页。

[4] 甘文：《规范和理论的缺失与发展——关于行政诉讼原告举证责任的几个问题》，《法律适用》2005年第8期。

[5] 李国光、最高人民法院行政审判庭主编《〈最高人民法院关于行政诉讼证据若干问题的规定〉释义与适用》，人民法院出版社2002年版，第19页。

范围，应从严掌握，不宜随意扩大原告举证责任的范围。①

从《若干解释》来看，依申请行政行为中，原告举证责任范围是"提出申请的事实"，而非对该申请合法有效承担举证责任。此基于举证责任分配基本原则为当事人就其主张的对自己有利的事实，承担举证责任，②以及申请相关事实之证据由原告自己形成，原告更接近相关证据，便于举证。③同时，原告对提出申请的举证责任应限于证明其已提出申请，而非包含申请合法有效。原告应证明曾经提出过申请且要证明提出的申请是符合法律规定的行政机关受理的条件，此观点乃是扩大了原告的举证责任的范围。④原告的申请是否符合法律规定的受理条件，应当由被告承担举证责任，即由被告证明原告的申请不符合法律规定的受理条件。⑤

本案中，法院认为，在依申请行政行为中，原告应证明以下事项：申请提出人上，应由户主苏某生向凤山居委会申请；申请应符合书面申请形式；申请时，户主苏某生应当提供家庭成员户口簿、身份证、家庭收入等证件和材料，以证明其符合申请条件。即原告应证明其提供符合规定的材料，原告应当在期限届满前30日内重新申请。法院要求原告证明申请主体、申请形式、申请提供的材料、申请期限符合相关规定。换言之，法院判断原告应就该申请符合法定条件负举证责任，参考前述观点，本案中，法院此判断有扩大原告的举证责任范围的可能。

---

① 李国光、最高人民法院行政审判庭主编《〈最高人民法院关于行政诉讼证据若干问题的规定〉释义与适用》，人民法院出版社2002年版，第20页。

② 陈敏：《行政法总论》，台湾新学林出版股份有限公司2013年版，第1507页。

③ 例如，有观点认为，在起诉被告不作为的案件中，证明其提出申请的事实。在起诉行政机关不作为之前，原告应当曾经向被告提出过申请，对于这一事实因相关证据都是由原告自己形成的，如"申请书""寄送凭证"等，所以，由原告承担举证责任更为合理、可行。若原告提出的证据能够证明"申请书"已经到达了行政机关，则他与行政机关在行政法上的权利义务关系即告成立，行政机关就负有针对行政相对人的申请作出决定的义务。章剑生：《现代行政法总论》，法律出版社2019年版，第454页。

④ 甘文：《规范和理论的缺失与发展——关于行政诉讼原告举证责任的几个问题》，《法律适用》2005年第8期。

⑤ 甘文：《行政诉讼法司法解释之评论——理由、观点与问题》，中国法制出版社2000年版，第90—91页。

2014年《行政诉讼法》修订，第38条规定"在起诉被告不履行法定职责的案件中，原告应当提供其向被告提出申请的证据"，延续了前述《若干解释》与《证据规定》中以提出申请为原告举证责任范围的做法。司法实践中，有地方法院延续苏某案扩大原告举证责任的做法。例如，在陈某荣与盐城市大丰区民政局案中，江苏省高院认为："从陈某荣的诉讼请求看，实质上是请求大丰区民政局为其办理最低生活保障。但陈某荣并未提供证据证明曾向户籍所在地乡镇人民政府（街道办事处）提出书面申请。故原审法院依据上述法律规定裁定驳回陈某荣的起诉正确。"[①]本案中，法院重点在于审查原告的申请是否符合"书面"的要式申请条件，体现了与苏某案类似的审查逻辑。其实，举证责任问题极为重要，不仅是程序法的问题，也是实体法的问题。举证责任是由实体法预先设定的，既不取决于当事人或者法院的意志，也不取决于是谁提起的诉讼，是确定不移的负担。[②] 举证责任的内涵理应遵守实体法目的。就本案而言，对于原告举证责任范围的判定，应结合《城市居民最低生活保障条例》规范的立法目的来判断。

（三）原告的证明标准

证明范围是指证明的事项，证明标准涉及证明应达到何种程度，才能使法院产生确信。"证明标准"又称"证明程度"，是证明活动能否使法官对所证明事实产生确信的抽象标准，是法官认为某一事实已经得到证明的前提要件，涉及法律的评价，应就法律安定等作出普遍抽象的决定，可将证明标准分为可能性、普通盖然性、优势盖然性、高度盖然性、确实性四类。[③] 原则上，证明程度应使法官确信事实为真实，不可随意降低。如果将证明实体法上请求权之要件事实，所必需之证明程度降低，则意味着扩大请求权基础，使得有关实体法规定的法律效果以证据法为判断基础，可能实质上变相变更实体

---

① 江苏省高级人民法院（2020）苏行申2419号行政裁定书。
② 吕立秋：《行政诉讼举证责任》，中国政法大学出版社2001年版，第14页。
③ 陈敏：《行政法总论》，台湾新学林出版股份有限公司2013年版，第1503页。

法规定，进而违反依法行政原则。因此，采取原则的证明程度理论，以此确认及实现实体法上权利，较能维护实体的正义。①

实际审判中，证明程度并不固定。就行政诉讼而言，行政机关对相对人作出不利行政行为，基于保障相对人权益的考虑，对于限制行政相对人自由权利等不利行政行为中，要求行政机关对于该行为的法定要件事实证明程度应达到维持真实确信的标准。但在行政相对人请求行政机关作出给付时，对于行政相对人证明给付请求权相关要件事实的证明程度，或许可以考虑降低证明程度以免误判。②本案中，苏某所提出便符合上述给付请求权之证明程度，为了保护生存权利，降低其对提出申请的证明程度可能较为妥当。司法实践中，法院对原告举证责任证明程度要求较高，在以邮寄方式提出申请的案件中表现得较为突出。例如，在王某洋诉郑州市金水区人民政府申请案中，二审法院认为原告对其主张仅提交"国内挂号信函收据"证据，但挂号信函不设有签收功能，不具备规范的送达形式，该证据仅能证明有邮寄行为，即不能显示信函文件及其内容，也不能显示是否送达金水区政府办公区域，致使不能认定或推定金水区政府对该邮件有接收或拒收的行为。因此，原告不能证明曾提出申请的事实。③类似地，在胥某成诉九台区物价局、九台区荣祥供热有限公司行政申请案中，再审法院认为挂号信函收据只能证明原告向被告邮寄了信件，但不能证明信件的内容是申请书，也不能证明被告收到了申请书。④

四、遗留问题与展望

行政诉讼区别于民事诉讼的一个显著特点在于原、被告恒定，且作为被告的行政主体对于涉诉的具体行政行为的合法性负举证责任。但是，在起诉

---

① 陈清秀：《行政诉讼法》，法律出版社 2016 年版，第 534—535 页。
② 陈清秀：《行政诉讼法》，法律出版社 2016 年版，第 537—538 页。
③ 河南省高级人民法院（2015）豫法行终字第 00711 号行政判决书。
④ 吉林省高级人民法院（2017）吉行申 834 号行政裁定书。

行政机关行政不作为案件中，行政管理相对人对于其已提出申请的事项负有举证责任。在依申请行政行为中，原告应就其提出申请承担举证责任。但是，就原告举证责任的范围与程度，还存在讨论余地。

此外，本案还涉及行政委托中的被告资格问题。行政委托中，受托主体之所以无法独立承担责任，是基于职权法定原则，只有立法才能分配职权，行政机关不能分配职权。行政委托是基于行政机关作出的行政行为，社会组织不能因为行政委托行为而成为独立法定主体，不能因此获得行政主体的地位，亦无法承担责任。① 但是，基于公权力行使，是否应对行政委托作出限制呢？行政诉讼法方面，依据《行政诉讼法》立法原意，行政委托应符合一定的形式要求，即必须有书面的、正式的委托书，口头委托不能成立。② 对此也有不同观点，认为行政委托可以在没有法律、法规和规章依据的情况下实施，将授权视为委托的规定即表明这种观点。司法实务方面，最高人民法院判例中也有认为行政机关规范性文件中授权规定实质是委托的做法。③ 行政法方面，有学者主张，不应将行政权力事项委托给社会组织。④ 此外，司法实践中，当受托组织可能超出委托范围实施了行为，此时应由谁来作适格被告呢？一般来说，借用民法上"表见代理"的法理，由委托行政机关作为被告。在这样的情形下受委托组织是否需要追加为第三人，应当以原告是否提出行政赔偿请求为要件。实务中，也有把受委托组织"超出委托范围"实施的"行政行为"作民事侵权论的，若能够保障受害人的合法权益，则并非不可。⑤

---

① 胡建淼主编《行政法学》，复旦大学出版社2003年版，第80—81页。
② 《中华人民共和国法律诠释》编写委员会：《中华人民共和国行政诉讼法诠释》，人民法院出版社1994年版，第85页。
③ 甘文：《行政诉讼法司法解释之评论——理由、观点与问题》，中国法制出版社2000年版，第76页。在朱某云等与浙江省绍兴市越城区人民政府房屋拆迁纠纷再审案中，最高人民法院认为：行政法规规定区政府是实施工作的法定主体，区政府发布规范性文件的授权实则为行政委托，仍以区政府为被告。参见最高人民法院（2019）最高法行申1381号行政裁定书。
④ 王天华：《行政委托与公权力行使——我国行政委托理论与实践的反思》，《行政法学研究》2008年第4期。
⑤ 章剑生：《现代行政法总论》，法律出版社2019年版，第366页。

20

欠缴与工伤保险待遇支付

张某明与沐川县社会保险事业管理局等行政给付纠纷案[①]

汪敬涛　浙江大学光华法学院

提要　本案中，沐川县社保局以欠缴为由拒绝支付工伤保险待遇，两审法院均结合《工伤保险条例》的立法目的，并通过举证责任的分配，认为若沐川县社保局无证据证明工伤发生在欠缴期间，应支付工伤保险待遇。目前，司法实务中对于欠缴情形下工伤保险待遇如何支付存在较大分歧，本案审判思路可以为相关诉讼提供借鉴。

一、案件事实与争议焦点

上诉人（原审被告）沐川县社会保险事业管理局（以下简称沐川县社保局）因不服一审四川省乐山市市中区人民法院所作的责令其核定支付被上诉人（原审原告）张某明工伤保险待遇的判决，起诉至四川省乐山市中级人民法院。

被上诉人系舟坝煤矿职工，其所在单位于2010年4月至2014年11月期间为其参加了工伤保险并缴费。2015年10月21日，被上诉人经乐山市疾病预防控制中心预防医学门诊部确诊为职业性煤工尘肺一期。2016年1月4日，乐山市人力资源和社会保障局认定被上诉人的职业病为工伤。

2017年7月11日，被上诉人向上诉人申请工伤保险待遇。次日，上诉

[①] 一审裁判文书为四川省乐山市市中区人民法院（2017）川1102行初字第206号行政判决书，二审裁判文书为四川省乐山市中级人民法院（2018）川11行终字第46号行政判决书。

人作出并于同月 17 日向被上诉人送达《不予支付通知书》，以舟坝煤矿在被上诉人从业期间并未为其依法参加工伤保险，不符合工伤基金申领条件为由，对其申请事项不予以支付。

被上诉人嗣后于 2017 年 7 月 21 日向四川省乐山市市中区人民法院提起行政诉讼，该法院认为上诉人并没有提供证据证明，被上诉人的职业病工伤系在用人单位欠缴工伤保险费期间所造成的，故判决撤销上诉人所作《不予支付通知书》，并责令其依法核定被上诉人的工伤保险待遇。

上诉人诉至四川省乐山市中级人民法院。

综观本案两审判决，争议焦点始终围绕社保机构可否以欠缴为由拒绝支付职工的工伤保险待遇。需明确的是，本文所讨论的欠缴系指用人单位参保后未按期足额缴纳保险费的行为，应当参保而未参保的行为不在此列。

二、法院的推理与逻辑

乐山市中级人民法院的判决理路与一审法院类似，通过举证责任的分配来处理争议。首先，就上诉人主张的本案应适用《工伤保险条例》第 62 条第 2 款"依照本条例规定应当参加工伤保险而未参加工伤保险的用人单位职工发生工伤的，由该用人单位按照本条例规定的工伤保险待遇项目和标准支付费用"，乐山市中级人民法院认为，用人单位舟坝煤矿为职工张某明参加了 2010 年 4 月至 2014 年 11 月的工伤保险并依法缴纳了该期间的工伤保险费，并不属于规定的应参保而未参保的情形。其次，就上诉人适用《社会保险法》第 41 条"职工所在用人单位未依法缴纳工伤保险费，发生工伤事故的，由用人单位支付工伤保险待遇"作出的不予支付被上诉人张某明工伤保险待遇的《不予支付通知书》，法院认为，煤工尘肺病的形成有一个较长的致害过程和一定的潜伏期，上诉人沐川县社保局在未提供证据证明被上诉人张某明的职业病工伤系在用人单位舟坝煤矿未为其参保期间所造成的，且在未依法核定张某明应当享有的工伤保险待遇的前提下，属于适用法律错误。

本判决中最令人瞩目的一点即通过举证责任的分配来处理争议。上诉人以欠缴为由拒绝支付工伤待遇，法院认为前提需由社保机构证明工伤发生在欠缴期间。也就是说，法院认为《社会保险法》第41条"职工所在用人单位未依法缴纳工伤保险费，发生工伤事故的，由用人单位支付工伤保险待遇"的适用需要满足以下条件，即工伤事故的发生时间需恰好在未依法缴纳期间。如工伤事故发生前有未依法缴纳记录但至工伤事故发生时已补缴，或是至工伤事故发生时均正常缴纳，而事故发生后出现未依法缴纳情况的，均不属于该条适用范围。继而，法院认为，主张适用该条的社保机构应当承担证明工伤事故的发生时间恰好在未依法缴纳期间的举证责任。

三、欠缴与工伤保险待遇支付

企业欠缴社会保险费用一直以来都是社会顽疾。一方面社会上存在大量无良企业无视法律规定，素来轻视员工合法权益，有的甚至连工伤保险费用都不按时缴纳，遑论五险。而另一方面有学者指出我国社会保险费费率过高，五项社会保险的整体缴费水平达到工资总额的40%左右，已经超出了许多高福利国家和国际公认警戒线，国际劳工组织规定的警戒线为员工工资总额的25%，欧洲的规定为24%。企业、个人不堪重负，不仅直接影响了企业竞争力，更挫伤了企业和个人的参保积极性，导致欠缴、断缴、少缴社会保险费的情况大量发生。[①] 可见企业欠缴社会保险费用的成因颇为复杂。

2018年，为提高社保资金征管效率，我国启动实施社会保险费交由税务部门统一征收工作，改革后原由社会保险机构一体承担的收管支职能将分而行使，税务部门成为社会保险法的法律主体，全责征收社会保险费，履行社

[①] 林嘉：《公平可持续的社会保险制度研究》，《武汉大学学报》（哲学社会科学版）2017年第4期。

保费缴费单位登记、申报、征缴、清欠、检查、处罚等职责。有学者认为，自改革方案出台后，社会保险费征缴局面直转，预示着社会保险费不缴、少缴、欠缴的时代正在改变。[①]但不论如何，在企业欠缴保险费与员工待遇直接挂钩的制度设计下，企业的欠缴行为直接损害了员工权益。这点在工伤保险中体现得非常明显。在实务中，企业的欠缴行为往往成为工伤保险部门拒绝支付工伤保险待遇的理由。

在这种情况下，本案两审法院的此种审判理路与举证责任的分配，对于罹患尘肺病这类慢性职业病工伤的工人而言具有重要的意义。诚如二审法院所言，慢性职业病有一个较长的致害过程，且起病时间难以明确。在这种情况下，如要求企业或工人一方承担举证责任，证明工伤发生在正常缴费期间，实属强人所难，且恐将导致所有有欠缴、迟缴记录的企业都不得不独自负担其罹患慢性职业病的职工的工伤保险待遇，这显然与《工伤保险条例》第1条立法目的中的"分散用人单位的工伤风险"立意不符。

因此，由社保机构承担证明工伤发生在欠缴期间的举证责任是在权衡之后较为合理的判断。但此种举证责任的分配，如前文所分析的，是建立在认为《社会保险法》第41条"职工所在用人单位未依法缴纳工伤保险费，发生工伤事故的，由用人单位支付工伤保险待遇"的适用需要满足工伤事故的发生时间需恰好在未依法缴纳期间这一前提上的。不过，在司法实务中，法院并非都会如此判决。

（一）欠缴与职业病工伤

吴某伦诉重庆市南川区社会保险局劳动与社会保障行政给付案[②]中原告于2015年8月被诊断为煤工尘肺一期时，其工作单位原重庆市南川区灰河扶贫煤矿（以下简称原灰河煤矿）在2015年7月至2016年12月欠缴工伤保险

---

① 王显勇：《一个伪命题：作为劳动争议的社会保险争议》，《法学》2019年第11期。
② 重庆市高级人民法院（2020）渝行申260号行政裁定书。

费用，已于 2016 年 12 月 19 日足额补缴，且依原告主张，欠缴系因政府政策性原因导致停工停产，并非恶意欠缴。

重庆市高级人民法院认为，依时《工伤保险条例》第 62 条第 3 款规定："用人单位参加工伤保险并补缴应当缴纳的工伤保险费、滞纳金后，由工伤保险基金和用人单位依照本条例的规定支付新发生的费用。"《人力资源社会保障部关于执行〈工伤保险条例〉若干问题的意见（二）》第 3 条规定，《工伤保险条例》第 62 条规定的"新发生的费用"，是指用人单位参加工伤保险前发生工伤的职工，在参加工伤保险后新发生的费用。而吴某伦因工致残被诊断为职业病、认定为工伤并被鉴定为伤残 7 级发生在原灰河煤矿欠缴工伤保险费用期间，故吴某伦申请支付的一次性伤残补助金、一次性工伤医疗补助金均不属于上述法律规定所明确的用人单位补缴工伤保险费、滞纳金后由工伤保险基金支付的"新发生的费用"的范畴。法院并未考虑到尘肺病是需要一定致病过程的职业病，机械地将尘肺病认定时间视为工伤发生时间，与前述张某明案相比，未充分保障工人权益。

不过在彭水苗族土家族自治县社会保险局诉高某元给付案[①]中重庆市高级人民法院又认为，尘肺病属职业病中的一种，尘肺是在职业活动中长期吸入生产性粉尘（灰尘）而引起的疾病，尘肺病的形成机制决定了当事人不可能在其单位两个月内的欠缴期间患上此病。该法院也主张在彭水县社保局没有提供证据证明，高某元的职业病系在用人单位未缴纳工伤保险费期间所造成的情况下，且其单位欠缴时间短、数额小，因政策性停产的客观原因未缴纳工伤保险费，故法院认为彭水县社保局应当向高某元核定支付工伤保险待遇。可见实务中分歧之大。

值得注意的是，这些案件涉及的工伤是职业病。职业病与一般的工伤的不同之处在于其致病过程较长，针对这个特点，在法律法规中也对职业病有特殊规定。比如《人力资源社会保障部关于执行〈工伤保险条例〉若干问

[①] 重庆市高级人民法院（2017）渝行申 591 号行政裁定书。

题的意见》第 8 条规定，曾经从事接触职业病危害作业、当时没有发现罹患职业病、离开工作岗位后被诊断或鉴定为职业病的符合下列条件的人员，可以自诊断、鉴定为职业病之日起一年内申请工伤认定，社会保险行政部门应当受理：（一）办理退休手续后，未再从事接触职业病危害作业的退休人员；（二）劳动或聘用合同期满后或者本人提出而解除劳动或聘用合同后，未再从事接触职业病危害作业的人员。但如果是一般工伤的情况下，本案法院的裁判逻辑是否仍具有普适性？

（二）欠缴与非职业病工伤

司法实务中，就非职业病工伤发生在欠缴期间的，在用人单位补缴之后是否应该由工伤保险基金支付工伤待遇存在分歧，这涉及对现有法律法规的不同理解。

重庆市巫山县社会保险局与周某银工伤保险待遇纠纷案中，法院认为用人单位在职工发生工伤前已经参保，并在工伤事故发生后补缴了欠缴的工伤保险费，履行了缴纳工伤保险费的义务，对于在欠缴工伤保险费期间职工发生的工伤事故，工伤保险待遇应由工伤保险基金支付。

该案并未直接援用前述《社会保险法》法条，而是围绕《重庆市工伤保险实施暂行办法》展开攻防。该办法第 43 条第 2 款规定："在足额缴纳工伤保险费之前，职工的工伤保险待遇由用人单位支付。"审理该案的重庆市第二中级人民法院认为，该条规定并不能必然得出欠缴工伤保险费期间职工发生的工伤事故，工伤保险待遇一律由用人单位支付的结论。该条第 1 款规定，用人单位参加了工伤保险后迟延缴纳工伤保险费的，由地税机关责令限期缴纳，并可依照《社会保险费征缴暂行条例》有关规定加收滞纳金，对直接负责的主管人员和其他直接责任人员处以罚款。结合前款的规定，第 2 款规定的立法原意是指，对于欠缴工伤保险费期间职工发生的工伤事故，用人单位未足额补缴应缴纳的工伤保险费的（在足额缴纳工伤保险费之前），工伤职工的工伤保险待遇应由用人单位支付。也就是说，用人单位补缴应缴纳的工伤保险费后，工伤职工的工伤保险待遇就应当由工伤保险基金支付。

从判决来看，重庆市第二中级人民法院认为此种解释符合《工伤保险条例》第1条、《重庆市工伤保险实施暂行办法》第1条规定的"保障因工作遭受事故伤害或者患职业病的职工获得医疗救治和经济补偿，促进工伤预防和职业康复，分散用人单位的工伤风险"的立法目的，也即目的解释。在此基础上，该法院也增加了一些限制条件：如有证据证明用人单位补缴欠缴的工伤保险费是出于骗取工伤保险待遇的不正当目的，即不得由工伤保险基金支付。作为投机行为的典型，法院列举了工伤发生前没有参保而在发生工伤以后补办保险缴纳保险费的例子。

如依此种解释路径，《社会保险法》第41条"职工所在用人单位未依法缴纳工伤保险费，发生工伤事故的，由用人单位支付工伤保险待遇"也可以解释成：如用人单位事后依法补缴工伤保险费的，就可以由工伤保险基金支付。也即此法条的适用情形仅限用人单位直至工伤事故发生后仍未依法缴纳或是工伤发生前没有参保而在发生工伤以后补办保险缴纳保险费的情形。如不作此种解释，则重庆市第二中级人民法院对《重庆市工伤保险实施暂行办法》的解释即有与上位法冲突之虞。

在重庆市高级人民法院审结的另一起工伤案件——重庆重光玻璃制品有限公司诉重庆市北碚区社会保险局行政给付案[①]中，法院认为《工伤保险条例》第62条关于"应当参加工伤保险而未参加"的规定，应当包括用人单位未为职工参加工伤保险，自始未缴纳工伤保险费的情形，亦包括用人单位为职工参加了工伤保险后未按时足额缴纳工伤保险费的情形。理由是《工伤保险条例》第62条第2款与《社会保险法》第41条第1款规定的立法目的一致。前述吴某伦诉重庆市南川区社会保险局劳动与社会保障行政给付案中，重庆市高级人民法院同样也依据了《工伤保险条例》第62条第3款。

---

① 重庆市高级人民法院（2020）渝行申125号行政裁定书。

但是《工伤保险条例》第 62 条第 1 款与第 2 款均规定是用人单位从未参保的情况：第 1 款，用人单位依照本条例规定应当参加工伤保险而未参加的，由社会保险行政部门责令限期参加，补缴应当缴纳的工伤保险费；第 2 款，依照本条例规定应当参加工伤保险而未参加工伤保险的用人单位职工发生工伤的，由该用人单位按照本条例规定的工伤保险待遇项目和标准支付费用。因此，结合整条内容来看，第 3 款规定的应当也是用人单位从未参保的情况下如何支付。而本案属于欠缴，故适用法条恐有不当。有法院即认为《工伤保险条例》第 62 条第 3 款仅适用于用人单位未参加工伤保险登记期间发生工伤的情形，如刘某华诉株洲市工伤保险处行政给付案[①]。

此种分歧的主要原因在于现有法条的不一致。《社会保险法》第 41 条第 1 款规定："职工所在用人单位未依法缴纳工伤保险费，发生工伤事故的，由用人单位支付工伤保险待遇。"但《工伤保险条例》第 62 条的用语是"应当参加工伤保险而未参加的"，从条文本身来看并未包括已经参加但欠缴的情况。而《人力资源社会保障部关于执行〈工伤保险条例〉若干问题的意见（二）》第 3 条更是明确规定，《工伤保险条例》第 62 条规定的"新发生的费用"，是指用人单位参加工伤保险前发生工伤的职工，在参加工伤保险后新发生的费用。在这种情况下，有的法院，尤其是重庆地区的法院，将《工伤保险条例》第 62 条作了扩充解释，纳入了已经参保但欠缴的情形。

重庆地区法院之所以倾向如此解释，是因为《重庆市工伤保险实施办法》第 51 条规定，用人单位应当参加工伤保险而未参加，或少报、漏报参保职工以及未按时足额缴纳工伤保险费的，按以下办法办理：……2011 年 1 月 1 日后受伤的工伤人员及工亡职工的供养亲属，按照《工伤保险条例》第 62 条规定，用人单位补缴工伤保险费和滞纳金后的次月起，新发生的除一次性工亡补助金、一次性丧葬补助金和一次性伤残补助金外的应由工伤保险基金支付的工伤保险待遇由工伤保险基金支付。《重庆市工伤保险实施办法》第 51 条规定已经

---

① 湖南省高级人民法院（2019）湘行申 561 号行政裁定书。

参保但欠缴的情形同样适用《工伤保险条例》第62条。为了使《重庆市工伤保险实施办法》与上位法《工伤保险条例》不产生冲突，重庆地区的法院倾向于结合《社会保险法》第41条第1款的规定，运用目的解释，认为将已经参保但欠缴的情形纳入《工伤保险条例》第62条是符合立法原意的。

学界对相关法条的理解，与前述重庆市巫山县社会保险局与周某银工伤保险待遇纠纷案中重庆市第二中级人民法院持相同见解的不在少数。其理由总结大致如下。

（1）《工伤保险条例》的立法精神。《工伤保险条例》的立法目的在于保障因工作遭受事故伤害或者患职业病的职工获得医疗救治和经济补偿，促进工伤预防和职业康复，分散用人单位的工伤风险。因此，在解释法条时，始终应基于此精神作有利于用人单位及劳动者的解释，以充分发挥工伤保险基金的作用。

（2）法体系上的协调。从《工伤保险条例》来看，该条例第62条规定的需由用人单位支付工伤保险待遇的情形也只限于"依照本条例规定应当参加工伤保险而未参加工伤保险的用人单位职工发生工伤的"，而已办理参保，只是存在欠缴、补缴情节的并不属于该条款范围内。在此前提下，如坚持认为《社会保险法》第41条"职工所在用人单位未依法缴纳工伤保险费，发生工伤事故的，由用人单位支付工伤保险待遇"的适用情形包括欠缴、补缴的话，则恐有下位法不当限缩上位法范围之虞。而且查《保险法》第36条的规定，投保人在一定期限欠缴保险费的，在该期限内被保险人发生保险事故时，保险人仍需承担保险责任。工伤保险属于社会保险，在适用及赔付上应较商业保险更为宽松。如果商业保险尚存在上述规定以保障被保险人的利益，那么依当然解释的方法，即使用人单位存在欠缴情形，也不宜一律拒绝由基金支付工伤保险待遇。[①]

[①] 肖建军、刘玲：《职工在保费欠缴期间发生工伤事故应由谁支付工伤保险待遇》，《中国劳动》2016年第5期。

（3）工伤保险法律关系与行政管理法律关系之间的区别。工伤保险法律关系与行政管理关系是不同的法律关系，工伤保险法律关系存续期间，对欠缴工伤保险费的，《社会保险法》第86条已经明确用人单位的限期缴纳、补足、加收滞纳金、罚款等法律责任承担方式（同时工伤保险部门也负有催缴的职责），因此工伤保险部门不得以用人单位未按时足额缴纳保费拒绝支付劳动者相应工伤保险待遇。① 只有劳动者应当承担的缴费义务没有履行才属于真正的抗辩事由。若是用人单位未缴纳其应当承担的社会保险费，则此时其违反的是社会保险费征缴关系中的法定义务，应承担补缴社会保险费并予以行政处罚。但是，作为投保人的用人单位只是社会保险关系的第三人，不能因其违反法定义务而影响社会保险的给付。②

（4）行政惯例与信赖利益。在现实中，用人单位往往非因可归结于自身的原因欠缴保险费。如果用人单位不定期地缴纳保险费的行为受到了相关行政部门的默许，进而形成了行政惯例，那么用人单位对此即产生信赖利益，如果工伤保险以用人单位未定期缴费为由拒绝支付工伤保险待遇，则构成对用人单位信赖利益的损害。③ 此外，如工伤事故发生后，工伤保险部门一方面允许用人单位补缴，另一方面不对欠缴行为作出处罚，是否构成对不定期缴费的默许也是实务中需要区分的问题。

笔者亦赞同上述见解，如用人单位存在欠缴情形，则依法对欠缴的行为作出加收滞纳金、罚款等处罚即可。最主要的原因仍是在于如因用人单位欠缴而要求其支付工伤保险待遇，恐与工伤保险制度的初衷不相符合。

最后值得注意的是，在实务中欠缴还涉及几种特殊情形，如由行政机关过错导致欠缴的，不影响当事人从工伤保险基金中获得工伤保险待遇。如恩

---

① 郑鹏、王坤、秦波：《用人单位逾期缴费 工伤保险基金应支付相应费用》，《人民法院报》2014年12月3日。
② 王显勇：《一个伪命题：作为劳动争议的社会保险争议》，《法学》2019年第11期。
③ 卢金增、郑春笋、王鲲：《保费欠缴期间发生工伤也不能拒赔》，《检察日报》2014年9月6日。

施自治州建始柳林煤矿有限责任公司诉建始县社会保险管理局给付案[1]中，湖北省高级人民法院认为适用《工伤保险条例》第62条第2款"依照本条例规定应当参加工伤保险而未参加工伤保险的用人单位职工发生工伤的，由该用人单位按照本条例规定的工伤保险待遇项目和标准支付费用"的前提条件是由于用人单位的过错未参加工伤保险。在用人单位并无过错，由于社会保险行政部门的原因导致用人单位无法按时足额缴纳工伤保险费的，由用人单位来承担不利后果，不符合国家设立工伤保险制度的宗旨与目的。

还有一种情况是员工刚入职不久未来得及参保即发生工伤，用人单位在法定期限内按时参保的，不构成欠缴。丹阳市社会保险管理中心诉程某行政给付案[2]中，江苏省镇江市中级人民法院即认为虽然程某发生工伤事故时尚未参加工伤保险，但用人单位在与程某签订劳动合同之日起30日内为程某缴纳了工伤保险，缴纳工伤保险的时间符合《社会保险法》第58条第1款的规定，属于合理期限内正常办理的情形，社保中心应按规定支付工伤保险待遇。

四、遗留问题与展望

职业病工伤因职业病的致病周期长、由轻至重的特点，在实务中往往需要与非职业病工伤区别对待，本案即是例证。法院提出的"被告无证据证明工伤发生在欠缴期间内，则应支付工伤保险待遇"的观点在非职业病工伤案件中就往往无用武之地，因非职业病工伤的事故时间通常非常明确。与此特点相关的，职业病工伤诉讼中常有的类型是用人单位以致病期间不在劳动关系期间内为由起诉社会保险行政部门作出的工伤认定决定违法，出现现用人单位与前用人单位互相推诿扯皮的现象。

根据现有的程序要求，劳动者往往需要经历劳动关系认定程序（劳动仲

---

[1] 湖北省高级人民法院（2018）鄂行再字第2号行政判决书。
[2] 江苏省镇江市中级人民法院（2021）苏11行终字第14号行政判决书。

裁、一审、二审)、工伤认定程序(认定、复议、一审、二审)、劳动者与用人单位之间的工伤保险待遇劳动争议解决程序(劳动仲裁、一审、二审)、劳动者与工伤保险经办机构之间的工伤保险待遇索赔程序(复议、一审、二审)等十多项程序。[①] 旷日累时的维权程序是劳动者沉重的负担,许多尘肺病人直至辞世也未获得应有的工伤保险待遇。对于工伤待遇争议而言,最佳的解决路径是通过法规范从根本上明确权利义务关系。前述关于欠缴、工伤用人单位争诉的原因往往是法规范的缺位。如果能在法律法规中对相关内容明确规定,则可大大减少此类诉讼,也能保障处于弱势的劳动者的权益。

针对本案涉及的用人单位参保后欠缴的情况,尚能通过法律解释的方法排除《社会保险法》第 41 条的适用,但是对于用人单位自始未缴费的情况,则不管是否属于职业病工伤都属于《工伤保险条例》第 62 条与《社会保险法》第 41 条的调整范围。从世界范围来看,除行政处罚外,用人单位未依法缴纳社会保险费的处理模式有两种。一是补缴社会保险费。大多数国家或地区采用此制度模式。二是损害赔偿,用人单位不能补缴保费,劳动者因此所受损失由用人单位予以赔偿。而我国现行制度模式是补缴社会保险费与损害赔偿相结合,并在工伤保险中增加了先行给付制度。[②]《工伤保险条例》第 62 条与《社会保险法》第 41 条规定了即损害赔偿与先行给付制度。

对此有的学者认为,我国《社会保险法》应采用补缴社会保险费模式。主要理由是补缴社会保险费是用人单位未履行公法义务本应承担的法律后果,《社会保险法》设置损害赔偿责任实际上混淆了社会保险关系与社会保险费征缴关系,将两者混合起来作为一个法律关系看待了。[③] 如果法律修改为补缴社会保险费模式,一方面能从根本上解决类似本案的争诉;另一方面即使是在用人单位自始未缴费的情况下,也无须劳动者耗费精力向用人单位主张权益。

---

① 李满奎:《工伤保险体系中的"诉讼禁止条款"研究》,《环球法律评论》2010 年第 4 期。
② 王显勇:《一个伪命题:作为劳动争议的社会保险争议》,《法学》2019 年第 11 期。
③ 王显勇:《一个伪命题:作为劳动争议的社会保险争议》,《法学》2019 年第 11 期。

此外，就前述职业病工伤认定中现用人单位与前用人单位互相推诿扯皮的现象，其根本原因在于认定工伤后用人单位需要支付一部分工伤待遇。有学者认为我国现行工伤保险制度采取工伤保险基金与用人单位分担工伤风险的制度模式，用人单位既要缴纳工伤保险费，又要承担工伤待遇给付，这种双重负担有悖于工伤保险的充分社会化原理，未来应该予以完善。[①] 如果取消用人单位所需负担的工伤待遇，则确实可从根本上解决用人单位之间推诿的问题。但是，取消用人单位所负工伤待遇后，在目前对用工环境监管松散的情况下，很可能会出现用人单位怠于职业病防范或者无动力去改善工作环境，从而更加损害劳动者的情况。因此在完善时，如取消用人单位所负担的工伤待遇，则可以要求用人单位在对员工罹患职业病工伤或其他工伤存在过错的情况下付出相应代价，或是行政处罚，或是允许职工提起民事赔偿等，以作约束。

具体制度设计有待讨论，本文只是抛砖引玉。一方面，工伤认定及工伤保险待遇支付是最典型的劳动争议之一，容易出现资方或社保机构互相推诿，均拒绝支付，造成赔付延宕，严重损害劳方的利益。实定法缺位是造成工伤认定及待遇支付争议的根本原因之一，应当尽快补足相应法律法规，从法律制度设计上解决此类问题。而另一方面，在现有法律框架下，法院应当立足于《工伤保险条例》"保障因工作遭受事故伤害或者患职业病的职工获得医疗救治和经济补偿"的立法目的，通过法律解释等方法尽可能保障工伤工人权益。从这个角度来说，本案的审判思路富有参考价值与启发性。

---

① 王显勇：《一个伪命题：作为劳动争议的社会保险争议》，《法学》2019年第11期。

第六部分

审查标准及判决方式

21

行政首次判断权原则

夏某铎、洛阳市人民政府再审审查与审判监督行政裁定书[①]

黄 锴　浙江工业大学学院

提要　本案中，最高人民法院以再审申请人夏某铎要求落实社会保障待遇的诉请，尚未经行政机关经由认定程序予以审批为由，基于行政机关职权范围内未予判断处理的事项法院不得代替行政机关作出决定的理由，裁定驳回再审申请人夏某铎的再审申请。

一、案件事实与争议焦点

本案为一起最高人民法院受理的再审案件，再审申请人（一审起诉人、二审上诉人）夏某铎；再审被申请人（一审被告、二审被上诉人）洛阳市人民政府。

由于城市发展的需要，再审被申请人洛阳市人民政府征收再审申请人夏某铎的承包经营地。《国务院办公厅转发劳动保障部关于做好被征地农民就业培训和社会保障工作指导意见的通知》规定："对城市规划区外的被征地农民，凡已经建立农村社会养老保险制度、开展新型农村合作医疗制度试点和实行农村最低生活保障制度的地区，要按有关规定将其纳入相应的保障范围。"《河南省关于做好被征地农民就业培训和社会保障工作的实施意见》规定："城镇规划区内被征地农民转为非农业户口并符合享受城市居民最低生

[①] 裁判文书为最高人民法院（2018）最高法行申 4833 号行政裁定书。

活保障条件的家庭，按规定申请享受城市居民最低生活保障待遇。"夏某铎以这两个文件为据，要求洛阳市人民政府落实相关社会保障待遇，未得到洛阳市人民政府回应。因此，夏某铎诉至法院，要求法院判决洛阳市人民政府落实社会保障待遇。一审法院判决驳回夏某铎的诉讼请求，二审法院驳回上诉、维持原判。夏某铎不服二审裁判，向最高人民法院申请再审。

本案中，夏某铎通过证据证明自己已经向洛阳市人民政府提出落实社会保障待遇的申请，但洛阳市人民政府对此并未给出回应，也即未进入认定程序，此时，夏某铎提起诉讼要求法院判决洛阳市人民政府落实社会保障待遇。本案的争议焦点是：法院能否代替行政机关直接认定夏某铎的社会保障资格，并径行要求洛阳市人民政府履行相应给付义务。

二、法院的推理与逻辑

针对本案的核心争议焦点，法院的推理大抵可以分成两步：（1）论述社会保障行政的两个阶段，并以此推出，夏某铎要求落实社会保障待遇的前提是社会保障资格的认定；（2）由于本案中洛阳市人民政府尚未作出社会保障资格的认定，因此，法院无法就落实社会保障待遇作出裁判，应由行政机关首先作出社会保障资格的认定。

（一）社会保障行政的双阶构造

根据《国务院办公厅转发劳动保障部关于做好被征地农民就业培训和社会保障工作指导意见的通知》的规定，被征地农民的社会保障包含最低生活保障、医疗救助、养老保险、医疗保险、失业保险等。无论是以上何种社会保障，行政机关的行为均可以被划分为两个阶段：第一个阶段是社会保障资格的认定，第二个阶段是社会保障待遇的支付。以最低生活保障为例，《城市居民最低生活保障条例》第7条第1款规定：申请享受城市居民最低生活保障待遇，由户主向户籍所在地的街道办事处或者镇人民政府提出书面申请，并出具有关证明材料，填写《城市居民最低生活保障待遇审批表》。城市居民最低生活保障待遇，由其所在地的街道办事处或者镇人民政府初审，并将有关材料和初审意见报送县级人民政府民政部门审批。该条例第8条第4款规定：城市居民最低生活保障待遇由管理审批机关以货币形式按月发放；必要时，也可以给付实物。第7条第1款规定的审批程序对应了社会保障行政的第一阶段，第8条第4款规定的发放程序对应了社会保障行政的第二阶段。

法院基于社会保障行政双阶构造指出："被征地农民社会保障对象的确定，应严格按规定程序核准并予以公告后，报县（市）人民政府有关部门备案"，又特别强调了《河南省关于做好被征地农民就业培训和社会保障工作的实施意见》所规定的"认定程序"。其用意在于，指出夏某铎要求落实社会保障待遇属于社会保障行政的第二阶段，在进入第二阶段前应当经过第一阶段，即社会保障资格的认定。

（二）法院不能代替行政机关作出认定

通过上一步推理，可以得出，社会保障待遇的支付须以社会保障资格的认定为基本前提，那么在本案中行政机关是否已经完成了社会保障资格的认定便成为法院审查的重点。经过审查，法院指出夏某铎并未经有关部门核准为被征地农民社会保障对象，可见行政机关并未完成社会保障资格的认定，因此，也无法径行落实社会保障待遇。随之而来的一个问题是，既然行政机关并未作出认定，法院能否代替行政机关作出认定，进而判决行政机关支付社会保障待遇呢？对此，法院的回应是：其直接起诉要求再审被申请人为其落实相关社会保障待遇，没有事实和法律依据。同时，法院建议夏某铎"可在洛阳市人民政府的引导和组织下，申请解决其社会保障待遇问题"。由此可以推出法院所隐含的两点意思：其一，法院不能对社会保障资格作出认定；其二，需要行政机关先对社会保障资格作出认定后，法院方可进行裁判。

三、学理归纳

在法院的推论中,第一步纯粹基于法律规范,并无争议,值得讨论的是,第二步中"法院不能代替行政机关作出认定"这一判断。在学理上,与之相关的是行政首次判断权原则。

(一)行政首次判断权原则的内涵

行政首次判断权原则是指法院在司法审查的过程中,应尊重行政机关对行政事务优先判断及处理的权力,对于行政机关职权范围内未予判断处理的事项,法院不得代替行政机关作出决定,需待行政机关先行处理后,法院再对其作出的行政行为是否合法进行审查。[1] 行政首次判断权理论涉及的主要问题是行政诉讼中司法权与行政权的关系问题,也可以说是司法权介入行政权的边界问题。它强调司法权对行政权的尊重,对于行政机关职权范围内的事项,法院一般只能在行政机关进行首次判断之后,才能进行事后的"第二次"审查判断。

行政首次判断权原则源于日本行政法,日本学者对其正当性的论证大抵可归纳为以下两点。其一,权力分立原则要求法官恪守权力边界。当代日本是按照权力分立原则来构架国家权力的,国会、内阁和最高法院各享其权、各担其职、相互牵制,地方上的立法权、行政权与司法权亦是如此。"三权分立原则要求行政机关对行使或者不行使行政权所拥有的首次判断权得到尊重。"[2] 其二,行政机关在行政判断上更具专业性。正如日本学者田中二郎所言,"由于现代行政的复杂性、专门性和技术性,法官并不具有代替行政机关作出行政判断的能力",[3] 与行政机关工作人员相比,法官通常没有接受过常规性、专门性的行政专业知识和技能方面的培训,也缺乏行政职业方面的历

---

[1] 黄先雄:《行政首次判断权理论及其适用》,《行政法学研究》2017年第5期。
[2] 王天华:《行政诉讼的构造:日本行政诉讼法研究》,法律出版社2010年版,第197页。
[3] 转引自江利红《论日本的课予义务诉讼》,《云南大学学报》(法学版)2012年第6期。

练,他们对行政事务的理解通常来自审理行政案件本身,这种途径远不足以保证法官获得足够的、对行政事务进行首次审查判断的能力。

行政首次判断权原则的正当性基础在我国行政法上亦可成立。《行政诉讼法》(2017年)第6条规定:"人民法院审理行政案件,对行政行为是否合法进行审查。"合法性审查原则被认为是《行政诉讼法》在司法权与行政权之间所划定的权力边界。同时,这种仅以合法性审查为中心的行政诉讼制度,也带来了法院在行政事务上难以具备行政机关的专业性和技术性,有学者将其称为法院在"机构能力上的限制"[1]。在此基础上,行政首次判断权原则得以移植到我国行政法体系中,并在司法审判中得以适用。

(二)行政首次判断权原则的适用

行政首次判断权原则最早在司法审判中被援用可以追溯到最高人民法院公布的2013年度政府信息公开十大案例中。在余某珠诉海南省三亚市国土环境资源局案中,最高人民法院指出:"考虑到行政机关获取的企业环境信息可能存在涉及第三方商业秘密的情形,应当首先由行政机关在行政程序中作出判断,法院并未越俎代庖直接判决公开,而是责令行政机关重新作出是否公开的答复,体现了对行政机关首次判断权的尊重。"而后,行政首次判断权原则在各级法院的裁判中频繁出现,有学者对检索到的227份裁判文书进行梳理,发现行政首次判断权原则主要出现在政府信息公开类、行政赔偿类、社会保障行政类三类案件的裁判中。[2]

社会保障行政类案件中之所以会经常援用行政首次判断权原则,很大的原因在于社会保障行政的政策性和裁量性。一方面,在社会保障制度的运行中,地方政府所发布的政策文件起到了至关重要的作用。比如在最低生活保障制度中,最低生活保障标准的确定是由地方性的政策文件规定的,地方政

---

[1] 杨伟东:《权力结构中的行政诉讼》,北京大学出版社2008年版,第178页。
[2] 李荣珍、王南瑛:《论行政首次判断权原则及其司法适用》,《海南大学学报》(人文社会科学版)2019年第3期。

府可以根据本地的情况和自身的财政能力，尝试采取不同的政策。另一方面，社会保障制度中，法律规范留给行政机关的裁量空间往往很大。比如对于申请社会保障的行政相对人进行经济情况调查，行政机关既可以采取入户调查的方式，也可以通过信函索证的方式。社会保障行政的政策性和裁量性特征，使这一领域具有更强的专业性和技术性要求，法院在这一领域中作出判断比其他领域更难，因此更有必要强调行政首次判断权原则。

在本案中，夏某铎要求落实社会保障待遇的依据是《国务院办公厅转发劳动保障部关于做好被征地农民就业培训和社会保障工作指导意见的通知》《河南省关于做好被征地农民就业培训和社会保障工作的实施意见》，但这两个文件只是原则性地规定了对被征地农民应当落实相关社会保障政策，至于享受社会保障的标准、享受社会保障的内容，均须针对个案进行裁量方可予以确定。此时，由行政机关作出认定显然比法院直接认定更具专业性，因此，法院驳回夏某铎的诉讼请求，而将其交给行政机关先作判断。

（三）行政首次判断权原则的例外

行政首次判断权原则厘清了法院司法审查的边界，但这一边界不是完全封闭的，在特定的情况下亦存在例外。在美国，《联邦行政程序法》规定了重新审理模式，该模式要求法院在司法审查过程中不顾及行政机关是否已作出行为或者已作出何种行为，而是代替行政机关直接作出行政行为。[1] 在日本，亦有法院在司法审查中代为实体性判断的案例。[2] 在《行政诉讼法》制定与修改的过程中，关于是否要承认行政首次判断权原则的例外，学界与实务界多有交锋。虽然目前主流观点认为法院不能代替行政机关作出实体性判断，但

---

[1] 参见王名扬《美国行政法》，北京大学出版社2016年版，第516页。
[2] 在日本，1956年的一个判决被认为是代为实体性判断的典型案例。该案中，法院认为，旧《农地调整法》规定农地租借权的设定和转移需经行政机关承认，却没有规定承认的客观标准。但这并不意味着立法者将其委任给行政机关自由裁量，行政机关只有在实现法律目的的必要限度内才可拒绝承认，否则构成违法。换言之，承认与否并不属于农地委员会的自由裁量。参见王贵松《行政裁量的构造与审查》，中国人民大学出版社2016年版，第166页。

事实上《行政诉讼法》已为这种例外留出了三处可能。

其一，强调重作判决、履行判决的实体性裁判功能。《行政诉讼法》（2017年）第 70 条规定了重作判决、第 72 条规定了履行判决，从条文文义来看，这两种判决都是判决行政机关作出行政行为，至于行政机关行为的具体内容，法院是不予以干涉的，因此并不违反行政首次判断权原则。但在实践中，法院作出重作判决和履行判决后，对行政机关作出的行为相对人依旧不满，导致"循环诉讼"，浪费大量司法资源。典型案例尹某玲诉台州市国土资源局椒江分局土地行政批准案中，最高人民法院确立了"在裁判时机成熟时，直接判令被告作出内容明确的特定行政行为"的规则，例外地承认了实体性裁判功能。① 《最高人民法院关于适用〈中华人民共和国行政诉讼法〉的解释》第 91 条规定："原告请求被告履行法定职责的理由成立，被告违法拒绝履行或者无正当理由逾期不予答复的，人民法院可以根据行政诉讼法第七十二条的规定，判决被告在一定期限内依法履行原告请求的法定职责；尚需被告调查或者裁量的，应当判决被告针对原告的请求重新作出处理。"该条将实体性裁判作为履行判决的主要裁判方式，只有在"尚需被告调查或者裁量"的情况下，才适用于程序性裁判。最高人民法院行政庭进一步阐释，从监督行政机关依法行政，保护相对人合法权益、实质化解行政争议的角度，更应当提倡人民法院作出特定义务的履行判决。②

其二，引入给付判决。《行政诉讼法》（2017 年）第 73 条规定了给付判决："人民法院经过审理，查明被告依法负有给付义务的，判决被告履行给付义务。"《最高人民法院关于适用〈中华人民共和国行政诉讼法〉的解释》第 92 条进一步规定："原告申请被告依法履行支付抚恤金、最低生活保障待遇或

---

① 《裁判时机成熟时，人民法院可直接判令行政机关重新作出内容明确的具体行政行为——尹荷玲诉台州市国土资源局椒江分局土地行政批准案》，载中华人民共和国最高人民法院行政审判庭编《中国行政审判案例》（第 4 卷），中国法制出版社 2012 年版，第 165—170 页。

② 最高人民法院行政审判庭编著《最高人民法院行政诉讼法司法解释理解与适用》，人民法院出版社 2018 年版，第 426 页。

者社会保险待遇等给付义务的理由成立，被告依法负有给付义务而拒绝或者拖延履行义务的，人民法院可以根据行政诉讼法第七十三条的规定，判决被告在一定期限内履行相应的给付义务。"给付判决要求法院在行政机关尚未完成判断之时，作出"履行相应的给付义务"的判决。最高人民法院第二巡回法庭会议纪要中指出："如果事证明确，法律对于给付事项规定比较明确，行政机关的裁量已经缩减甚至缩减为零，为了尽快实现当事人的实体权利，应当直接针对给付事项作出判决。"① 可见，当法院作出给付判决时，实际上已经越过行政机关的首次判断而径行完成自己的判断了。

其三，承认变更判决。1989年《行政诉讼法》起草过程中，关于是否要承认变更判决，学界和实务界争论不下。当时学界普遍认为，承认了变更判决即承认了司法权可以代替行政权，这是违反司法审查有限原则的，但是实务界则认为，变更判决能够有效制约和监督行政机关依法办事，是法院审判权的内涵之一。最终立法有限承认了变更判决："行政处罚显失公正的，可以判决变更。"2015年《行政诉讼法》对变更判决的适用范围进一步扩大，其第77条规定："行政处罚明显不当，或者其他行政行为涉及对款额的确定、认定确有错误的，人民法院可以判决变更。人民法院判决变更，不得加重原告的义务或者减损原告的权益。但利害关系人同为原告，且诉讼请求相反的除外。"变更判决的本质是司法机关行使司法变更权，即司法机关可以代替行政机关直接改变行政行为的具体内容，这显然已经超越了行政首次判断权原则，而变更判决在修法中继续得以保留和扩张也就意味着立法者承认了行政首次判断权原则的例外。

以上三点说明我国立法者对行政首次判断权原则例外的肯认，但究竟什么时候可以不遵循行政首次判断权原则，在立法中是不明确的。从最高人民法院的会议纪要和典型案例来看，只有当行政机关的裁量权收缩时方有法院

---

① 《最高人民法院第二巡回法庭2019年第16次法官会议纪要》，载贺小荣主编《最高人民法院第二巡回法庭法官会议纪要》（第一辑），人民法院出版社2019年版，第320—321页。

代替行政机关完成判断的可能,这与比较法上的裁量收缩至零理论也是比较契合的。在本案中,对于原告夏某铎是否具有最低生活保障资格尚需行政机关完成相关调查,且有较大裁量空间,法院并不具备代替行政机关作出判断的可能。因此,法院遵循行政首次判断权原则驳回原告诉讼请求是妥当的。

四、遗留问题与展望

承认行政首次判断权原则是行政诉讼中司法审查有限原则的必然体现,但究竟在多大程度上承认行政首次判断权原则以及在多大的范围内肯认行政首次判断权原则的例外,则与一国行政诉讼制度的立法目的紧密相关。2015年修改后的《行政诉讼法》在第1条立法目的中新增了"解决行政争议"的目的,近年来"实质性化解行政争议"的司法政策也成为处理个案的基本指针。在越来越多的案例当中,法院不顾行政首次判断权原则,代替行政机关作出行政行为。不可否认,这对于节约司法资源、避免"循环诉讼"具有重要意义,但行政首次判断权原则的不断收缩也应引起足够的警惕。

就制度设计而言,行政诉讼建立在司法权与行政权两者的关系之上,司法权对行政权进行审查,但并不意味着司法权可以普遍地代替行政权,否则将导致权力性质的模糊、权力平衡的破坏。就个案处理而言,法院代替行政机关作出行为必然要求法院作足够充分的调查取证,这些工作对于法院来说是陌生且琐碎的,若法院判断失误则将导致相对人诉权受限,因为法院作出的行为只能通过上诉予以救济。"解决行政争议"的目的固然重要,但也须明确解决行政争议依旧是建立在司法审查有限原则之上的。因此,在我国,行政首次判断权原则更应得到强调和重视!

22

裁判时机成熟时行政机关直接判决给付内容
吴某如诉天津市社会保险基金管理中心和平分中心确认拒绝支付养老金违法案[①]

杜昕怡　浙江大学光华法学院

提要　本案中，负有给付义务的行政机关认为城镇养老保险月待遇与劳动保险待遇不能同时享受，并据此拒绝履行支付原告城镇养老保险月待遇的义务。法院在查明事实后，明确城镇养老保险月待遇与劳动保险待遇可以同时享有。法院认为本案中，案件事实清楚，被告的给付义务明确，遂直接判决给付内容，要求被告向原告支付尚未支付的城镇养老保险月待遇共计4718元。

一、案件事实与争议焦点

本案为一起经天津市和平区人民法院一审，而后由天津市第一中级人民法院二审的案件，原告吴某如，被告天津市社会保险基金管理中心和平分中心（以下简称社保和平分中心）。

原告吴某如于2012年10月31日向社保和平分中心一次性补缴了15年的城镇职工养老保险费25100元和城乡老年人生活补助900元共计26000元，并于2013年2月开始享受每月674元的城镇职工养老保险月待遇。宋某林作为吴某如的丈夫是吴某如的供养人，于2012年7月死亡。因此，吴某如领取

[①] 一审裁判文书为天津市和平区人民法院（2013）和行初字第104号行政判决书，二审裁判文书为天津市第一中级人民法院（2014）一中行终字第42号行政裁定书。

了 2012 年 8 月至 2013 年 1 月的救济费共计 21120 元。吴某如未领取 2012 年 1 月至 2013 年 1 月的城镇职工养老保险月待遇。吴某如在一审中当庭变更诉讼请求，要求社保和平分中心向其支付 2012 年 1 月至 2012 年 7 月的养老金共计 4718 元。天津市和平区人民法院一审判决被告社保和平分中心向原告吴某如支付 2012 年 1 月至 2012 年 7 月的城镇职工养老保险月待遇共计 4718 元。社保和平分中心不服天津市和平区人民法院作出的（2013）和行初字第 104 号行政判决，向天津市第一中级人民法院提起上诉。二审期间，被上诉人吴某如申请撤回起诉，法院经审理后裁定准许吴某如撤回起诉，并撤销天津市和平区人民法院作出的（2013）和行初字第 104 号行政判决。

本案的争议焦点主要为：（1）养老保险待遇与劳动保险待遇是否可以同时享受；（2）如果上述问题的回答是肯定的，那么当裁判时机成熟时，法院能否直接判决给付内容。

二、法院的推理与逻辑

法院围绕上述争议，其推理顺序是先认定被告社保和平分中心具有依照法律法规规定，负责本辖区内社会保险待遇的审核支付的独立职责，因而是本案的适格被告，具有支付吴某如城镇职工保险月待遇的法定职责。然后认定原告根据《关于未参保集体企业退休人员参加城镇企业职工基本养老保险有关问题的通知》于 2012 年 1 月起享受城镇职工养老保险待遇，基于与已去世的供养人宋某林的夫妻关系，可依据《中华人民共和国劳动保险条例实施细则修正草案》中的规定享受劳动保险待遇。接着进一步认定这两种待遇可以同时享受。最后，推导出社保和平分中心拒绝支付吴某如城镇职工养老保险月待遇的行为构成不履行法定职责，应当履行给付义务。法院在判决中明确了该给付义务的内容。具体如下。

（一）养老保险待遇与劳动保险待遇可同时享受

本案中关于养老保险待遇与劳动保险待遇是否可以同时享受，直接影响着被告社保和平分中心的给付义务是否存在。

吴某如作为供养直系亲属可以依据《中华人民共和国劳动保险条例实施细则修正草案》第45条第2项的规定，在供养人去世时依法享受劳动保险待遇。此外，吴某如按照天津市人社局发布的《关于未参保集体企业退休人员参加城镇企业职工基本养老保险有关问题的通知》的规定，于2012年10月31日向社保和平分中心补缴了15年的城镇职工养老保险费和城乡老年人生活补助。吴某如自2012年1月开始享受养老保险待遇。《关于未参保集体企业退休人员参加城镇企业职工基本养老保险有关问题的通知》和《中华人民共和国劳动保险条例实施细则修正草案》中未规定享受劳动保险待遇的，不能申请养老保险待遇。而《关于领取救济费的未参保集体企业退休人员享受城镇职工养老保险待遇问题的处理意见》却认为这两种待遇不可以同时享受。法院认定《关于领取救济费的未参保集体企业退休人员享受城镇职工养老保险待遇问题的处理意见》系行政机关内设部门作出的，仅对行政系统内部具有约束力，对外部不产生适用效力。这一文件还限制了上位法规定的权利，剥夺了当事人同时对劳动保险待遇和养老保险待遇的享受，法院不予适用。并且，劳动保险待遇和养老保险待遇的设立目的并不一致，前者尤其是当权利主体为供养人时，在于保障供养人暂时的基本生活；后者则是在于保障退休职工的基本生活。因此，法院得出结论，即养老保险待遇与劳动保险待遇可同时享受，社保和平分中心对吴某如具有支付养老保险月待遇的给付义务。

（二）法院直接判决给付义务

法院查明社保和平分中心对吴某如具有支付养老保险月待遇的给付义

务，即社保和平分中心未支付吴某如2012年1月至2012年7月的城镇职工养老保险月待遇，每月674元，合计4718元。考虑到本案所涉及的基本事实清楚，社保和平分中心有支付城镇职工养老保险月待遇的义务，支付义务所涉的金额明确且行政机关尚未支付。因此，本案给付内容明晰，无须行政机关再进行裁量。对本案所涉城镇职工养老保险月待遇的支付问题，行政机关无须再调查核实，行政机关针对这一事务的裁量空间已经收缩为零。法院直接判决给付内容即被告社保和平分中心向原告吴某如支付2012年1月至2012年7月的城镇职工养老保险月待遇4718元，符合行政诉讼法的规定。

三、学理归纳

在行政诉讼中，人民法院直接判决给付内容，涉及司法权与行政权的界限问题，在何种情况下人民法院可以直接判决给付内容，需考虑多方面的因素。既要恪守司法审查有限原则，尊重行政机关的首次判断权，同时又要保障实质解决纠纷的行政诉讼目的得以实现，为行政相对人的合法权益提供有效救济。

（一）行政首次判断权

司法权和行政权都有各自行使的领域，行政权向司法权过度扩展或者司法过度干预行政都是不可取的。行政首次判断权理论主要涉及行政诉讼中司法权介入行政权的边界问题。行政首次判断权理论强调司法权对行政权的尊重，对行政机关职权范围内的事项，法院一般只有在行政机关进行首次判断之后，才能进行事后的"第二次"审查判断。[①]

行政首次判断权理论是以权力分立理论为基础，司法权不得代替行政权

---

① 参见黄先雄《行政首次判断权理论及其适用》，《行政法学研究》2017年第5期。

作出政治性判断或行政性判断。行政首次判断权属于行政权的一部分，在行政机关作出第一次判断之前，司法机关代替行政机关进行判断是对行政首次判断权的侵犯。主要出于三方面的考虑。其一，根据权力分立的原则，法院仅当行政机关作出的行政行为违法侵害行政相对人或利害关系人合法权益时，为当事人提供事后的救济。行政机关在作出决定之前，以及行政行为对当事人发生具体影响以前，不受法院干涉。其二，行政管理活动具有较高的专业性和复杂性，而法官作为法律问题的专家与行政机关人员相比欠缺对行政管理活动进行综合判断的能力。其三，司法具有中立性，如果允许司法权在行政机关尚未作出一定的行政行为时就对行政权的行使加以干预，则可能有损司法的中立性。行政首次判断权理论对行政诉讼制度发展最直接的影响是从理论上否定了给付诉讼的可能性。[①] 在日本法上，过去倾向于将行政诉讼类型理解为应当自己完整地规定并判断容许性等，而不是这么开放的诉讼类型。其理论背景在于行使公权力的"公定力"和"行政厅的首次判断权"观念。换言之，因为行使公权力有公定力，要主张不服公权力的行使，或者排除公定力，就必须采取撤销诉讼这种特别的诉讼程序。而在行使公权力上，行政厅具有首次判断权，因而，像课予义务诉讼和禁止诉讼那样，法院在公权力行使之前就对其内容进行审理判断，非有特别情形不得允许。[②] 行政首次判断权理论源于日本，田中二郎在"司法界限"理论的基础之上，进一步地提出了行政机关首次判断权的理论。他指出，由于司法权是以行政机关的首次判断权作为前提作出具体裁判的，所以在一般情况下，行政机关的首次判断权必须保留在行政权领域，唯一的例外是允许司法权在其违法时予以排除。因此，行政机关未作出第一次判断前，司法权不能替代行政权作出判断，否则是对行政机关首次判断权的侵犯。[③] 在田中二郎提出行政首次判断权的理论之

---

① 参见江利红《日本行政诉讼法》，知识产权出版社 2008 年版，第 79—80 页。
② 山本隆司、王贵松：《诉讼类型、行政行为与法律关系》，《法治现代化研究》2020 年第 6 期。
③ 肖军：《田中二郎的行政法思想》，《行政法学研究》2010 年第 1 期。

后，后经学者雄川一郎进一步详细论述，他认为，行政首次判断权理论是指行政机关具有以行政行为对某种法律关系进行调整的权限，意味着这种行政法律关系的形成与确认，一般而言，应当首先由行政机关以行政行为来进行，而非法院的判断。[①] 起初这一理论十分严格，而后随着对实质解决行政争议和提高救济实效的追求，对这一理论加以纠正，使其新增了这样一种内涵，即当法院对应当作出或者不应当作出某种行政行为的要件明确时，可以不考虑行政首次判断权。

在本案中，行政机关对吴某如支付城镇职工养老保险月待遇的请求作出了拒绝履行的答复，且针对是否有给付义务，以及给付的具体金额均已经确定，无须考虑行政首次判断权。

（二）裁判时机成熟

德国《联邦行政法院法》第113条采用了裁判时机成熟的表述，裁判时机成熟意味着，对于一个即将终结的关于诉讼请求的法院决定而言，所有事实上和法律上的前提已经具备。如果时机不成熟，诉讼就不具备理由，行政机关才有权创造成熟的裁判时机。德国联邦行政法院在审查行政行为时具有较大的权力，可以在必要时创造事实和法律上的条件，促成行政纠纷的"裁判时机成熟"。但由于权力分立原则，法院也需要保持一定的克制。当行政行为的违法行为得到确认后，行政机关对此尚存在独立的裁量余地，法院不能直接作出课予义务的判决以满足原告的诉讼请求。[②] 当法院经过司法审查判断行政主体没有继续行使裁量权的空间时，即在法律后果方面事实上没有为行政机关留下裁量余地，此时行政机关的裁量权缩减为零，法院可以判决行政主体作出具体的给付行为。

---

① 王天华：《行政诉讼的构造：日本行政诉讼法研究》，法律出版社2011年版，第195页。
② 参见 [德] 弗里德赫尔穆·胡芬《行政诉讼法》，莫光华译，法律出版社2003年版，第443—446页。

关于我国实务界对裁判时机成熟的判断，还需将目光投射于本土的司法实践之中。《最高人民法院关于审理政府信息公开行政案件若干问题的规定》第 9 条[①]也体现了裁判时机成熟的理念，在行政机关对政府信息记录的更正没有进一步调查和裁量的空间时，法院将直接裁判行政机关作出更正的行为。在裁判时机成熟时，法院直接作出课予义务的裁判，在判决主文中明确给付内容有助于行政争议实质性解决。[②]而法院严格按照《行政诉讼法》关于履行判决的规定，判决行政机关在一定期限内履行给付职责。虽也符合法律的规定，且形式上尊重了行政机关的裁量权，但是无益于实质性解决纠纷。行政相对人对行政机关作出的给付判决不服的，可能引发新一轮的行政诉讼，是对司法资源的浪费，难以为行政相对人提供有效救济。实质性解决行政争议要求司法机关在司法权限范围内尽可能地将争议解决到位，避免程序空转，实现案结事了。在裁判时机成熟时，法院作出明确的给付判决，并不影响行政机关的在先判断权和自由裁量权。最高人民法院曾在一起案件中明确：履行法定职责之诉的诉讼目的，就是要求人民法院判令行政机关作出特定行政行为。因此，在裁判时机成熟的情况下，人民法院应当直接判决行政机关作出原告所申请的特定的行政行为。例如，判决行政机关向原告提供他所申请的某一个政府信息，而不是仅仅将行政机关的拒绝决定一撤了之，或者仅仅原则性地判决行政机关作出答复。裁判时机成熟，意味着作出这样一个具体的、全面满足原告诉讼请求的判决所依赖的所有事实和法律上的

[①]《最高人民法院关于审理政府信息公开行政案件若干问题的规定》第 9 条规定：被告对依法应当公开的政府信息拒绝或者部分拒绝公开的，人民法院应当撤销或者部分撤销被诉不予公开决定，并判决被告在一定期限内公开。尚需被告调查、裁量的，判决其在一定期限内重新答复。被告提供的政府信息不符合申请人要求的内容或者法律、法规规定的适当形式的，人民法院应当判决被告按照申请人要求的内容或者法律、法规规定的适当形式提供。人民法院经审理认为被告不予公开的政府信息内容可以作区分处理的，应当判决被告限期公开可以公开的内容。被告依法应当更正而不更正与原告相关的政府信息记录的，人民法院应当判决被告在一定期限内更正。尚需被告调查、裁量的，判决其在一定期限内重新答复。被告无权更正的，判决其转送有权更正的行政机关处理。

[②] 江必新：《论行政争议的实质性解决》，《人民司法》2012 年第 19 期。

前提都已具备。如果"案件事证尚未臻明确",或者"尚需被告调查或者裁量",就属于裁判时机不成熟。① 在另一起诉请支付补偿款的案件中,最高人民法院在裁判中指出,提起请求金钱补偿的一般给付之诉,必须是请求金额或者补偿标准已获明确,如果行政机关在作出实际给付之前尚有优先判断或者裁量余地,则不能直接起诉,而是应与行政机关先行协商解决。作出这种要求,系基于行政首次判断权原则,即对于行政机关职权范围内未予判断处理的事项,应待行政机关先行处理后,法院再对其是否合法以及明显不当进行审查。如果司法机关过早介入,就会有代替或者干预行政权行使的嫌疑。②

综合最高人民法院审理相关行政案件的观点来看,法院对于裁判时机的把握需要在审查时查明以下三点:其一,案件事实证据充分;其二,给付的内容明确;其三,行政机关在此已经没有优先判断或者裁量余地,即行政主体的裁量权限缩为"零"。同时满足以上三点,可认为裁判时机成熟,法院可以直接判决给付。

在本案裁判的时候,2015 年《行政诉讼法》尚未出台,判决类型仅有履行判决,2015 年《行政诉讼法》新增"解决行政争议"这一立法目的以及新增了给付判决的判决方式。早在 2015 年《行政诉讼法》出台前,最高人民法院就在相关文件中特别强调行政诉讼具有实质性解决行政争议的功能。2015 年《行政诉讼法》更是在法律层面对解决行政争议的目的予以明确,强调实质性解决行政争议的重要性。突出解决行政诉讼纠纷的目的,从而更好地回应对日益增多的行政纠纷的解决需求。

在立法目的变迁的背景下,法院在把握裁判时机成熟的内涵的同时,于特定的情况下作出要求行政机关履行法定职责的实体判决。这一行为的正当性在于契合实质化解决行政争议的立法目的和诉讼效益原则。从实质解决行政争议角度考虑,法院在行政机关不履行作为义务的案件中,通过审查相关

---

① 最高人民法院(2018)最高法行申 543 号行政裁定书。
② 最高人民法院(2017)最高法行申 317 号行政裁定书。

事实和法律依据,在判断裁判时机成熟时直接判决行政机关作出具体内容的行政行为,既有利于保护相对人合法权益,也有利于督促行政机关依法履职,同时也不致侵害到行政首次判断权和自由裁量权。如果法院在查明案情的基础上,不在判决中具体指明履行职责的具体内容,仍然只是作出程序性的判决,不作出实体性的判决,则难以实质维护行政相对人的合法权益,在行政机关作出相应合法的履职行为后,易引发再次诉讼的风险,是对司法资源不必要的浪费。而在满足裁判时机成熟原则的前提下,法院作出实体的履行法定职责的判决,符合司法审查有限原则,不构成对行政权的僭越。但需要指出的是,司法需要保持审慎与独立,应当恪守司法审查有限原则。对于行政机关尚未行使首次判断权的情况,或者行政机关还有裁量与斟酌的空间,法院不能代替行政机关率先作出决定。对于政策性领域、预测性与计划性判断、风险规制领域等更适合行政机关作专业判断的领域,一般不宜由法院直接作出履行法定职责的实体判决。[1]

四、遗留问题与展望

随着 2015 年《行政诉讼法》的出台,给付判决的方式得以确立。本案中涉及的社保和平分中心支付吴某如城镇职工养老保险月待遇的给付义务,在 2015 年《行政诉讼法》背景下属于给付判决的适用范畴。给付判决方式的确立随之带来一系列新的问题,作为一个新的判决方式,其与履行判决之间关系应当如何厘清,还有待考证。给付判决与履行判决在功能上具有相似性,都可以被称为广义上的给付判决。两者不同的是,在给付判决前行政机关与行政相对人已经确立了某种法律关系,从而约束行政机关需履行一定的给付义务。而且,一般而言,给付判决的客体为以金钱或财产为内容的给付义

---

[1] 参见于洋《行政诉讼履行法定职责实体判决论——以"尹荷玲案"为核心》,《北京理工大学学报》(社会科学版)2018 年第 2 期。

务。[1] 对于给付判决在行政诉讼法律制度中的功能定位,以及其发挥的作用和与履行判决的区别,还有待学理与司法实践的进一步回应。

---

[1] 参见黄锴《行政诉讼给付判决的构造与功能》,《法学研究》2020 年第 1 期。

23

二审改判方式选择

陈某等诉衡阳市珠晖区人民政府行政给付纠纷案[1]

汪敬涛　浙江大学光华法学院

提要　本案中，原告起诉被告所作《关于解决和平村无地少地农民生活出路问题的会议纪要》（以下简称《会议纪要》）违法，两审法院认为被告所作《会议纪要》一方面属于具体行政行为，另一方面也符合上位法规范，并未超出自由裁量范围。但两审法院忽略了对作为上位法规范本身合法性的审查。二审法院认为一审法院法律适用错误但处理结果正确，依法改判，但改判方式与现有实务并不一致。

一、案件事实与争议焦点

原告陈某、陈某伟就失地农民生活保障费一事诉被告衡阳市珠晖区人民政府一案，历经衡阳市中级人民法院一审，湖南省高级人民法院二审。

衡阳市人民政府经批准，从2006年7月开始启动湘江东岸风光带南段工程建设。原告陈某、陈某伟系衡阳市珠晖区和平乡和平村村民，所在村组的土地被政府征收。2008年1月4日，衡阳市珠晖区人民政府作出《会议纪要》，其中第2条第3项规定：关于当前生活保障问题，针对征地后享堂、便桥两组村民遇到生活实际困难，同意由区民政局组织筹措资金，建立一个过渡性的生活保障机制（农民未完成"农转非"之前）给予保障，分两部分落实。

---

[1] 一审裁判文书为湖南省衡阳市中级人民法院（2010）衡中法行初字第3号行政判决书，二审裁判文书为湖南省高级人民法院（2010）湘高法行终字第338号行政裁决书。

一部分是对困难户、伤残人员、"五保"人员，参照城市最低生活保障政策解决，实行动态管理。其余部分采取高于农村标准、略低于城市标准，按照每人75元/月给予保障。按此规定，原告陈某、陈某伟每月可领取75元。

原告认为《会议纪要》中规定的标准不符合现有规定，应该以衡阳市政府公布的居民最低生活保障标准，即每月166元/人予以保障。因此，以《会议纪要》第2条第3项违法为由提起诉讼，请求法院依法撤销该违法内容，责令被告按市政府职能部门公布的最低生活保障费标准给原告支付失地农民最低生活保障费，并责令被告给原告每人补发少发的失地农民最低生活保障费2184元。

起诉后，被告主张：首先，《会议纪要》既不是规范性文件，也不是具体行政行为；其次，《会议纪要》第2条第3项规定的75元/月是过渡性的生活保障金，并非低保金。一审法院认可了被告的主张，驳回起诉。

原告陈某、陈某伟后上诉至湖南省高级人民法院，主张被告所谓过渡性的生活保障机制没有法律依据，湖南省高级人民法院认为上诉理由不成立，但以一审法院判决所依据的法律错误，直接予以纠正后驳回上诉。

本案争议焦点为：衡阳市珠晖区人民政府作出的《会议纪要》第2条第3项中规定的保障内容是否合法。

二、法院的推理与逻辑

二原告之所以主张《会议纪要》中规定的标准不符合现有规定，是因为其认为《湖南省人民政府关于衡阳市2006年度第一批次城市建设用地的请示》规定了被征地农民的社会保障费应按《国务院关于加强土地调控有关问题的通知》《国务院办公厅转发劳动保障部关于做好被征地农民就业培训和社会保障工作指导意见的通知》文件执行，而《国务院关于加强土地调控有关问题的通知》中规定"征地补偿安置必须以确保被征地农民原有生活水平不降低、长远生计有保障为原则"。《国务院办公厅转发劳动保障部关于做好被征地农民就业培训和社会保障工作指导意见的通知》中也规定要"确保被征地农民生活水平不因征地而降低，长远生计有保障"以及"被征地农民基本生活和养老保障水平，应不低于当地最低生活保障标准"。

原告认为被告是通过生活保障费存折来发放这笔保障金的，证明是以低保的名义发放，但又未按低保的标准。而被告则主张案涉生活保障费并非低保，最低生活保障费用的申请发放已有明确规定，可依照《城市居民最低生活保障条例》、《湖南省农村最低生活保障办法》以及《衡阳市民政局关于全市城市居民最低生活保障工作管理的规定（试行）》来申请。

一审法院认为，首先，2008年1月4日，珠晖区人民政府区长办公会议作出的《会议纪要》是针对珠晖区和平乡和平村便桥、享堂两组村民适用的文件，该文件对当地的失地村民有约束力，可认定为具体行政行为，因此本案符合行政诉讼受案范围要求。其次，虽然原告的生活保障费是以低保名义发放的，但发放依据是《会议纪要》第2条第3项，该条内容明确失地农民是享受过渡性生活保障金，不是享受最低生活保障费，而且该《会议纪要》的规定与前述《国务院关于加强土地调控有关问题的通知》《国务院办公厅转发劳动保障部关于做好被征地农民就业培训和社会保障工作指导意见的通知》的文件精神并不冲突，因此驳回原告陈某、陈某伟的诉讼请求。

之后，原告陈某、陈某伟上诉，上诉理由实际上与一审时已有不同，二人主张衡阳市珠晖区人民政府没有按照国家有关文件政策给上诉人发放不低于最低生活保障标准的基本生活费，反而创造性地设立一个"过渡性的生活保障机制"，没有法律依据。

衡阳市珠晖区人民政府则声称，《会议纪要》第2条第3项是只针对原告所在的两个村民小组的一种特殊性保障措施。其目的是在上级政府没有明确失地农民保障措施的前提下，从维护失地农民的权益出发，在原告所在组率先试点保障失地农民生活的措施。不需要提出申请，也不审核公示，不实行动态管理，是实实在在的一项惠民保障措施。但是没有回应原告过渡性的生活保障机制没有法律依据的主张。

二审法院认为，就原告上诉理由中的过渡性的生活保障机制没有法律依据，《国务院办公厅转发劳动保障部关于做好被征地农民就业培训和社会保障工作指导意见的通知》是专门针对被征地农民就业培训和社会保障工作的指导意见，它原则上要求对被征地农民社会保障对象的确定，由省、自治区、直辖市人民政府制定具体办法，但未具体规定各地的社会保障标准。

被上诉人衡阳市珠晖区人民政府于 2008 年 1 月 4 日经与被征用土地的和平乡政府、和平村村委会和平村便桥、享堂两村民小组代表协商，仅针对上诉人所在的两个村民小组作出了《会议纪要》。这是被上诉人在湖南省人民政府、衡阳市人民政府相关规定出台之前，根据本地实际情况制定的临时性的保障措施。《会议纪要》第 2 条第 3 项关于"高于农村标准、略低于城市标准"给予过渡性生活保障机制的规定，不仅是被上诉人行政自由裁量的范畴，也符合《国务院办公厅转发劳动保障部关于做好被征地农民就业培训和社会保障工作指导意见的通知》关于合理确定保障水平的相关精神。故上诉人认为被上诉人设立过渡性的生活保障机制没有法律依据的上诉理由不能成立。

因此，二审法院驳回了陈某、陈某伟的诉讼请求。但是在判决主文里同时也纠正了一审法院在法律适用上的错误。

一审法院在判决主文中依据的是 1989 年《行政诉讼法》第 52 条第 1 款"人民法院审理行政案件，以法律和行政法规、地方性法规为依据；地方性法规适用于本行政区域内发生的行政案件"与《最高人民法院关于执行〈中华人民共和国行政诉讼法〉若干问题的解释》第 50 条第 3 款"被告改变原具体行政行为，原告不撤诉，人民法院经审查认为原具体行政行为违法的，应当作出确认其违法的判决；认为原具体行政行为合法的，应当判决驳回原告的诉讼请求"。

但是，二审法院认为，《国务院办公厅转发劳动保障部关于做好被征地农民就业培训和社会保障工作指导意见的通知》并不是《立法法》规定的法律、行政法规、地方性法规，是政策性文件，所以，一审判决适用1989年《行政诉讼法》第52条第1款错误。

同时，本案也非被告改变原具体行政行为的案件，一审判决适用《最高人民法院关于执行〈中华人民共和国行政诉讼法〉若干问题的解释》第50条第3款错误，应予改判。也即原审判决驳回原告诉讼请求并无不当，但因法律适用错误，因此依据1989年《行政诉讼法》第62条第2项"原判决认定事实清楚，但适用法律、法规错误的，依法改判"，以在主文中直接纠正的方式变更了一审的裁判依据，并驳回了上诉。

三、裁判争点分析

本案原告上诉理由称，衡阳市珠晖区人民政府创造性地设立一个过渡性的生活保障机制没有法律依据。而二审法院认为《会议纪要》第2条第3项关于过渡性生活保障机制的规定，符合《国务院办公厅转发劳动保障部关于做好被征地农民就业培训和社会保障工作指导意见的通知》关于合理确定保障水平的相关精神。换言之，该通知可作为《会议纪要》的上位法规范依据。但法院说理较为简单，并未审查是否可以适用该通知本身。

（一）本案《会议纪要》是否属于具体行政行为

会议纪要，是行政机关在行政管理过程中形成的具有法定效力和规范格式的文书，用于记载和传达行政机关有关会议情况和议定事项，是行政机关公务活动的重要载体和工具。[1] 对于会议纪要是否属于行政诉讼受案范围，长期以来均有争议。有的法官认为不应将会议纪要纳入行政诉讼受案范围。[2] 有

---

[1] 沙奇志：《"会议纪要"的性质及其可诉性研究》，《行政法学研究》2005年第1期。
[2] 邓张伟：《会议纪要不应纳入行政诉讼受案范围》，《人民司法》2008年第18期。

的法官认为行政机关制作的会议纪要,只有在其直接设定了一定的权利和义务并且实际得到直接实施的情况下,才具有可诉性。如果尚需有关行政机关以自己的名义作出后续的法律行为,会议纪要的内容才能得以实现,则后续得到直接实施的法律行为才是真正产生法律效果的可诉之行政行为。① 依此标准,本案《会议纪要》设定了一定的权利义务并且直接得到实施,应当具有可诉性。

最高人民法院在北京华丰王府井商业街开发有限公司诉北京市人民政府再审案② 中认为会议纪要作为行政机关通过会议方式就特定事项形成的内部意见或工作安排,通常情况下其效力限于行政机关内部,并不对行政相对人的权利和义务产生直接影响,如要落实会议纪要的内容或精神,一般仍需相关行政机关另行作出行政行为,对当事人合法权益产生实际影响的是后续的行政行为而非会议纪要。但若会议纪要的内容对相关当事人的权利义务作出了具体规定且直接对外发生了法律效力,可认定该会议纪要对当事人的合法权益已产生了实际影响,具有可诉性。依此标准,本案《会议纪要》是对原告的权利义务作出了具体规定且直接对外发生了法律效力,因此具有起诉性。

本案一审法院认为"(本案)《会议纪要》是针对珠晖区和平乡和平村便桥、享堂两组村民适用的文件,该文件对当地的失地村民有约束力,可认定为具体行政行为",认定理由较为简略。而二审法院在判决书中并未提及《会议纪要》为何具有可诉性。

笔者认为,本案《会议纪要》所适用的对象明确限定,也是对适用对象权利义务的具体规定且直接发生效力,因此具有可诉性,法院的判断合理,也符合司法实践。

---

① 戴文波:《会议纪要是否具有可诉性的界分》,《人民司法》2020 年第 11 期。
② 最高人民法院(2019)最高法行申 5463 号行政裁定书。

（二）《会议纪要》是否有上位法规范依据

《国务院办公厅转发劳动保障部关于做好被征地农民就业培训和社会保障工作指导意见的通知》中确实规定了"地方各级人民政府要从统筹城乡经济社会和谐发展的高度，加强就业培训和社会保障工作，将被征地农民的就业问题纳入政府经济和社会发展规划及年度计划，尽快建立适合被征地农民特点与需求的社会保障制度"，可以认为《会议纪要》第2条第3项符合此规定精神。

但是实际上此处还涉及一个问题：《国务院办公厅转发劳动保障部关于做好被征地农民就业培训和社会保障工作指导意见的通知》可否授权要求各级政府建立社会保障制度，即该通知本身的合法性。

《国务院办公厅转发劳动保障部关于做好被征地农民就业培训和社会保障工作指导意见的通知》属于国务院的规范性文件。目前法律法规中对规范性文件的制定要求并不明确，《国务院办公厅关于加强行政规范性文件制定和监督管理工作的通知》中要求要严格按照法定权限履行职责，严禁以部门内设机构名义制发行政规范性文件。要严格落实权责清单制度，行政规范性文件不得增加法律、法规规定之外的行政权力事项或者减少法定职责；不得设定行政许可、行政处罚、行政强制等事项，增加办理行政许可事项的条件，规定出具循环证明、重复证明、无谓证明的内容；不得违法减损公民、法人和其他组织的合法权益或者增加其义务，侵犯公民人身权、财产权、人格权、劳动权、休息权等基本权利；不得超越职权规定应由市场调节、企业和社会自律、公民自我管理的事项；不得违法制定含有排除或者限制公平竞争内容的措施，违法干预或者影响市场主体正常生产经营活动，违法设置市场准入和退出条件等。但并未提及规范性文件是否可以要求创设行政给付类项目。不过其中提及"不得违法减损公民、法人和其他组织的合法权益或者增加其义务"，但何谓违法并未进一步明确。

从现有法律法规对规章的制定要求来看,《立法法》第 80 条规定, 国务院各部、委员会、中国人民银行、审计署和具有行政管理职能的直属机构, 可以根据法律和国务院的行政法规、决定、命令, 在本部门的权限范围内, 制定规章; 部门规章规定的事项应当属于执行法律或者国务院的行政法规、决定、命令的事项。没有法律或者国务院的行政法规、决定、命令的依据, 部门规章不得设定减损公民、法人和其他组织权利或者增加其义务的规范, 不得增加本部门的权力或者减少本部门的法定职责。

举重以明轻, 既然在没有法律或者国务院的行政法规、决定、命令的依据的情况下, 部门规章不得设定减损公民、法人和其他组织权利或者增加其义务的规范, 那么同样地, 在没有法律或者国务院的行政法规、决定、命令的依据的情况下, 规范性文件自然也不得设定减损公民、法人和其他组织权利或者增加其义务。那么讨论的着重点有三: 一是《国务院办公厅转发劳动保障部关于做好被征地农民就业培训和社会保障工作指导意见的通知》是否关涉公民权利义务; 二是如该通知的确关涉公民权利义务, 则再问有无上位法依据; 三是如进一步得出无上位法依据, 则分析该通知对公民权利义务影响的类型是否所谓增加义务或减损权利。

第一, 就是否关涉公民权利义务,《国务院办公厅转发劳动保障部关于做好被征地农民就业培训和社会保障工作指导意见的通知》中要求地方各级人民政府尽快建立适合被征地农民特点与需求的社会保障制度。而社会保障制度直接与公民的社会保障权利相关, 因此毫无疑问, 该通知涉及了公民的权利义务。那么第二个讨论点即是该通知有无上位法依据。这里所指称的上位法指的是《立法法》第 80 条第 2 款中所规定的法律或者国务院的行政法规、决定、命令。

《国务院办公厅转发劳动保障部关于做好被征地农民就业培训和社会保障工作指导意见的通知》第一段中提到的制定依据为《国务院关于深化改革严格土地管理的决定》, 该决定属于《立法法》第 80 条第 2 款中所规定的法律或者国务院的行政法规、决定、命令之一，满足了形式要件。那么从内容上，如何确定该决定是否能作为《国务院办公厅转发劳动保障部关于做好被征地农民就业培训和社会保障工作指导意见的通知》的上位法依据呢？

事实上判断上位法依据是相当复杂的事。2016年网约车规制问题进入学界视野后，部分学者就所谓上位法依据如何判断进行了分析，但是都未深入，也未形成较为统一的标准。有学者认为，上位法规定是否明确难以通过单纯观察其中一方获得答案，而必须同时考察上下位法并研究两者的关系。概而论之，当上位法已就下位法所涉政策或价值问题作出选择或上位法用清晰的语言直接授权行政机关就某事项行使裁量权时，可以认定上位法明确。但假如上位法的清晰程度未能达到上述标准，比如上位法没有任何交代、上位法对如何从事某项工作仅作了原则性规定或者上位法对行政机关从事某项工作仅作了职权性的规定，则应认定上位法不明确。[①] 参照此种标准，《国务院关于深化改革严格土地管理的决定》（十三）规定"妥善安置被征地农民。县级以上地方人民政府应当制定具体办法，……当地人民政府应当将因征地而导致无地的农民，纳入城镇就业体系，并建立社会保障制度……劳动和社会保障部门要会同有关部门尽快提出建立被征地农民的就业培训和社会保障制度的指导性意见"。该条用清晰的语言直接授权了劳动和社会保障部门制度相关指导性意见，可以从内容上认定上位法明确。

因此，从结论上来看，《国务院办公厅转发劳动保障部关于做好被征地农民就业培训和社会保障工作指导意见的通知》本身合法，二审法院认为《会议纪要》符合《国务院办公厅转发劳动保障部关于做好被征地农民就业培训和社会保障工作指导意见的通知》关于合理确定保障水平的相关精神的观点，具有合理性。

第二，二审法院认为《会议纪要》以"高于农村标准、略低于城市标准"

[①] 俞祺：《上位法规定不明确之规范性文件的效力判断——基于66个典型判例的研究》，《华东政法大学学报》2016年第2期。

的数额给予过渡性生活保障，属于衡阳市珠晖区人民政府行政自由裁量的范畴。就这点而言，《国务院办公厅转发劳动保障部关于做好被征地农民就业培训和社会保障工作指导意见的通知》规定的是地方各级人民政府要从统筹城乡经济社会和谐发展的高度，加强就业培训和社会保障工作，将被征地农民的就业问题纳入政府经济和社会发展规划及年度计划，尽快建立适合被征地农民特点与需求的社会保障制度。对于何为适合被征地农民特点与需求，该通知里指出要根据适应当地经济社会发展水平、政策可衔接、政府财力能承受、被征地农民生活水平不降低、简便易行等原则，合理确定被征地农民的社会保障水平。被征地农民基本生活和养老保障水平，应不低于当地最低生活保障标准。也即该通知里将具体保障标准的制定授权各地方政府根据本地实际情况自由裁量，只是有一条硬性标准即"被征地农民基本生活和养老保障水平应不低于最低保障标准"。

本案《会议纪要》中提出的生活保障分两部分，一部分是对困难户、伤残人员、"五保"人员，参照城市最低生活保障政策解决，实行动态管理。其余部分采取高于农村标准、略低于城市标准，按照每人75元/月给予保障，也即75元/月的对象为非低保人员。虽然实践中并非所有生活水平在最低保障标准以下的人员均能获得低保，但就本案《会议纪要》而言，从外观上看，按75元/月标准发放生活保障的人，其生活水平理应原本就在最低保障标准之上，因此，《会议纪要》对于其余部分人群采取"高于农村标准、略低于城市标准"，按照每人75元/月给予保障，并未超出自由裁量范围，二审法院认定正确。

四、二审判决方式探讨

本案二审法院在驳回上诉人陈某、陈某伟诉讼请求的同时，也纠正了一审法院在法律适用上的错误，在判决主文中将一审法院判决中"根据《中华人民共和国行政诉讼法》第52条第1款、《最高人民法院关于执行〈中华人民共和国行政诉讼法〉若干问题的解释》第50条第3款之规定"变更为"根据《最高人民法院关于执行〈中华人民共和国行政诉讼法〉若干问题的解释》第56条第4项之规定"。

根据不同的认识对象及裁判流程的不同阶段,法官的认识分歧可划分为事实认定上的认识不同和法律问题上的认识不同。[①]我国三大诉讼模式均为职权主义,二审法院通过对一审裁判的复核,既可以对其错误的法律适用加以改判,也可以对其错误的事实认定加以改判。[②]依法改判是上诉审法院或再审法院处理上诉案件或再审案件的一种结案方式,也是其行使审判权的一种重要方式。二审法院的改判包括法律改判与事实改判,二者结合构成了二审法院对一审裁判的实体裁判权。[③]

现行《行政诉讼法》(2017年)第89条第1款第2项"原判决、裁定认定事实错误或者适用法律、法规错误的,依法改判、撤销或者变更"与第3项"原判决认定基本事实不清、证据不足的,发回原审人民法院重审,或者查清事实后改判",即是对二审法院改判权的规定,第2项规定了法律改判与事实改判,第3项规定了事实改判,而本案涉及的即是法律改判。

(一)改判内容分析

1989年《行政诉讼法》第52条第1款规定"人民法院审理行政案件,以法律和行政法规、地方性法规为依据。地方性法规适用于本行政区域内发生的行政案件"。《国务院办公厅转发劳动保障部关于做好被征地农民就业培训和社会保障工作指导意见的通知》属于规范性文件,所以,一审判决适用

[①] 王建宏:《透视发回重审与改判率——以社会主义司法制度的公正价值为视角》,《法律适用》2009年第2期。

[②] 参见刘伟、张丹《二审改判权行使的限度——以二审改判存在的问题为视角》,《山东法官培训学院学报(山东审判)》2010年第5期。

[③] 参见王建红、曹书瑜《民事二审维持原判与改判若干问题探讨》,《法律适用》2007年第7期。

1989年《行政诉讼法》第52条第1款确属不当。

《最高人民法院关于执行〈中华人民共和国行政诉讼法〉若干问题的解释》第50条第3款规定"被告改变原具体行政行为,原告不撤诉,人民法院经审查认为原具体行政行为违法的,应当作出确认其违法的判决;认为原具体行政行为合法的,应当判决驳回原告的诉讼请求"。本案中依一审法院查明事实,衡阳市珠晖区人民政府并未改变《会议纪要》。因此,一审法院适用上述《最高人民法院关于执行〈中华人民共和国行政诉讼法〉若干问题的解释》第50条第3款确属不当。

《最高人民法院关于执行〈中华人民共和国行政诉讼法〉若干问题的解释》第56条规定有下列情形之一的,人民法院应当判决驳回原告的诉讼请求:(一)起诉被告不作为理由不能成立的;(二)被诉具体行政行为合法但存在合理性问题的;(三)被诉具体行政行为合法,但因法律、政策变化需要变更或者废止的;(四)其他应当判决驳回诉讼请求的情形。本案中被告并非不作为,被诉具体行政行为也不存在合理性问题,也未因法律、政策变化需要变更或者废止,因此,二审法院将一审法院判决依据变更为根据该条第4项并无问题。

(二)改判形式分析

1989年《行政诉讼法》第61条规定人民法院审理上诉案件,按照下列情形,分别处理:……(二)原判决认定事实清楚,但适用法律、法规错误的,依法改判。据此二审法院以直接纠正的方式一方面维持变更了原审裁判依据,另一方面驳回了上诉。

但二审审判长后续撰文指出,因1989年《行政诉讼法》第61条第2项对何为依法改判规则不明确,因此当时合议庭对如何改判,事实上有所分歧,存在三种意见[①]。

---

① 参见张坤世《适用法律错误但结果正确之裁判的改判方式》,《人民司法》2011年第14期。

第一种意见认为对一审判决书中存在的适用法律的问题，在二审判决的"本院认为"（判决理由）部分指出来，并予纠正，即使依法改判，二审处理结果仍然应该是驳回上诉，维持原判。第二种意见认为对一审判决书中存在的适用法律的问题，只须在二审判决的"本院认为"部分指出，并予纠正即可。但处理结果上应是"驳回上诉"，不应是"驳回上诉，维持原判"。因为原判已经被改，不能再维持。第三种意见认为，对一审判决书中存在的适用法律的问题，不仅须在二审判决的"本院认为"部分指出，而且还应在判决主文中确定，通过在判决书中直接予以变更的方式实现依法改判。也就是说，对法律适用错误之裁判的依法改判，在"本院认为"和判决主文中都要指出来。判决结果应当是"驳回陈某、陈某伟的诉讼请求"，而不是"驳回上诉，维持原判"。

虽然二审审判长在文中指出合议庭最后采用了第一种意见，但浏览该案二审判决书，实际上最后裁判采取的是第三种意见，在"本院认为"部分指出了一审法律适用错误之后，在判决主文中变更了一审适用的裁判依据，判决结果的措辞也是"驳回上诉人陈某、陈某伟的诉讼请求"。而且二审法院的裁判依据是1989年《行政诉讼法》第62条第2项"原判决认定事实清楚，但适用法律、法规错误的，依法改判"。

在行政诉讼法修改前，按1989年《行政诉讼法》第62条第2项，对于一审案件适用法律有错误，但处理结果正确的案件应当采用何种形式裁判，实务中并不一致。在浙江万丰摩轮有限公司诉国家知识产权局专利复审委员会外观设计专利权无效案[①]中，二审法院在"法院认为"部分指出了一审法院的法律适用错误，直接予以纠正，因处理结果正确，在判决主文中，认为"一审判决认定事实清楚，适用法律基本正确，程序合法，应予维持"，因此"驳回上诉，维持原判"。而且裁判依据并非1989年《行政诉讼法》第61条第2项，而是第61条第1项"原判决认定事实清楚，适用法律、法规正确的，

---

① 北京市高级人民法院（2010）高行终字第467号行政判决书。

判决驳回上诉，维持原判"。

同样是法律适用错误但处理结果正确，本案在"法院认为"与判决主文均予以纠正，而前述浙江万丰摩轮公司案则是在"法院认为"部分纠正，且在判决结果中认为一审判决适用法律"基本正确"，依据的也是1989年《行政诉讼法》第61条第1项，也与本案不同。浙江万丰摩轮公司案的此种判决模式并非少数。

现行《行政诉讼法》（2017年）第89条第1款第2项规定，原判决、裁定认定事实错误或者适用法律、法规错误的，依法改判、撤销或者变更，实际上与1989年《行政诉讼法》第62条第2项无太大差异。修法后，实务对类似案件处理上与前述浙江万丰摩轮公司案类似。崔某秀诉钟祥市国土资源局土地行政管理案①中，一审适用法律错误，二审法院也在"本院认为"中对此予以纠正。后依照现行《行政诉讼法》（2017年）第89条第1款第1项"原判决、裁定认定事实清楚，适用法律、法规正确的，判决或者裁定驳回上诉，维持原判决、裁定"，判决"驳回上诉，维持原判"。苏某君、张某麒诉衡阳市人民政府与衡阳市自然资源和规划局土地行政管理案②中，二审法院认为一审法院法律适用错误，同样是在"法院认为"部分直接纠正，但处理结果并无不当。也是依照现行《行政诉讼法》（2017年）第89条第1款第1项的规定，裁定"驳回上诉，维持原裁定"。

对于处理结果正确，法律适用也正确，但事实认定有误的案件，二审法院的处理也较为类似。蒋某利诉上海市规划和国土资源管理局规划案③中，一审认定的事实存在部分错误，二审法院直接在"事实认定"中予以纠正。最后依据《行政诉讼法》（2017年）第89条第1款第1项的规定，判决"驳回上诉，维持原判"。梁某雄、梁某装诉中山市国土资源局土地行政管理案④

---

① 湖北省荆门市中级人民法院（2019）鄂08行终字第56号行政判决书。
② 湖南省高级人民法院（2019）湘行终字第765号行政裁定书。
③ 上海市第三中级人民法院（2016）沪03行终字第281号行政判决书。
④ 广东省中山市中级人民法院（2018）粤20行终字第947号行政判决书。

中，一审法院部分认定事实错误，法院也在"事实认定"部分直接予以纠正，最后依照现行《行政诉讼法》（2017年）第89条第1款第1项的规定，判决"驳回上诉，维持原判"。

可以看到，上述案例对于处理结果正确，但事实认定错误或法律适用错误的案例均采用了在"法院认为"或"事实认定"中纠正，判决结果仍为"驳回上诉，维持原判"，且裁判依据也是适用于"认定事实清楚，适用法律正确"情况的1989年《行政诉讼法》第61条第1项或现行《行政诉讼法》（2017年）第89条第1款第1项。这与本案裁判方式较为不同。

究竟何种裁判方式更为合理呢？有观点认为，在"法院认为"中纠正法律适用错误，在主文中判决"驳回上诉，维持原判"更符合1989年《行政诉讼法》第61条第2项的立法原意。因为在实务中，通常而言，维持原判应指判决结果（主文），也就是说，只要判决结果正确，即使判决依据错误，包括事实依据、法律依据等，也应当维持。而改判则不仅包括判决结果（主文）的改变，也包括改变判决认定的事实、理由以及所适用的法律。换言之，对1989年《行政诉讼法》第61条第2项规定的"原判决适用法律、法规错误的"，不须裁定撤销原判决，只须在二审判决说理部分予以纠正，即属依法改判，无须改变判决结果，仍是"驳回上诉，维持原判"。而对于1989年《行政诉讼法》第61条第3项规定的"原判决认定事实不清，证据不足的"，如若改判，则不仅须改变事实认定，而且须撤销原判决，改变原判结果。因此，从立法原意看，1989年《行政诉讼法》第61条第2项与该法第61条第3项中规定的"改判"，含义是不一样的。[①] 但有的学者则认为维持原判有广义与狭义之分，狭义是指维持原审判决的实体处理结果，广义维持原判不仅包括判决的处理结果，而且还包括一审判决所认定的事实和适用的法律及其说理

---

① 参见张坤世《适用法律错误但结果正确之裁判的改判方式》，《人民司法》2011年第14期。

分析，换言之，就是维持原审判决的整体正确性。①就改判的类型而言，也有全部改判、部分改判和瑕疵判决的纠正之别。就改判的实质而言，与维持原判相对应，也有广义与狭义之分：广义地理解，依法改判表现为对原判认定事实的纠正、适用法律及说理分析的纠正和原判结果的纠正；狭义地理解，依法改判集中表现为对原判结果的纠正。②因此，如果从广义维持原判说与狭义依法改判说的立场来看，1989年《行政诉讼法》第61条第2项的立法原意就不明朗了。

实际上，依法改判发挥着多方面的价值和功能，通过对一审裁判中存在的错误加以纠正，既有助于实现当事人的合法权益，也有助于纠纷的及时解决。③笔者认为，依法改判的方式恰当与否最重要的是从诉讼当事人的角度而言，表达是否清晰，是否能让诉讼当事人感受到司法公正。

但在实践中，二审法院对一审法院案件的处理模式实际上还与法院的考核相关。目前，我国各级法院对审判公正的评价指标包括服判息诉率、上诉率、发改率、抗诉申诉率、信访投诉率、生效案件发改率等。其中，发改率已经成为许多法院进行审判公正评价的核心指标。④法院系统内部实行已久的"错案追究制"，迫使法官与案件的裁判结局不得不发生直接的利益牵连，这直接带来了上级法院撤销下级法院判决的难度。⑤为了缓解一审法院和法官背负的改判发回率考核指标和错案追究压力，过去有些中级人民法院级法院对于二审案件采取"可改可不改的，一般不改"的原则性尺度。⑥

---

① 王建红、曹书瑜：《民事二审维持原判与改判若干问题探讨》，《法律适用》2007年第7期。
② 参见王建红、曹书瑜《民事二审维持原判与改判若干问题探讨》，《法律适用》2007年第7期。
③ 参见刘伟、张丹《二审改判权行使的限度——以二审改判存在的问题为视角》，《山东法官培训学院学报（山东审判）》2010年第5期。
④ 王建宏：《透视发回重审与改判率——以社会主义司法制度的公正价值为视角》，《法律适用》2009年第2期。
⑤ 参见刘伟、张丹《二审改判权行使的限度——以二审改判存在的问题为视角》，《山东法官培训学院学报（山东审判）》2010年第5期。
⑥ 参见王信芳《民事再审制度功能实现的路径思考》，《法学》2009年第10期。

但即使是驳回上诉,如果在二审判决书中清晰地表明原审判决中的错误,也能使当事人体会到司法公正。因此,有学者指出,在当前的社会背景下,法院更应当把当事人合法权益和社会正义的实现放在首要位置,把案结事了放在突出地位,缓释法院内部压力只能放在次要位置。对于二审而言,一审判决虽然不违法,但不利于服判息诉,而二审如果在法律范围内的改动能够起到更好的社会效果,更能促使服判息诉的,二审应作适当的改动。[1] 也有学者指出,由于人们对"改判"二字有不同的理解,为避免引发不必要的争议,对"原判决适用法律、法规错误的",最好表述为"依法纠正",而不用"依法改判"。[2] 此种观点也富有启发意义。

综合而言,不论是在"法院认为"还是在判决主文中纠正,最重要的是以明确醒目的方式让当事人体会到司法的公正。从这个观点来看,本案二审裁判在主文中纠正的方式似乎更能符合这个要求。如果一方面在判决中对一审的错误予以纠正,而另一方面依据的却是适用于"事实认定清楚,法律适用正确"情况的法律,或许会让诉讼当事人产生矛盾,从这个角度而言,本案适用1989年《行政诉讼法》第62条第2项作为裁判依据或许更为合理。

---

[1] 王信芳:《民事再审制度功能实现的路径思考》,《法学》2009年第10期。
[2] 张坤世:《适用法律错误但结果正确之裁判的改判方式》,《人民司法》2011年第14期。

24

第三人民事赔偿与工伤保险待遇兼得
巴中市恩阳区社会保险事业管理局与吴某兰、黄某再审行政判决书[①]

朱可安　浙江大学光华法学院

提要　本案中,法院对工伤职工及其近亲属同时享有获得第三人民事赔偿与工伤保险待遇的权利予以了认可。同时,将相关司法解释类推适用于原告与第三人签订民事赔偿协议而未提起民事诉讼的情形,否定行政规定的"补差"做法,认为工伤保险待遇核定时不应扣减第三人侵权赔偿金。

一、案件事实与争议焦点

本案为一起四川省高级人民法院受理的再审案件,再审申请人(一审被告、二审上诉人)巴中市恩阳区社会保险事业管理局(以下简称恩阳区社保局),再审被申请人(一审原告、二审被上诉人)吴某兰、黄某。

死者黄某元为吴某兰之夫、黄某之父,生前为巴中市恩阳区群乐初级中学校长。2015年6月29日7时23分,黄某元乘坐同事魏某林驾驶的车辆由学校前往恩阳区教科体局参加会议。途中车辆发生侧翻交通事故,黄某元经抢救无效死亡。同年7月17日,巴中市公安局恩阳区分局交通管理大队作出

[①] 一审裁判文书为四川省巴中市恩阳区人民法院(2015)恩行初字第09号行政判决书,二审裁判文书为四川省巴中市中级人民法院(2016)川19行终字第4号行政判决书,再审裁判文书为四川省高级人民法院(2019)川行申字第243号行政裁定书。

恩公交认字〔2015〕第026号《道路交通事故认定书》，认定魏某林负事故全部责任，黄某元无责任。同年7月29日，吴某兰、黄某与驾驶员魏某林自愿达成交通事故民事赔偿协议，由魏某林一次性支付医疗费、误工费、护理费、交通费、住宿费、伙食补助费、死亡补偿金、丧葬费、被扶养人生活费等各种费用共计人民币10万元。经申请，同年8月18日，恩阳区社保局作出巴市人社工决〔2015〕290号《工伤认定决定书》，认定黄某元所受伤害为工伤，此前用人单位已为其参保并缴纳了职工工伤保险。

此后涉及第三人民事侵权赔偿和工伤保险待遇竞合的问题。

同年9月中旬，二原告及巴中市恩阳区群乐初级中学到被告窗口口头申请核定并支付黄某元工亡后亲属应享有的工伤待遇。被告要求二原告及学校补充相关材料，原告及学校当天进行了补充。同年10月8日，二原告及其亲友再次到被告单位提出核定和支付工伤待遇请求，被告亦向二原告填写并提供了《巴中市恩阳区机关事业单位工伤生育保险费申报核定表》。同年11月13日，二原告向被告书面提出《工伤保险待遇核定及支付申请书》，被告出具了收据，但要求二原告先起诉第三人魏某林交通事故赔偿，从而不予核定支付。吴某兰、黄某提起诉讼，请求被告核定支付黄某元工亡待遇。四川省巴中市恩阳区人民法院一审判决支持原告诉请。恩阳区社保局提起上诉，四川省巴中市中级人民法院二审判决维持原判。恩阳区社保局申请再审，四川省高级人民法院裁定驳回。

本案的争议焦点主要为：（1）职工或者其近亲属是否同时享有请求第三人承担民事赔偿责任和请求工伤保险待遇的权利；（2）工伤保险待遇核定时是否应扣减第三人侵权赔偿金。

二、法院的推理与逻辑

被告行政行为的直接依据是《四川省人民政府关于贯彻〈工伤保险条例〉

的实施意见》(以下简称《贯彻意见》)第 10 条。该条规定"职工上下班途中受到交通机动车事故伤害,或者履行工作职责和完成工作任务过程中遭受意外伤害,按《条例》规定认定为工伤和视同工伤的,如第三方责任赔偿的相关待遇已经达到工伤保险相关待遇标准的,用人单位或社会保险经办机构不再支付相关待遇;如第三方责任赔偿低于工伤保险相关待遇,或因其他原因使工伤职工未获得赔偿的,用人单位或社会保险经办机构应按照规定补足工伤保险相关待遇"。据此,被告认为,二原告应先向事故侵权人进行民事诉讼赔偿后再行支付差额。被告的主张可以被切割为两个部分:其一,原告提起民事诉讼赔偿是被告给付工伤保险待遇的前置条件;其二,第三人侵权赔偿金额应从工伤保险待遇中抵扣,后者是对前者的补差。

三级法院的裁判逻辑相近,对被告上述两个主张分别进行驳斥:首先,法理上,工伤保险待遇是公权范畴的补偿,第三人民事侵权赔偿是私权范畴的赔偿,两者不得相互替代;其次,针对被告的第一个主张,本案已满足享受工伤保险待遇的法定要件,法定要件与第三人赔偿与否无涉;最后,针对被告的第二个主张,相关法律法规已确立兼得模式,《贯彻意见》确立的第三人侵权工伤赔偿补差原则,与法律规范的规定不一致,故本案不宜参照适用。

(一)区分两种不同的权利

再审法院指出,《最高人民法院关于审理人身损害赔偿案件适用法律若干问题的解释》第 12 条第 2 款规定"因用人单位以外的第三人侵权造成劳动者人身损害,赔偿权利人请求第三人承担民事赔偿责任的,人民法院应予支持"。该条文支持劳动者获得民事赔偿的权利。一审法院从《社会保险法》《工伤保险条例》对工伤保险性质的相关规定切入,指出"工伤保险是国家和社会对工伤职工或其近亲属的经济补偿",而补偿不同于民事侵权赔偿,无须考虑过错与否。"第三人赔偿与工伤保险待遇,一个属于私权范畴,一个属于公权范畴;一个是民事法律关系,一个是行政法律关系;二者不具有相互替代补充的作用,二者目前在法律上是并行不悖的。"此言从法理上揭示了第三人赔偿和工伤保险待遇的性质不同,不能彼此替代。具体而言,工伤保险待遇属于社会权利,该权利的实现以国家的介入为特征,旨在实现公民的生存保障和社会正义,具有浓厚的公法色彩,与传统私法权利相区别。法院达成共识:相关法律法规表明,职工或者其近亲属享有同时请求第三人承担民事赔偿责任和请求工伤保险待遇的权利。

(二)第三人赔偿不是获工伤保险待遇的法定要件

对于原告提起民事诉讼赔偿是否为获得工伤保险待遇的法定要件,法院作出了否定回答。一审法院认为,"由于第三人的原因造成工伤,社会保险机构是否核定支付工伤保险待遇,取决于工伤职工是否符合享受工伤保险待遇的法定要件"。本案用人单位按规定向社会保险机构缴纳了工伤保险费,用人单位及职工亲属在法定期限内提出了工伤认定申请,巴中市人力资源和社会保障局认定构成工伤并作出了工伤认定书,故原告已符合享受工伤保险待遇的法定条件。《工伤保险条例》并未将第三人赔偿纳入法定要件。被告要求原告先向第三人提起民事诉讼赔偿,属于对二原告享受工伤保险待遇设置其他法律障碍,是增设了二原告的义务和责任。

(三)第三人赔偿不应从工伤保险待遇中抵扣

对于原告在第三人处获得的民事赔偿是否应在工伤保险待遇中予以抵扣或冲减,法院亦作了否定回答。一审法院认为,《社会保险法》第42条规定:"由于第三人的原因造成工伤,第三人不支付工伤医疗费用或者无法确定第三人的,由工伤保险基金先行支付。工伤保险基金先行支付后,有权向第三人追偿。"据此,社会保险机构有权向第三人追偿的限于工伤医疗费,而不是工伤职工的工伤保险待遇。二审法院认为,最高人民法院作出的答复和司法解释已经确认第三人侵权工伤赔偿受害人可获得两份赔偿的原则。《人力资源和社会保障部关于印发工伤保险经办规程的通知》第74条,也仅规定了工伤医疗保险待遇不得重复享受。再审法院认为,《最高人民法院关于审理工伤保险行政案件若干问题的规定》第8条第3款规定"职工因第三人的原因导致工伤,社会保险经办机构以职工或者其近亲属已经对第三人提起民事诉讼为由,拒绝支付工伤保险待遇的,人民法院不予支持,但第三人已经支付的医疗费用除外"。据此,被告主张第三人侵权赔偿金额应从工伤保险待遇中抵扣,此种补差做法与上述规定不符,减损了二原告的合法权益。

三、学理归纳

(一)立法层面:肯定"一补一赔"双重索赔权

世界范围内关于工伤保险待遇和民事侵权赔偿法律竞合的理论和制度主要有四种模式:(1)替代模式(免除模式),即以工伤保险给付替代侵权损害赔偿,以德国为代表;(2)选择模式,由受害劳动者在工伤保险给付和侵权损害赔偿中选择其一,英国曾采取此项制度,现已废止;(3)补充模式,即受害劳动者对工伤保险给付和侵权损害赔偿均可以主张,但最终获得的救济总额不得超过其实际遭受的损害,以日本为代表;(4)兼得模式(双赔模式),即允许受害劳动者同时请求工伤保险给付和侵权损害赔偿,以英国为代表。[①] 我国实务对此问题的争议集中在补充模式和兼得模式的选择上,本案被告主张应采取补充模式,而原告和法院则认为应采取兼得模式。补充模式以实际损失为限,可以节约有限的社会资源。兼得模式对工伤职工最为有利,但违背了侵权法上"损害填平"原则和保险法上"受害人不应因遭受侵害而

---

① 参见王显勇《工伤保险与侵权法竞合的理论与立法构想》,《社会科学》2009年第5期。

获得意外收益"的原则。①

本案被告作出行政决定的直接依据是四川省人民政府制定的《贯彻意见》，该《贯彻意见》第10条体现补充模式立场，要求以工伤保险基金对第三人侵权民事赔偿进行补差。在全国多个地方，存在同样持补充模式立场的地方政府规章、行政规定，例如于2017年被删除的《西安市工伤保险实施办法》第32条、于2011年被废止的《重庆市劳动和社会保障局关于贯彻执行〈工伤保险条例〉有关问题处理意见的通知》。追根溯源，这些法规范都受到原劳动部1996年8月12日公布的《企业职工工伤保险试行办法》第28条的影响。该部门规章在交通事故引起的工伤待遇补偿问题上明确持补充模式的立场："交通事故赔偿已给付了医疗费、丧葬费、护理费、残疾用具费、误工工资的，企业或者工伤保险经办机构不再支付相应待遇……交通事故赔偿给付的死亡补偿或者残疾生活补助费，已由伤亡职工或亲属领取的，工伤保险的一次性工亡补助金或者一次性伤残补助金不再发给。但交通事故赔偿给付的死亡补偿费或者残疾生活补助费低于工伤保险的一次性工亡补助金或者一次性伤残补助金的，由企业或者工伤保险经办机构补足差额部分。"原劳动部《企业职工工伤保险试行办法》虽已失效，但受其影响，仍有不少地方继续沿用该补差模式，本案所涉《贯彻意见》与前述两个已被废止的行政规定即为例证。

审理本案的三级法院认为，在工伤保险待遇和民事侵权赔偿竞合的问题上，我国已确立了兼得模式，因而否定《贯彻意见》的补差做法。笔者认为，我国在立法层面虽然尚未明确兼得模式或补充模式，但已肯定了双重索赔权。《社会保险法》和《工伤保险条例》虽未明示工伤保险待遇和民事侵权赔偿可以兼得，却也未规定第三人侵权工伤保险待遇中应当扣除第三人赔偿的部分（补充模式）。依据《社会保险法》第42条，在工伤医疗费用范围内，工伤

---

① 参见杨胜男、贾媛媛、庄良平《生命权特别保护视野下的工伤案件审理——谈第三人侵权引发工伤赔偿案件的两种区别处理模式》，《法律适用》2008年第5期。

职工只能享受一份医疗费，但该法律并未限制其他费用的份数，所以行政机关限制受伤职工只能得到一份赔偿或补偿的做法缺乏法律依据。例如，2001年《职业病防治法》第52条规定："职业病病人除依法享有工伤社会保险外，依照有关民事法律，尚有获得赔偿的权利的，有权向用人单位提出赔偿要求。"2002年《安全生产法》第48条规定："因生产安全事故受到损害的从业人员，除依法享有工伤保险外，依照有关民事法律尚有获得赔偿的权利的，有权向本单位提出赔偿要求。"此类条文的立法目的是让受害人及其亲属获得充分救济，用侵权损害赔偿填补损失，受害人及其亲属在工伤保险待遇有限的项目范围之外，还可以向用人单位主张精神损害赔偿、办理丧葬事宜支出的交通费、住宿费和误工损失等合理费用。虽然不是第三人侵权的情形，但上述两个法律条文在规范层面肯定了受害人及其亲属同时享受工伤保险待遇和向用人单位主张民事损害赔偿的权利，对用人单位侵权情形下受害人的双重索赔权予以认可。

（二）司法层面：倾向"一补一赔"兼得模式

我国在立法层面已肯定了用人单位侵权时的双重索赔权，印证了公权与私权并存的法理。但权利是否并存与权利的实际覆盖范围是两个问题，在第三人侵权的情况下，立法无法回答两个权利的实际覆盖范围，即应采取兼得模式还是补充模式。面对这个实务中的关键问题，最高人民法院通过司法解释明确了态度，倾向于除医疗费用外的兼得模式。2003年发布的《最高人民法院关于审理人身损害赔偿案件适用法律若干问题的解释》第12条第2款规定："因用人单位以外的第三人侵权造成劳动者人身损害，赔偿权利人请求第三人承担民事赔偿责任的，人民法院应予支持。"该款对立法层面仅规定用人单位侵权的现状作了补充，使第三人侵权的情形也有了法律依据。之后，最高人民法院在〔2006〕行他字第12号答复中进一步明确了兼得模式立场，第三人造成工伤的职工或其近亲属，在获得高于工伤保险待遇的民事赔偿后，还可以获得工伤保险待遇补偿。[①]《最高人民法院公报》2006 年第 8 期刊载了杨某伟诉上海宝钢二冶企业开发公司人身损害赔偿纠纷案,终审法院认为:"因用人单位以外的第三人侵权造成劳动者人身损害,构成工伤的,劳动者因工伤事故享有工伤保险赔偿请求权,因第三人侵权享有人身损害赔偿请求权。二者虽然基于同一损害事实,但存在于两个不同的法律关系之中,互不排斥。杨某伟作为工伤事故中的受伤职工和侵权行为的受害人,有权获得双重赔偿。"在类案检索制度下,公报案例具有参照意义。

2014 年发布的司法解释《最高人民法院关于审理工伤保险行政案件若干问题的规定》(以下简称《规定》),明确了由于第三人的原因造成工伤的处理方式,该司法解释成为审理此类案件最直接的裁判依据。《规定》第 8 条第 2 款:"职工因第三人的原因受到伤害,社会保险行政部门已经作出工伤认定,职工或者其近亲属未对第三人提起民事诉讼或者尚未获得民事赔偿,起诉要求社会保险经办机构支付工伤保险待遇的,人民法院应予支持。"第 8 条第 3 款:"职工因第三人的原因导致工伤,社会保险经办机构以职工或者其近亲属已经对第三人提起民事诉讼为由,拒绝支付工伤保险待遇的,人民法院不予支持,但第三人已经支付的医疗费用除外。"据此,在第三人侵权导致工伤时,可得出医疗费应当单赔的结论,即当第三人赔偿了医疗费时,社保部门在核定工伤保险待遇时应对医疗费予以扣除,但其他侵权赔偿部分不应扣除。[②] 最高人民法院法官杨科雄亦认为,该司法解释既在实体上承认了长期争论不休的"一补一赔",又在程序上理顺了有关民事程序与行政诉讼的关系,允许工伤职工自行选择救济程序的顺序。[③]

---

① 参见蔡小雪、梁凤云、段小京编《现行有效行政诉讼司法解释解读应用》,人民法院出版社 2014 年版,第 541—550 页。
② 参见扈磊、张可《工伤保险待遇核定时不应扣减第三人侵权赔偿金——四川省巴中市恩阳区法院判决吴某某、黄某诉恩阳区社保局给付工伤保险待遇纠纷案》,《人民法院报》2017 年 6 月 1 日。
③ 参见江必新主编《行政与执行法律文件解读·总第 117 辑》,人民法院出版社 2014 年版,第 37—41 页;参见杨科雄《第三人侵权造成工伤的救济模式探讨》,《法律适用》2014 年第 10 期。

尽管如此，部分学者仍对《规定》第 8 条存在质疑，认为其依然未对除医疗费用外的赔偿问题作出明确解释[①]，只是排除了替代模式和选择模式的适用可能，却并未在补充模式和兼得模式中作出选择，法院的自由裁量权过大。[②] 在《规定》发布之后，部分地方法院依然不支持职工对医疗费以外的费用全部兼得，比如浙江省高院民一庭在《浙江省劳动人事争议仲裁院关于审理劳动争议案件若干问题的解答（五）》中指出，如职工获得侵权赔偿，用人单位承担的工伤保险责任相对应项目中应扣除第三人支付的下列五项费用：医疗费，残疾辅助器具费，工伤职工在停工留薪期间发生的护理费、交通费、住院伙食补助费。

（三）规范漏洞填补：类比法律推理

部分学者、地方法院不认为《规定》选择了兼得模式，主要是因为该司法解释存在法律漏洞，在适用时须先完成漏洞填补的工作。本案的再审法院以《规定》第 8 条第 3 款为依据支持原告，表明其认可并遵循最高院的兼得倾向。该结论来自三段论式的推理：大前提是《规定》第 8 条第 3 款"职工因第三人的原因导致工伤，社会保险经办机构以职工或者其近亲属已经对第三人提起民事诉讼为由，拒绝支付工伤保险待遇的，人民法院不予支持，但第三人已经支付的医疗费用除外"。小前提是职工近亲属与第三人签订了民事赔偿协议，并未提起民事诉讼。结论是社会保险经办机构不得以职工或者其近亲属已经与第三人签订民事赔偿协议为由，拒绝支付工伤保险待遇。

该推理中，作为前提的命题之间彼此不连贯，大前提存在法律漏洞。从文义上看，第 8 条第 1 款、第 2 款均将"对第三人提起民事诉讼"和"获得民事赔偿"并列，而第 3 款却没有"获得民事赔偿"语词，这说明"受害人

---

① 参见李晓燕、郭丽虹《工伤保险与第三人侵权赔偿竞合之裁判模式》，《经济问题》2017 年第 12 期。

② 参见刘大卫《工伤保险与第三人侵权赔偿竞合问题循证研究》，《中国人力资源开发》2016 年第 6 期。

是否获得民事赔偿"与"能否获得工伤保险待遇"两者之间，并未形成完整映射。由于法律规范命题不属于事实命题，而属于规范命题或实践命题，它不具有真值观念或真假属性，但具有与真值观念相类似的观念："正当或不正当"，故而逻辑推论规则在一定范围内可被参照适用。[①] 现将第2款表述为"若P，则Q"的规范命题，其中"未获民事赔偿"为P条件，"法院应支持原告"为Q结论。制定者的权威支持了该命题的正当性。又，该正当命题的否命题是"若非P，则非Q"，因互否命题的真假性无关，所以该否命题的正当性是无法判断的。质言之，否命题"已获民事赔偿，则法院不应支持原告"的正当性是无法获得支持的。《规定》第8条第3款因缺失了"获得民事赔偿"这一逻辑上必然的事实构成要件，致使该司法解释无法为本案"原告与第三人签订民事赔偿协议，而未提起民事诉讼"的情形提供当然答案，大前提存在适用情形上的法律漏洞。

本案的论证关键在于法律命题的证成，即证明《规定》第8条第3款是可以适用于本案的大前提，这需要通过类比法律推理填补其不圆满状态。《规定》第8条第3款的事实构成要件是"已经提起民事诉讼"，但在本案中，原告与第三人签订民事赔偿协议，并未提起民事诉讼。若要将《规定》第8条第3款所规定的法律后果适用于本案，则需要证明本案事实与该款的事实构成要件是相类似的，即"提起民事诉讼"与"签订民事赔偿协议"二者在根本上是相同的。"类比法律推理过程在实质上是一种评价性思考过程"[②]，"需要回归到法规范的调整目的、基本精神或思想"[③]。欲考察第3款的调整目的，需要将其与第2款结合来看，这两款均旨在受害人得到充分救济，共同说明受害人是否提起民事诉讼与其是否可以得到工伤保险补偿无关。提起民事诉讼是行使损害赔偿请求权的外在表现，根本目的是获得第三人的侵权赔偿款。

---

① 参见舒国滢、王夏昊、雷磊《法学方法论》，中国政法大学出版社2018年版，第33—34页。

② ［德］卡尔·拉伦茨：《法学方法论》，陈爱娥译，商务印书馆2003年版，第258页。

③ 舒国滢、王夏昊、雷磊：《法学方法论》，中国政法大学出版社2018年版，第403页。

虽然行为方式不同，但无论是签订民事赔偿协议，还是提起民事诉讼，它们都是受害人向第三人获取赔偿款的手段而已。行为的方式无法改变行为的性质和目的，故而第 8 条第 3 款的事实构成要件，可以从"提起民事诉讼"类推至"签订民事赔偿协议"等共同表明当事人已获民事赔偿的情形。

完成此项类推，大前提与小前提之间的缝隙方得到填补，《规定》第 8 条第 3 款才可以适用于本案裁判。再审法院直接援引《规定》第 8 条第 3 款对本案作出裁判，实际已暗含了此种类比推理，本文揭示此种分析，目的是使法院的说理更为融贯。

四、遗留问题：司法解释对行政机关的约束力

由于《贯彻意见》"单赔补差"的做法与司法审判机关的"双赔"的判决存在分歧，本案发生之后，四川省人力资源和社会保障厅（以下简称人社厅）在 2016 年 4 月和 11 月先后两次由厅领导与省高级人民法院领导座谈沟通，并于 2016 年 6 月 14 日就全省此类案件向省人民政府汇报并代省人民政府向国务院起草了请示①。2019 年 5 月 27 日，人社厅对邱小军代表的提案②作出答复，答复道：四川省人社厅在前述请示中阐述了坚持"单赔补差"政策的理由，恳请国务院给予明确答复，同时积极向人社部请示汇报，其现行"单赔补差"政策也得到了人社部的认可。但是，国务院对省政府请示一直未正式答复。省人大已将《四川省工伤保险条例》纳入立法制定类计划，在该条例出台前，人社厅将进一步与四川省高院加强沟通协调，争取尽快解决政府规定与司法审判不一致的情形。此后，2020 年 7 月 31 日《四川省工伤保险条例》正式通过。2021 年 8 月 6 日，四川省政府印发《〈四川省工伤保险条例〉

---

① 《四川省人民政府关于报请明确〈工伤保险条例〉适用有关问题的请示》。
② 《关于进一步明确因第三方责任造成职工工伤（亡）后支付工伤保险待遇的建议》（第 251 号建议）。

实施办法》,《贯彻意见》同时废止。在前述新的规范中,不再有"单赔补差"相关规定,可视作对本案判决和兼得模式的肯定。

前文分析主要基于司法裁判的视角,现若以行政执法的视角观察,在行政规定《贯彻意见》与司法解释《规定》不一致的背景下,下级行政机关有两种可能的做法:其一,尊重行政层级关系,直接适用上级行政机关的行政规定;其二,为避免败诉,自觉尊重最高人民法院的司法解释。选择第一种做法的理由是:基于科层制,下级行政机关必须适用上级行政机关的规范性文件。司法解释不具有最终解释权,而行政规定在行政系统内部具有执行力,且行政机关具有执行的义务。[1] 选择第二种做法的理由是:在行政审判中,法院对行政行为的司法审查是一种司法最终裁判权,不受行政层级关系的限制,法院可以主动审查行政行为所依据的规范性文件,并直接决定不予适用。若无视司法解释,在法院的终局性司法审查中,行政机关将承担败诉后果。

本案表明,第一种做法对下级行政机关更具吸引力。在被告区社保局的上诉理由中,有这样一段话:"作为代行行政职权的上诉人,在履行工作职责时,不按照行政法律及行政规章办理行政事务,即属于行政违法,故此,上诉人只能按行政法律和行政规章的相关规定予以办理;四川省人民政府《贯彻意见》应属于行政法律体系范畴,没有宣布作废,应是支付工伤待遇的法定依据。"在本案宣判后,由于《贯彻意见》在很长一段时间内未被废止,类似案件仍在发生。在本案发生之后的第三年,在四原告诉被告双流区医保局工伤保险待遇核定支付纠纷一案[2]中,行政机关同样选择了上述第一种做法。张某乙在下班途中与张某丙醉酒后驾驶的轿车发生碰撞,张某乙当场死亡且被认定为工伤,张某丙承担事故的全部责任。被告成都市双流区医保局,在向原告支付张某乙工伤死亡保险待遇时,拒绝足额支付,扣减了原告通过赔

---

[1] 参见刘卉《论法律解释作为行政执法依据的正当性》,《武汉理工大学学报》(社会科学版)2016年第3期。

[2] 四川省成都市龙泉驿区人民法院(2018)川0112行初字第23号行政判决书。

偿协议、民事判决等其他渠道获得的赔偿金额,只同意支付差额部分。法院认为被告在核定工伤保险待遇时扣除原告方从第三方处获得的死亡赔偿金、丧葬费的做法属于适用法律错误,判决撤销原审批表,责令被告重新核定、支付。与本案一样,被告"补差"支付工伤保险待遇的做法,同样以《贯彻意见》第10条为依据,可见司法解释对行政机关的约束力有限,行政机关更偏向于执行上级制定的行政规定,而此种强大的行政惯性却在无形中增加了诉累,也损害了公民的合法权益。

因此,当与司法解释不一致的行政规定未被清理之前,下级行政机关应如何选择行为依据,才能既尊重行政层级制,又避免在行政诉讼中承担败诉后果,这个问题涉及行政执法依据的范围界定,是本案及其后续发展留给笔者的思考。

第七部分

行政协议案件审理及规范性文件附带审查

25

约定超龄人员不享受工伤保险待遇的行政协议条款无效

李某兵与启东市医疗保险基金管理中心行政给付二审行政判决书[①]

朱可安　浙江大学光华法学院

提要　本案中，用人单位与行政机关签订项目参保协议，约定超过法定退休年龄的人员不属于工伤保险保障范围。法院将该协议定性为行政协议，并从合法性、合约性两个方面认定该条款无效，确认用人单位以项目参保方式为李永兵办理了工伤保险。同时，结合超龄人员的劳动权、社会保险的强制性、行政机关的法定职责等，保护了李永兵从工伤保险基金中获取工伤保险待遇的权利。

一、案件事实与争议焦点

本案为一起江苏省南通市中级人民法院受理的二审案件，上诉人（原审原告）李某兵，被上诉人（原审被告）启东市医疗保险基金管理中心（以下简称启东医保中心）。

案外人江苏农垦盐城建设工程有限公司（以下简称农垦盐城公司）在承接某项目工程后，于2015年12月16日以该项目工程向启东市社会保险事业管理处申请办理了参保单位工程项目登记卡，并签订了《建筑施工企业

[①] 一审裁判文书为江苏省海门市人民法院（2018）苏0684行初字第28号行政判决书，二审裁判文书为江苏省南通市中级人民法院（2018）苏06行终字第515号行政判决书。

农民工工伤保险参保协议书》(以下简称《参保协议》),协议第3条第1项(以下简称案涉除外条款)中约定:"对已达到法定退休年龄的工程项目人员不属于工伤保险保障范围。"案涉参保协议条款由社保部门提供,除"参保单位""工程项目"栏为填写栏外,其余条款均系社保部门事先制定。其间,农垦盐城公司聘用了超过法定退休年龄的李某兵在工地工作。2016年5月23日9时许,李某兵在工作时不慎从脚手架上坠落受伤,后被依法确认为工伤,构成二级伤残。2017年12月12日,启东医保中心对李某兵要求支付工伤保险待遇的申请,作出不予支付的答复。主要理由为,李某兵发生工伤事故时超过60周岁并已领取养老金,不属于项目工伤保险承保范围。2018年1月17日,李某兵向一审法院提起行政诉讼,请求撤销启东医保中心作出的不予支付工伤保险待遇的答复,责令启东医保中心履行工伤保险待遇的给付义务。另查明,启东市机构编制委员会启编发〔2016〕31号《关于整合市职工医疗保险基金管理中心和市农村新型合作医疗管理委员会办公室的通知》中明确,工伤保险管理和工伤待遇支付等工作是启东医保中心的主要职责之一。

一审法院认定参保协议有效,并依据案涉除外条款的约定,判决驳回原告的诉讼请求。原告不服,向二审法院提起上诉。二审法院认定案涉除外条款无效,确认李某兵依法应当享有从工伤保险基金中获取工伤保险待遇的权利,判决撤销一审判决,撤销启东医疗中心作出的不予支付工伤保险待遇的答复,责令启东医疗中心向李某兵履行审核发放工伤保险待遇的职责。

本案的争议焦点主要为:原告的工伤待遇应由农垦盐城公司还是由启东医保中心予以支付。这一争议的解决涉及以下三个方面的问题:(1)达到或者超过法定退休年龄的人员(以下简称超龄人员)能否参加工伤保险;(2)项目参保能否视为职工已办理工伤保险;(3)如何认定参保协议中超龄人员不属于工伤保险保障范围这一除外条款的效力。

二、法院的推理与逻辑

二审法院与一审法院的主要分歧在于案涉除外条款的效力认定。由此可见，确认参保协议中关于超龄人员不属于工伤保险保障范围这一除外条款的效力，是争议解决的关键。二审对协议的效力认定过程在逻辑上可归为以下三个步骤：将项目参保协议定性为行政协议；其为行政机关不履行给付义务的依据，法院认为有必要对该协议的效力进行审查；基于合法性和合约性两个方面评价，法院认为除外条款无效。具体如下。

（一）定性：作为行政协议的项目参保协议

行政协议是从民事合同演化而来的，但在审理对象和审理思维方面，两者存在明显的不同。关于行政协议与民事合同有效的条件，对于行政协议，除要求各方当事人协商一致外，人民法院还需要审查行政机关是否具有签订、变更、撤销、终止等行政协议行为的主体资格，是否符合法律、法规及规章的授权，作出的程序是否符合法定程序，有无滥用职权、明显不当等问题。故法院将项目参保协议的性质明确为行政协议，可确保案件审理不偏离行政案件的方向，"行政协议作为一种'柔性行政'的方式，与其他行政行为的行政属性并无本质上的区别，作为行政主体的一方，仍然需要遵守依法行政的基本原则"。法院以此定性为基础，针对行政协议中的案涉除外条款，从合法性和合约性两个方面分别进行评价，采取行政协议纠纷案件的审理思路。

（二）审查行政协议的必要性

法院是否应当在本案中对行政协议进行审查，是本案的一个前置性争议。之所以产生此种争议，根源在于本案原告所在的劳动者群体并非参保协议的订立主体。行政协议的订立主体是用人单位农垦盐城公司和行政机关启东医保中心。启东医保中心认为，协议效力的认定涉及协议双方及案外人利益，本案中不应对协议效力进行审查。一审法院在原则上认可协议的效力，未作具体审查，认为"参保协议是由承保机构与施工企业双方签订，原告不具有签订参保协议的主体资格，在参保协议未被依法撤销或确定无效前，该协议可以作为被诉行政行为认定相关事实的依据"。二审法院却明确提出反对观点，"因启东医保中心以协议约定的条款为依据拒绝向李某兵支付工伤保险待遇，故本院应当对协议条款的效力予以审查"。法院认为应当对协议条款的效力进行审查，并以审查结果判断该协议是否可以作为认定被诉行政行为合法的依据。

（三）认定无效的路径：合法性和合约性

在裁判说理涉及具体案情之前，法院回答了超龄人员能否参加工伤保险，以及项目参保能否视为已为职工办理工伤保险这两个前置性问题。对于第一个问题，法院认可超龄人员享有继续劳动的权利，只是不再承担从事劳动的法定义务。《工伤保险条例》第 2 条规定，"中华人民共和国境内的企业、事业单位、社会团体组织、民办非企业单位、基金会、律师事务所、会计师事务所等组织和有雇工的个体工商户应当依照本条例规定参加工伤保险，为本单位全部职工或者雇工缴纳工伤保险费"。除法律禁止用工外，"本单位全部职工"应当包括订立劳动合同以及未订立劳动合同但与用人单位形成事实劳动关系的职工，包括超龄人员，所以超龄人员享有参加工伤保险的法定权利。对于第二个问题，本案中农垦盐城公司办理的项目参保登记符合规定，事实上已为该项目内全体合法用工人员，包括超龄人员在内申办了工伤保险。对于建筑行业的项目参保方式，人社部已出台多个规范性文件予以肯定。《关于进一步做好建筑业工伤保险工作的意见》将项目参保认定为"一次参保、全员覆盖"，"全员覆盖"式的项目参保，理应包括超龄人员的参保。人社部《关于执行〈工伤保险条例〉若干问题的意见（二）》进一步明确超龄人员可以参保。法院通过分析项目参保的性质，认可项目参保是工伤保险在特殊行业的特殊表现形式。

上述两个问题的答案可提炼为如下规范：法律法规并未排除超龄人员以项目参保形式参加工伤保险的权利。该规范既是本案推理的大前提，也是评价案涉除外条款合法性、合约性的大前提。本案事实又查明，工伤保险管理和工伤待遇支付等工作是启东医保中心的主要职责之一，工伤保险社会公共服务职责是社保部门的主要职责之一，其与案涉除外条款一并构成本案推理的小前提。结合大前提与小前提，法院对案涉除外条款的合法性方面作出评价：当农垦盐城公司有权以项目参保方式为超龄人员参加工伤保险时，社保部门以案涉除外条款排除其行政职责，限制劳动者的权益保障没有法律依据，属于限制甚至剥夺用人单位及劳动者本应享有的合法权利。法院又对案涉除外条款的合约性方面作出评价：本案除外条款是社保部门事先拟定的格式条款，在无法律依据的情况下，该格式条款排除超龄人员参保、从工伤基金中获取待遇的权利，且社保部门在订立参保协议时，也未就该条款向用人单位作特别提示并作出说明，符合《合同法》第40条规定的格式条款无效的情形。所以，在合法性和合约性方面，案涉除外条款均被认定无效。

基于上述结论，案涉除外条款无效，法院不可将案涉除外条款作为认定被诉行政行为合法的依据。法院确认农垦盐城公司与李某兵建立了事实劳动关系，以项目参保方式为李某兵办理了工伤保险，李某兵依法应当享有从工伤保险基金中获取工伤保险待遇的权利。法院撤销启东医保中心作出的不予支付工伤保险待遇的答复，并责令启东医保中心限期向李某兵支付工伤保险待遇。

三、学理归纳

（一）工伤保险法律关系的法定性

行政法律关系的内容具有法定性，主体之间一般不能相互约定权利义务或自由选择权利义务，通常由行政法规范预先规定权利义务的具体内容。[①] 但是，行政协议具有特殊性，具备合同要素，主体之间可以合同方式，按照平等、自愿的原则约定权利和义务。本案出现了三方主体，分别是行政机关、用人单位、劳动者，且各主体之间存在不同的法律关系：①行政机关与劳动者之间存在工伤保险法律关系，达成一定条件时，劳动者享有给付请求权，行政机关负有给付义务；②行政机关与用人单位签订了项目参保协议，存在行政协议关系；③用人单位与劳动者之间为雇佣关系，存在事实上的劳动关系。行政机关依据②作出拒绝给付行为，原告李某兵基于①提起诉讼，一审法院认可②而推翻①，二审法院则基于关系③支持原告的诉请，并否定行政机关基于②规避①的做法。行政机关和一审法院都忽略了关系③的存在，认为只有符合关系②所约定的条件，关系①才得以成立。原告和二审法院则认为关系①的成立只需要符合法定条件，即关系③和工伤认定成立，在没有法律依据的情况下，行政机关不得以协议约定减损劳动者的权利。由此可见，本案的学理争议集中在工伤保险法律关系基于法定还是约定而成立，换言之，在工伤保险法律关系中，劳动者的给付请求权和行政机关的给付义务由法律规定还是协议约定。

司法实践中，对于行政机关支付工伤保险待遇的前提条件存在观点分歧，即关系①成立基于法定还是约定。第一种观点强调保险给付在私法上的对价性色彩，签订协议的双方当事人对协议内容有选择自由。正如本案一审法院认为，排除超龄人员的参保协议书系启东市社会保险事业管理处与农垦盐城公司自愿签订，约定被保险人主体范围的内容不违反法律规定，并无不当。又如蒋某双与沐川县社会保险事业管理局工伤保险待遇行政纠纷上诉案[②] 中，法院认为"用人单位为职工参加工伤保险并按时、足额缴纳工伤保险费，且工伤系在缴费期间发生，是职工享受工伤保险待遇的前提条件"，其将用人单

[①] 参见应松年主编《当代中国行政法》，人民出版社2018年版，第192页。
[②] 四川省乐山市中级人民法院（2017）川11行终字第46号行政判决书。

位支付对价视为行政机关给付工伤保险待遇的必要前提，强调保费支付与保险人风险承担之间的对价性。

第二种观点则强调工伤保险在公法上的强制性色彩。本案二审法院即属于该观点的支持者，认为行政主体不能借协议的自由订立、意思自治为由，排除对方当事人的主要权利或规避自身的职责，强调劳动者的参保权和工伤保险受益权是基于公法而生的法定权利，保险人与用人单位双方的选择自由受到强制性规范的限制。比如朱某均诉南通市工伤保险服务中心行政给付案[①]中，法院认为"《社会保险法》和《工伤保险条例》都没有不缴纳工伤保险的职工不得享受从工伤保险基金中支付工伤保险待遇的禁止性规定。缴纳工伤保险并不是职工享受工伤保险基金支付的前提条件"。又如冷水江市木瓜煤矿与冷水江市工伤保险管理局行政给付行政案[②]中，法院认为，地方文件虽规定煤矿企业应报送参保人员名单，但其实际上只是对煤矿企业组织参保工作的管理性要求，煤矿企业未按规定报送参保人员名单不影响职工与经办机构之间工伤保险参保关系的成立。这些观点都认为，职工享受工伤保险基金支付的前提条件应限于法律规定，行政机关通过规范性文件或协议约定等形式增设条件没有法律依据。

上述两种观点的分歧，体现实务中对工伤保险法律关系的性质认识存在私法对价性或公法强制性的两种倚重。笔者赞同第二种观点，在工伤保险法律关系中，劳动者的给付请求权和行政机关的给付义务均来自法定，区别于商业保险合同由约定产生的权利义务关系。

1.在规范层面，工伤保险法律关系具有羁束性

（1）劳动者的给付请求权基于法定条件成立。《工伤保险条例》第2条规定我国境内的各类企业、有雇工的个体工商户（以下简称用人单位）应当依照本条例规定参加工伤保险，为本单位全部职工或者雇工（以下简称职工）

---

① 江苏省高级人民法院（2013）苏行监071号行政判决书。
② 湖南省娄底市中级人民法院（2016）湘13行终字第29号行政判决书。

缴纳工伤保险费。《社会保险法》第 36 条规定："职工因工作原因受到事故伤害或者患职业病，且经工伤认定的，享受工伤保险待遇。"基于法规范，劳动者享受工伤保险待遇只需要满足以下两个法定的前提条件，即劳动者与用人单位成立事实劳动关系、所受伤害得到工伤认定。

（2）行政机关的给付义务限于法定情形转移。工伤保险待遇通常由工伤保险基金支付，但也存在给付义务由行政机关转移到用人单位的可能性。《社会保险法》第 41 条规定："职工所在用人单位未依法缴纳工伤保险费，发生工伤事故的，由用人单位支付工伤保险待遇。用人单位不支付的，从工伤保险基金中先行支付。从工伤保险基金中先行支付的工伤保险待遇应当由用人单位偿还。用人单位不偿还的，社会保险经办机构可以依照本法第 63 条的规定追偿。"据此，给付义务的转移仅在用人单位未依法缴纳工伤保险费时发生。需要注意的是，即使支付待遇的义务主体不再是行政机关，但对于劳动者而言，仍享有从工伤保险基金中获得先行垫付的权利。具体到本案，用人单位已足额缴纳了保费，但项目参保协议约定超龄人员不属于工伤保险保障范围，其实是要求用人单位承担支付超龄人员工伤保险待遇的义务，在"未缴纳保费"之外增加了给付义务转移至用人单位的情形。该案涉除外条款在法定情形之外增设了给付义务发生转移的充分条件，属于无法律依据减损相对人的权利，符合"重大且明显违法"的行政行为无效标准[①]。

2. 在法理层面，社会保险和商业保险的区分原理

（1）商业保险合同产生民事法律关系，保险人、投保人和被保险人之间的权利义务关系取决于合同约定。人们之所以从事合同交易，是因为能够互通有无、等价交换，满足相互的利益追求。"通过合同交易获得利益"本身就构成了合同当事人个体之间的共同主观目的。合同当事人往往是自利的，其

---

① 《最高人民法院关于审理行政协议案件若干问题的规定》第 12 条规定：行政协议存在行政诉讼法第 75 条规定的重大且明显违法情形的，人民法院应当确认行政协议无效。

参加合同交易的初衷通常仅限于增进自己的利益。① 无论是保险业者还是雇主，他们的利益重心必定放在自己身上，而非劳动者之上。保险人总是选择素质良好、工作风险小、年轻健康的成员，以减少理赔，增加获益；投保人则会衡量自身行业风险，只有在面临较大工伤事故风险时，才倾向于投保。

（2）社会保险的法理基础则不同，为了大多数人的利益、安全、健康等，依靠法律的强制力，旨在实现社会整体的福祉。② 工伤保险属于社会保险的一种，其将劳动者的权益保护作为终极目标，以法律的强制性规范限制保险人、雇主双方的选择自由，将风险共同体的成员范围进行固定。即便雇主出于自身利益考量，拒绝履行登记、缴纳费用等义务，这种违反强制性规定的选择也并不影响他们自身法定参保人的身份，以及所雇劳动者的法定（当然性）被保险人身份，当保险事故发生时，国家作为保险人的给付义务亦无可避免。③ 劳动者是当然的被保险人，其面向行政机关的给付请求权不受行政登记与否、保费支付与否、超过法定退休年龄与否等法外因素的影响，只取决于劳动关系和工伤认定。

（二）依法行政和依约行政的冲突

1. 行政协议不可约定羁束内容

行政机关以法律规范作为唯一的行为依据，是依法行政原则的逻辑推论。《行政诉讼法》（2017年）对行政机关履行行政协议提出了"依法履行"和"按照约定履行"双重标准④，由此，行政机关的行为亦须遵循协议的约定内容。协议的约定内容与法律规范所确立的标准可能是一致的，但也可能存在

---

① 参见熊丙万《私法的基础：从个人主义走向合作主义》，中国法制出版社2019年版，第212页。
② 参见向春华《社会保险法原理》，中国检察出版社2011年版，第194页。
③ 参见郑晓珊《工伤保险法体系——从理念到制度的重塑与回归》，清华大学出版社2014年版，第302—306页。
④《行政诉讼法》（2017年）第12条规定："人民法院受理公民、法人或者其他组织提起的下列诉讼……（十一）认为行政机关不依法履行、未按照约定履行或者违法变更、解除政府特许经营协议、土地房屋征收补偿协议等协议的。"

矛盾，由此将产生依法行政和依约行政的冲突。如何在学理上化解此种冲突，可归纳为两个步骤。第一步是对依法行政原理作重新解释。西方国家一般摒弃原来的"无法律即无行政"，转而承认行政权有固有的活动领域，允许政府在没有具体行为规范的情况下适用行政协议，尽量将行政协议的订立纳入依法行政的约束中。[①] 第二步是对行政协议的约定范围进行限制。有学者指出，行政协议应限于对行政裁量权之内的事项进行约定。行政机关的协议，只有在行政裁量权的范围内才具有合法性和正当性。[②] 契约自由，是指人们在不违背法律的强行性规范和原则性规范的前提下，有权自由地约定契约的内容。行政主体的自由意志则表现为行政裁量权，这是契约自由的基础。羁束行政没有行政主体的自由意志空间，因而也就没有契约存在的可能。这两个步骤可总结为如下规则：在法律未作限定的情况下，对于采取何种行为方式，行政机关享有自由选择的空间，包括签订各种协议；在法律规定了构成要件的情况下，对于符合该要件的事实，行政机关负有作出相应行政行为的义务。[③] 也就是说，行政机关不得以行政协议的方式，对其不具有自由裁量权的事项进行约定。

2. 除外条款无效

以工程项目参加工伤保险是一种特殊的缴纳工伤保险费的形式，主要在风险较高、人员流动性大的特殊行业应用。2011年1月1日起实施的《部分行业企业工伤保险费缴纳办法》第3条指出，"建筑施工企业可以实行以建筑施工项目为单位，按照项目工程总造价的一定比例，计算缴纳工伤保险费"。《关于进一步做好建筑业工伤保险工作的意见》指出，"按用人单位参保的建筑施工企业应以工资总额为基数依法缴纳工伤保险费。以建设项目为单位参保的，可以按照项目工程总造价的一定比例计算缴纳工伤保险费"。因此，单

[①] 参见余凌云《依法行政理念在行政契约中的贯彻》，《公安大学学报》1998年第1期。
[②] 参见杨小君《契约对依法行政的影响》，《法学研究》2007年第2期。
[③] 参见吴庚《行政法之理论与实用》，台湾三民书局2015年版，第82页。

位缴费费率、管理方式等问题属于行政机关享有裁量权的范畴，行政机关可对此采用制定规范性文件[①]、签订行政协议等行为方式。据前文所述，工伤保险法律关系的内容具有法定性，参保人员的范围和给付义务发生转移的条件都由法律规定，属羁束行政的范畴，行政机关对此没有自由裁量权。本案项目参保协议的除外条款，实际上限缩了法定参保人员范围、增设了给付义务向用人单位转移的情形，触及了行政机关不具有自由裁量权的法定事项，已突破了依法行政原理，是属无效条款。

四、遗留问题与展望

作为行政协议的项目参保协议，其订立主体是行政机关与用人单位双方，但却牵涉到工伤保险法律关系中三方主体的合法权益。对合法权益受到行政行为影响的第三方，学界关注较多，讨论集中于第三人效力的行政行为之撤销、原告资格的认定等主题。但是，现有理论未必与行政协议相适配，专门讨论第三方合法权益受到行政协议影响的文献尚不充沛。笔者认为，当行政协议影响第三人合法权益时，基于行政法原理或民法原理而建立的相关理论需要考虑行政协议的特殊性进行修正。例如，有学者将第三人效力的行政行为分为两种类型：第三人负担效力的授益行政行为与第三人授益效力的负担行政行为。[②] 这种基于干预行政和给付行政二分的理论未必适用于行政协议，本案即体现了对上述学理分类的一种挑战。劳动者是行政协议的第三人，也是行政协议的授益对象，但很难定义行政协议对用人单位是纯粹施加了负担还是纯粹授予了利益。项目参保虽要求用人单位依法缴纳保费，但客观上也

[①] 参见甘国海与嵊州市社会保险事业管理局等确认上诉案，浙江省绍兴市中级人民法院（2017）浙06行终字第152号行政判决书。嵊州市劳动和社会保障局联合相关部门亦根据当地政府及上级有关部门的相关规定制定了《关于嵊州市建设工程施工企业民工参加工伤保险的实施意见》，确定建设工程施工企业农民工工伤保险费以工程项目施工承包合同总造价的0.2%征缴。法院认为该文件不违反上位法。

[②] 参见李垒《论第三人效力的行政行为之撤销》，《政治与法律》2013年第11期。

为用人单位分摊了用工风险，对于用人单位而言，订立行政协议兼具负担性与授益性。又如，民法中存在合同相对性原则及债的相对性原则，只有合同的一方当事人能够向合同的另一方当事人基于合同提出请求或提起诉讼。对此，最高人民法院在黄石市明灯食品厂诉大冶市人民政府、大冶市金山店镇人民政府不履行法定职责一案[①]中却指明，对合法权益受到行政协议影响的第三方不应简单适用合同相对性原则，当行政协议具有针对诸如竞争者、邻人等第三方的效力，则不应简单地以合同相对性原则排除合法权益受到行政协议影响的第三方寻求法律救济。本案二审法院亦采取此种立场，将本案列为合同相对性原则的例外，转而遵循行政法中的全面审查原则，将项目参保协议纳入审查范围。因此，在涉及行政协议时，类似第三人效力或合同相对性原则，均应具体分析并对相关学理进行更新。

[①] 最高人民法院（2017）最高法行再72号行政判决书。

26

终止定点医药机构协议行为的性质认定
绍兴福聚堂药店、绍兴市越城区社会保险事业管理服务中心一审行政判决书[①]

陈　明　浙江工业大学法学院

提要　本案中，法院将终止定点零售药店协议行为视为基于协议的行为，并应限于合约性审查。进而认为协议中未载明终止前应给予陈述申辩权利，故行政相对人不应享有相应的程序性权利。

一、案件事实与争议焦点

本案涉及医疗保障行政中定点医药机构协议的问题。在具体介绍本案案情前，特将选择基层法院判决的理由予以简单陈列：其一，案例素材的局限性。实践中暂停、解除定点医药机构协议的现象不绝如缕，但鲜有相关纠纷进入行政审判且基本是一审判决。其二，协议管理的重要性。尽管案例素材少，但并不意味着涉医药机构协议纠纷案件无足轻重。定点医药机构协议是承担医疗保障任务的行政部门非常重要的管理手段。对于定点医药机构协议的性质、终止定点医药机构协议和行政处罚的关系等问题络绎不绝。其三，理解基层法院判决的现实意义。由于我国医疗保障统筹层级主要在地市一级，进而有关协议管理的规范也主要依靠各地市承担医保职能行政部门的规范性文件。由此，通过绍兴福聚堂药店诉绍兴市越城区社会保险事业管理服务中心一案，可以窥探地方医疗保障协议管理的相关法律问题，以思考构建协议

[①] 裁判文书为浙江省绍兴市越城区人民法院（2018）浙0602行初字第29号行政判决书。

管理的一般学理的可能性。

本案原告为绍兴福聚堂药店,被告为绍兴市越城区社会保险事业管理服务中心(以下简称越城区社保管理中心),2017年11月20日,越城区社保管理中心向绍兴福聚堂药店出具定点零售药店记分通知单,载明在2017年7月1日至2017年9月30日视频监控检查中,发现原告存在抽查未按要求做好非本人使用社会保障(市民)卡的有关信息备案登记工作的有7次,不按规定采用药品条形码支付结算,实现电脑系统自动做账的有7次,故对绍兴福聚堂药店记分28分。绍兴福聚堂药店于同年11月22日向越城区社保管理中心提出异议,认为记分通知单认定事实与视频记载的监控内容不符,部分记分系被告原因导致应剔除,其记分不到12分。同年12月17日,越城区社保管理中心向绍兴福聚堂药店出示了视频检查中被记34分的文件,因该文件还涉及其他药店的记分处理情况,故未向绍兴福聚堂药店送达该文件,但同意原告对记分明细进行拍照。同年12月20日,越城区社保管理中心向绍兴福聚堂药店送达定点零售药店记分单1份,载明2017年7月1日至2017年9月13日,视频监控抽检中记分已超过12分,目前绍兴福聚堂药店2017年度绍兴市基本医疗保险定点零售药店医保违法违规行为累计记分已超过12分。同日,向绍兴福聚堂药店送达通知1份,载明在视频监控检查中发现绍兴福聚堂药店存在医保违规行为,按照《绍兴市社会保险事业管理局关于印发绍兴市基本医疗保险定点零售药店记分管理办法(试行)的通知》的规定,决定自2017年12月20日上午11时起终止原告医保服务协议,取消医保定点资格。绍兴福聚堂药店认为越城区社保管理中心作出的终止医保服务协议依据不足,提起诉讼,请求法院依法确认被告2017年12月20日作出的自2017年12月20日上午11时起终止原告医保服务协议的通知无效,判令被告继续履行医保服务协议或与原告签订医保服务协议。此外,本案中原被告双方均无法提供双方签订的协议,并对是否签订过协议各执一词。

本案的争议焦点主要为:(1)终止医保管理协议的事实是否成立;(2)终

止医保管理协议行为是否要给予陈述、申辩权利。

二、法院的推理和逻辑

2015年《行政诉讼法》修订,"行政机关不依法履行、未按照约定履行或者违法变更、解除政府特许经营协议、土地房屋征收补偿协议等协议"被写入受案范围。但是,对于行政协议的范围及审查方式多有争议。据此,本案裁判也主要回应这两个问题:一是医保定点服务协议是否属于行政协议的受案范围;二是对于诉讼争议事项的审查是依约审查还是依法审查。

(一)审查前提:属于行政协议受案范围

所争协议是否属于行政协议是行政审判要解决的首要问题。本案审理时,判定行政协议范围的有效法律规范仅有《行政诉讼法》(2017年)第12条。该条款明确涉行政协议的案件属于行政诉讼的受案范围,并列举政府特许经营协议和土地房屋征收补偿协议两类行政协议。在司法实践中,协议类案件能否纳入行政诉讼受案范围,首先要判断其是否属于行政协议,这一判断过程交由司法机关行使。本案审理法院根据以下两个要素,将医保定点服务协议界定为行政协议。

一是主体要素。法院根据中共绍兴市委绍兴市人民政府《关于调整市本级与越城区相关事权的实施意见》,认定越城区社保管理中心具有社会保障事务管理的相关职能,属于医保定点服务协议签订的适格主体。

二是目的要素。法院认为越城区社保管理中心是出于社会保障事务管理的功能签订医保定点协议,具备实现公共利益的行政管理目标。

由此,法院认定医保定点服务协议落入《行政诉讼法》受案范围规定的行政协议范畴。

（二）行为定性：终止医保管理协议行为是依约行为

对于终止医保管理协议行为属于依法行为还是依约行为，关乎本案裁判援引规范的适用。尽管在裁判文书法院说理和裁判部分，审理法院并没有突出该问题，但不意味关于终止医保管理协议行为定性不存在争议。关于该问题的认知，本案被告越城区社保管理中心对于终止行为定性，与法院最终定性不尽相同。

越城区社保管理中心的答辩中提出取消原告医保定点的事实依据是绍兴福聚堂药店在2017年7月至9月期间违规情况已累计达到记满12分，法律依据为绍兴市社保局出台的规范性文件，即《基本医疗保险定点零售药店计分管理办法（试行）》（以下简称《计分管理办法》）第4条第3项的规定。越城区社保管理中心认为终止医保定点服务协议进而产生取消医保定点资格的效果，并承担了合法性举证，提出了行为事实和法律依据。

审理法院则依据《绍兴市基本医疗保险定点零售药店服务协议书》（样本）[以下简称《服务协议》（样本）]第55条第1款和第2款①，认为绍兴福聚堂药店具有违约情形，并符合解除协议的情形。尽管《服务协议》（样本）第55条第2款是对《计分管理办法》第4条第3项的重申，但法院认为协议的第55条第2款是双方合意的结果，违反该条款属于违约行为，进而得出终止协议行为是基于协议的行为。

（三）审查逻辑：限于依约审查

对于行政协议的审查，应当是依约审查还是依法审查，这是法院审查协议案件的前提。这个问题也是上述行为定性的延伸。在本案中，依约审查抑

---

① 《服务协议》（样本）第55条第1款规定：甲方可根据乙方违约情节的轻重，予以警示通报、暂停协议、解除协议及移送有关部门等处理。第2款规定对各定点零售药店实行单店医保违法违规行为记分管理……量化计分情况详见《绍兴市基本医疗保险定点零售药店计分管理办法（试行）》等，累计记分达12分的，解除医保服务协议，取消医保定点资格，被取消医保定点资格的零售药店两年内不得重新申请定点。

或依法审查，所涉争议不仅是行为定性，亦包括行为行使的方式，即终止协议前是否需要给予绍兴福聚堂药店陈述申辩权利。对此，越城区社保管理中心和审理法院的立场依旧不同。

越城区社保管理中心提出其已对绍兴福聚堂药店的异议予以复核，已尽到充分的告知义务。审理法院则认为争议双方参照执行的协议并未约定越城区社保管理中心在解除协议前应当给予绍兴福聚堂药店陈述申辩的权利。这也进一步说明法院将越城区社保管理中心和绍兴福聚堂药店间的法律关系限定在契约约定的范畴，进而对所涉争议的审查限于依约审查。

三、学理归纳

（一）行政协议的范畴

回溯医保定点服务协议的发展历程，协议定性问题似不存在多少争议。自 1998 年城镇职工基本医疗保险制度建立后，医保定点服务协议就成为社保经办机构管理定点医疗机构和定点药店的工具。2015 年之前，医保定点服务协议签订的前提是人社部门作出两定资格的审批，具有鲜明的行政色彩。此外，2015 年《行政诉讼法》将行政协议作为受案范围之前，2014 年人社部制定的《关于印发基本医疗保险定点医疗机构医疗服务协议范本（试行）的通知》中已明确协议纠纷的处理路径是"协商解决—社保部门协调处理—行政复议或行政诉讼"。由此观之，人社部门业已将医保定点服务协议视为行政协议。

但是，《最高人民法院关于审理行政协议案件若干问题的规定》（以下简称《行政协议司法解释》）没有明确回答医保定点服务协议是否纳入行政协议范畴。医保定点服务协议能否纳入《行政协议司法解释》第 2 条兜底的其他行政协议范围，还需结合第一条判定。《行政协议司法解释》第 1 条可分解为三个要素：一是主体要素，即一方缔约主体应是行政机关；二是目的要素，即协议签订的目的应当是实现行政管理或者公共服务目标；三是内容要素，即协议内容应是行政法上权利义务。上述三个判定要素基本亦是学者的共识。① 对于前两个要素的判定，几乎没有任何难度和争议，但内容要素的判定似乎并非易事。本案审理法院亦径直适用了前两个要素，旋即认定医保定点服务协议是行政协议。但是，契约内容承载了缔约双方的意思表示，这才应是契约性质判定的核心。

对于何为行政法上权利义务关系，学者提出两类判定标准，可概括为权利义务来源依据标准和公权力标准。前者指协议约定的权利义务是否依据行政法规范，后者则需识别行政机关享有的权利本质上是否是公权力。② 在本案中，医保定点服务协议文本中，多数条款均体现了经办机构公权力色彩，比如，针对服务提供方违反医保管理规定的处罚措施，再如，违约情形中多以"其他违反社会保险政策规定"作为兜底条款。因此，尽管"两定资格审批"取消后，医保定点服务协议签订基础不是行政高权行为，但是在协议中具有典型的公法上权利义务关系。医保定点服务协议已被认定为行政协议，纳入行政救济管道，确保缔约双方合法高效地行使公法上的权利，履行公法上的义务。

（二）行政决定与行政协议并处问题

缔约双方签订行政协议后，是否所有行为都是协议行为，只受协议条款调整，不受公法约束。这一问题的核心在于履行行政协议中，行政决定和协议行为能否并处。如果答案为否，那么就无须对协议行为进行合法性审查。如果答案为是，则需要进一步讨论履行行政协议过程中，如何区分行政决定和协议行为。

---

① 参见叶必丰《行政合同的司法探索及其态度》，《法学评论》2014 年第 1 期。
② 参见韩宁《行政协议判断标准之重构——以"行政法上权利义务"为核心》，《华东政法大学学报》2017 年第 1 期。

对于行政决定和协议行为能否并处，学界见解不一。持不应并处论的学者认为行政决定和行政协议是竞争与取代关系，选择一项行为形式后，就已丧失再使用他种行为形式之权能。①持并处论的学者则认为在特定情形下，比如法律另有规定、当事人另有约定等，行政决定和协议行为能够并处。②此外，亦有学者根据行政决定的目的和依据来讨论并处的可能性。如果行政机关以行政决定贯彻完全由行政协议建立的权利与义务，基本上禁止行政机关以此方式为之。此处并无任何法律授权行政机关得以行政处分作为行为方式，行政机关不得使用行政决定。如果行政决定的贯彻根源于法律，但由行政协议阐述具体权利义务，此时取决于法律规定是否允许行政机关使用行政决定来贯彻该项权利义务。③

本案中《服务协议》（样本）第55条第2款实质是对《计分管理办法》的直接援引，尤其是重申了计分超过12分的法效果，即解除医保服务协议，取消医保定点资格，被取消医保定点资格的零售药店两年内不得重新申请定点。作为绍兴市人社局的规范性文件的《计分管理办法》是对医保定点机构管理的规范，其中对于违反该规范性文件的行为可以发生解除协议、取消定点资格的法律效果。因此，《计分管理办法》承认了社保管理中心基于违规行为作出行政决定的权力。进一步，审理法院认为基于《服务协议》（样本）第55条第2款的解约行为是基于协议的行为，是不妥当的。《服务协议》（样本）第55条第2款虽是协议约定的事项，但是缔约双方没有任何合意的空间，只能接受《计分管理办法》的相关规定，并据此产生了潜在的公法上的权利义务关系。

需要注意的是，《绍兴市基本医疗保险定点零售药店服务协议书》第9条和第58条分别设定了违法和违约两种处理情形。对于违反医疗保险规定的行为和违约情形，越城区社保管理中心都可以采取警示通报、拒付费用、暂停

---

① 参见林明锵《行政契约法研究》，翰芦图书出版有限公司2006年版，第168页。
② 参见吴志光《行政法》，台湾新学林出版股份有限公司2012年版，第291页。
③ 参见萧文生《行政契约、行政契约与行政处分并用禁止、行政契约无效事由》，《法令月刊》2015年第12期。

协议和终止协议等措施。由此可以看出，绍兴市人社局对于协议管理区分为依法管理和依约管理两种类型。从本案所涉争议来看，终止医保服务协议是由于绍兴福聚堂药店违反了《计分管理办法》的规定，属于越城区社保管理中心依法管理。进一步可以说明本案所涉的终止医保服务协议属于行政决定，而不是协议行为。

（三）合约性审查与合法性审查

行政协议既有行政性，亦有协议性。法院在审查协议纠纷时，对于具有行政属性的行为开启合法性审查，自无问题，比如基于行政优益权的单方变更、解除行为的审查。但是，对于非基于行政优益权的行为，除了合约性审查，是否还需进行合法性审查，尚有争论。

本案审理法院在将终止定点服务协议定性为基于协议的行为后，仅对行为的合约性予以审查。换言之，审理法院将争讼的法律关系限定在契约范围内审查，充分尊重契约自治，契约未载明的内容不作为合约性审查的依据。进而，法院对于绍兴福聚堂药店提出的陈述申辩权利不予支持。上文已述，审理法院对于终止定点服务协议行为的定性不妥，亦应认定为基于规范的行为，应受到公法规则的调整。在此维度下，正当程序规则应被适用，保障相关人的程序性权利。陈述申辩权利作为正当程序的一环，应受到法院的支持。问题在于，如果行政机关基于协议作出解除协议的行为，是否需要正当程序等公法规则的约束。

对此，无论是《行政诉讼法》还是《行政协议司法解释》皆语焉不详。《行政协议司法解释》新闻发布会上，黄永维庭长仅强调对行政优益权行为的合法性予以全面审查。对于基于协议行为的审查规则，没有作出明确回应。在与《行政协议司法解释》同步公布的行政协议案件典型案例中，寿光中石油昆仑燃气有限公司诉寿光市人民政府解除特许经营协议案（以下简称寿光案）值得关注，它在一定程度上表明了最高人民法院对此问题的审理逻辑。

寿光案确立的裁判规则为对基于协议的行为审查，采取合约性审查和合法性审查并行。在解除协议条件的成就上，法院按照协议规定的情形审查。而在解除协议的程序问题上，则依照《市政公用事业特许经营管理办法》规定的法定程序进行合法性审查。该案的裁判逻辑不无值得斟酌之处，但也体现了法院对于协议行政性采取的审查策略。无论是寿光案的特许经营协议，还是本案中的医保定点服务协议，都涉及政府对公共资源的分配，具有浓厚的公法属性。即使2015年取消"两定资格审批"，但签订医保定点服务协议本质上是赋予了医药机构成为医保提供者的权利。终止医保定点服务协议也就是对这一权利的剥夺，而且根据《计分管理办法》，终止医保定点服务协议亦会承担两年内不得重新申请定点的限制。在医保广覆盖的时代背景下，两年内不得申请为医保定点零售药店，无疑会影响零售药店的销售额，甚至会导致药店无力维系经营。故终止医保定点服务协议附带的限制具有高度的惩罚性。因此，本案中纵使将终止医保定点协议视为基于协议的行为，但由于其附随的法律后果的不利性，也应当受到公法规则的约束，避免"公法遁入私法"。而程序性权利的保障是对不利行为相对人最低限度的保障。本案中，无论是出于最高人民法院对于此类争议的裁判逻辑，还是终止医保定点协议的法律后果，终止医保定点协议行为应受到程序规则的审查，保障相对人陈述申辩的权利。

四、遗留问题与展望

医保定点服务协议是行政协议，相关争议透过行政救济渠道解决，似无争议。但是，由于行政协议审查的一般性问题尚未形成共识，司法审查中新问题层出不穷，医保定点协议纠纷中争讼行为的定性和审查还需依赖司法实践的发展。此外，作为政府治理工具的行政协议，其复杂性远非行政协议的一般性理论能够覆盖。伴随医保领域立法和政策的变动，还有几个问题需要同步研究。其一，医保层面的中央立法正在制定，一旦颁布会产生中央和地方立法之间的冲突。由于医保问题具有高度的属地性，相关的医保规范和政策的制定主体主要是市、县。目前，行政审判中针对协议纠纷的合法性审查仅能依托协议管理的相关地方规范。如果中央出台医保定点协议管理办法，司法实践中还会直面中央规范和地方规范的法律适用和解释。其二，根据中国医保改革的目标来看，医保经办服务走向社会化，逐步引入社会力量参与经办服务。基于此，医疗保险经办机构的法律性质可能会产生变化，进而经办机构与医药服务提供者之间的法律关系亦会随之改变。因此，学界和司法界在尝试构建行政协议审查的一般性规则时，也必须根据具体领域，总结和提炼协议审查的特殊性问题。

27

规范性文件的附带审查
徐某英诉山东省五莲县社会医疗保险事业处不予报销医疗费用案[①]

李　方　浙江大学光华法学院

提要　规范性文件的制定应以上位法为依据，与上位法相冲突的条款不具有合法性，不能作为认定行政行为合法的依据。本案中，法院在附带审查作为行政行为依据的规范性文件合法性时，以该规范性文件制定所依据的另一份规范性文件为裁判基准，扩大了审查依据的范围。扩展后，以规范性文件制定主体的行政职权等级作为判断"上位"的标准；"冲突"具体表现为对行政相对人选择就医权的限缩。

一、案件事实与争议焦点

本案为最高人民法院发布规范性文件附带审查典型案例，是一起由山东省日照市中级人民法院受理的二审行政案件。上诉人（原告）徐某英，被上诉人（被告）五莲县社会医疗保险事业处（以下简称五莲县医保处）。

徐某英的丈夫刘某喜于山东省日照市五莲县参加新型农村合作医疗保险。2014年，刘某喜患肺癌晚期并发脑转移，因其子女在淄博市工作，为方便照顾与治疗，刘某喜先后于2014年4月8日、6月3日两次在日照市外的淄博市的淄博万杰肿瘤医院治疗，后于2014年7月8日医治无效去世。在淄博万杰

[①] 一审裁判文书为山东省五莲县人民法院（2015）莲行初字第14号行政判决书，二审裁判文书为山东省日照市中级人民法院（2016）鲁11行终字第9号行政判决书。

肿瘤医院住院治疗期间，产生医疗费用 105014.48 元。2014 年 7 月 21 日，徐某英申请五莲县医保处给予办理新农合医疗费用报销。五莲县医保处于 2015 年 1 月 12 日作出《五莲县社会医疗保险事业处关于对申请人徐某英合作医疗报销申请的书面答复》。依据五莲县卫生局、五莲县财政局发布的《2014 年五莲县新型农村合作医疗管理工作实施办法》第 5 条第 2 款"参合农民到市外就医，必须到政府举办的公立医疗机构"的规定，五莲县医保处认为徐某英提供的报销材料"住院收费票据为地方税务发票，就诊的医疗机构不属于政府举办的医疗机构，不符合我县新农合报销政策规定"，决定不予报销。

徐某英认为五莲县医保处不予报销所依据的政策规定不符合省、市相应政策规定的精神，侵犯其合法权益，为此向五莲县人民政府提出行政复议申请。五莲县人民政府认为五莲县医保处依据"市外就医的规定"符合上级规定，于 2015 年 4 月 13 日以莲政复决字〔2015〕1 号行政复议决定维持五莲县医保处不予报销的决定。徐某英认为五莲县医保处不予报销的决定错误，请求人民法院依法予以撤销，同时，请求对五莲县医保处所依据政策规定的合法性进行审查。

山东省五莲县人民法院一审作出（2015）莲行初字第 14 号行政判决，驳回了徐某英撤销五莲县医保处不予报销医疗费用行政决定的诉讼请求，但认定作为该行政决定的规范性文件因不符合《山东省新型农村合作医疗定点医疗机构暂行管理规定》的相关规定，因而不具有合法性。徐某英不服，向本院提起上诉。

本案的主要争议焦点为：五莲县医保处作出的不予报销行政决定是否合法，五莲县医保处不予报销行政决定的依据是否合法，即行政决定是否合法，该行政决定的依据是否合法两个问题。其中，行政决定的合法要件包括职权、事实、依据、程序四项要件[①]，其中任一要件不合法，则导致行政决定不合法。所以，应先就行政决定依据要件是否具有合法性进行审查。本案中，具

---

① 章剑生：《现代行政法总论》，法律出版社 2019 年版，第 148—152 页。

体是指五莲县医保处不予报销行政决定的依据是否合法。

二、法院的推理与逻辑

本案中，二审法院重点审查了五莲县医保处不予报销决定所依据的规范性文件的合法性，结合相关规定，针对该条款的具体内容进行了合法性审查。法院的推理顺序如下。

（一）附带审查依据：两份规范性文件

就行政诉讼的审查依据而言，《行政诉讼法》（2015年）第63条规定，人民法院审理行政案件以法律和行政法规、地方性法规为依据，参照规章。根据上述规定，法院应首先依据法律、法规，或参照规章审理行政案件。根据体系解释方法，法院在审查规范性文件的合法性时，也应首先寻找法律、法规层面的规范依据。《行政诉讼法》（2015年）第6条规定："人民法院审理行政案件，对行政行为是否合法进行审查。"这是行政诉讼合法性审查的基础法律规范，由此产生若干合法性审查的具体规范，即《行政诉讼法》（2015年）第63条（法律、法规、规章）、第64条（规范性文件合法性审查）和《行诉解释》第100条（司法解释和规范性文件）以及最高人民法院《行政诉讼适用法律规范的座谈会纪要》等，构成了合法性审查的法律框架。结合上述规定及法院的实务经验，行政诉讼形成梯度式的合法性审查方式，其中行政审判首先应适用法律。[1]法院应首先寻找法律、法规层面规范依据，其理由在于，行政诉讼是法院运用审判权对行政机关作出行政行为是否合法所做的一种司法复审，行政诉讼法律适用具有监督性的特征。[2]在宪法确定的框架性基本制

---

[1] 章剑生：《现代行政法总论》，法律出版社2019年版，第472页。
[2] 姜明安主编《行政法与行政诉讼法》，北京大学出版社、高等教育出版社2019年版，第508页。

度内，法院产生于全国人大并受其监督①，法院审查规范性文件的合法性时，也应首先寻找法律、法规层面的规范依据，以发挥法院的监督作用。

本案中，二审法院的审查依据是《山东省新型农村合作医疗定点医疗机构暂行管理规定》第12条规定"参合农民在山东省行政区域内非新农合定点医疗机构就医的费用不得纳入新农合基金补偿"，以及山东省卫生厅、民政厅、财政厅、农业厅《关于巩固和发展新型农村合作医疗制度的实施意见》规定"完善省内新农合定点医疗机构互认制度，凡经市级以上卫生行政部门确定并报省卫生行政部门备案的三级以上新农合定点医疗机构，在全省范围内互认；统筹地区根据参合农民就医流向，通过签订协议互认一、二级新农合定点医疗机构，享受当地规定的同级别新农合定点医疗机构补偿比例"。从性质上看，它们都属于规范性文件。以规范性文件为附带审查规范性文件的依据，这是本案的特殊之处。

（二）附带审查对象：规范性文件的合法性审查

法院为了审查规范性文件的合法性，必须首先确定审查对象。对审查对象的确定，又可划分为审查哪些条款以及审查哪些内容两个子问题。

第一，审查哪些条款。《行政诉讼法》（2015年）第53条规定，公民、法人或者其他组织可以就行政行为所依据的规范性文件提出审查请求，其中，规范性文件是指作为形式上的、整体的规范性文件，还是仅指实质上对行政行为发挥依据效力的具体条款，并不明确。本案中，二审法院认为：不予报销行政决定的依据是五莲县卫生局、五莲县财政局发布的《2014年五莲县新型农村合作医疗管理工作实施办法》第5条第2款"参合农民到市外就医，必须到政府举办的公立医疗机构"的规定，二审法院的审理也围绕该条款展开。可见，二审法院是将对行政决定发挥实质性作用的依据效力的具体条款为审查对象。第二，审查哪些内容。根据《最高人民法院关于适用〈中华人

---

① 章剑生：《现代行政法总论》，法律出版社2019年版，第473页。

民共和国行政诉讼法〉的解释》(以下简称《适用解释》)第148条第1款的规定,法院在审查规范性文件合法性时,可从制定机关权限、制定程序、相关依据等方面进行合法性审查。① 本案中,二审法院并未审查规范性文件制定机关的制定权限、规范性文件的制定程序等合法性要件。从下文来看,法院着重审查的是该条款具体规范的权利义务关系,围绕该条款内容合法性加以审查。

(三) 审查标准:是否限缩行政相对人的权利

本案于2016年审理终结,《行政诉讼法》及相关司法解释并未明确审查的标准。2018年,最高人民法院发布《适用解释》,其中第148条第2款列举了规范性文件不合法的情形,可作为判断规范性文件合法性的根据。其中,与本案相关的是"法律、法规、规章等上位法的规定相抵触的","没有法律、法规、规章依据,违法增加公民、法人和其他组织义务或者减损公民、法人和其他组织合法权益的"。前者重点在于审查规范性文件是否符合上位法,可简称为"相抵触"标准;后者要求对公民权利作出干预的规范性文件要具有法律、法规、规章的依据,可简称为"依据"标准。本案中,法院认为规范性文件不合法的理由是"不符合上位法规范性文件的规定",关注点在于其规范性文件是否与上位法的规定相抵触,故法院采取的是"相抵触"的审查标准。

本案中,作为审查依据的上位法规定具体是指《山东省新型农村合作医疗定点医疗机构暂行管理规定》第12条规定"参合农民在山东省行政区域内非新农合定点医疗机构就医的费用不得纳入新农合基金补偿",以及山东省卫生厅、民政厅、财政厅、农业厅《关于巩固和发展新农合医疗制度的实施意见》规定"完善省内新农合定点医疗机构互认制度,凡经市级以上卫生

---

① 该条规定:人民法院对规范性文件进行一并审查时,可以从规范性文件制定机关是否超越权限或者违反法定程序、作出行政行为所依据的条款以及相关条款等方面进行。

行政部门确定并报省卫生行政部门备案的三级以上新农合定点医疗机构,在全省范围内互认;统筹地区根据参合农民就医流向,通过签订协议互认一、二级新农合定点医疗机构,享受当地规定的同级别新农合定点医疗机构补偿比例"。

基于合法性审查的目的,可以将《山东省新型农村合作医疗定点医疗机构暂行管理规定》第12条整理为以"参合农民在山东省内非新农合定点医疗机构就医"为事实要件、以"不补偿医疗费用"为法效果的规范构造,此构造为"非定点医疗机构……不得纳入……",可根据形式逻辑将其抽象为"非……不得（非）……"。又根据形式逻辑中的判断等价规则:"非S,非P"的判断,可以等价转化为"有的S,是P"的判断,可以将"非……不得（非）……"转化为"部分……,是……"的判断。最终,可以将第12条规定通过形式逻辑转化为:"参合农民在山东省行政区域内部分定点医疗机构就医的费用,可以纳入新农合基金补偿。"那么,哪些医疗机构就医可以获得新农合医疗费用补偿?结合上述山东省卫生厅等四部门制定的《关于巩固和发展新农合医疗制度的实施意见》的规定可知,可获得费用补偿的医疗机构分为以下两类:省卫生部门备案的三级医疗机构,实行全省互认;一、二级医疗机构,实行地区间协议互认,根据是否签订互认协议,确定是否可以报销。本案中,作为不予报销医疗费用行政行为依据,法院附带审查的《2014年五莲县新型农村合作医疗管理工作实施办法》第5条第2款规定"参合农民到市外就医,必须到政府举办的公立医疗机构",即参合农民于市外就医时,只有在公立医疗机构就医时,才能获得新农合报销。将上述山东省政府部门规定、五莲县规定进行对比可知,两者均以新农合费用补偿为法效果,在构成要件上,山东省政府四部门规定的范围要大于五莲县规定的范围。对此,二审法院认为,相对于山东省政府四部门的规定,五莲县规定对行政相对人的权利作出了限缩性规定,不符合上位法规范性文件的相关规定,不能作为认定涉案行政行为合法的依据,故五莲县医保处作出涉案答复的依据不合法。

三、学理归纳

根据前述法院推理，本案中，作为二审法院审查规范性文件合法性的依据的，也是规范性文件；同时，"权利"具体表现为对行政相对人机会的剥夺。

（一）何为"上位法"

1. 何为"法"

1989年《行政诉讼法》第52条、第53条规定，法院审理行政案件，以法律、法规为依据，参照规章。由此，法律、法规、规章为"法"，规章以下的规范性文件不具有法源效力。2000年，《立法法》确认了法律、法规和规章的法律地位，意味着上述观点已成为学界与实务界的通说。[①]

那么，规章以下规范性文件在行政审判中的地位如何呢？最高人民法院《关于审理行政案件适用法律规范问题的座谈会纪要》（以下简称《座谈会纪要》）认为："行政审判实践中，经常涉及有关部门为指导法律执行或者实施行政措施而作出的具体应用解释和制定的其他规范性文件。……这些具体应用解释和规范性文件不是正式的法律渊源，对人民法院不具有法律规范意义上的约束力。但是，人民法院经审查认为被诉具体行政行为依据的具体应用解释和其他规范性文件合法、有效并合理、适当的，在认定被诉具体行政行为合法性时应承认其效力；人民法院可以在裁判理由中对具体应用解释和其他规范性文件是否合法、有效、合理或适当进行评述。"

上述"不具有法律规范意义上的约束力"，表明最高人民法院认为规范性文件不是"法"，法院裁判也并不以此为依据。最高人民法院此判断理由为，应用解释与规范性文件"不是正式的法律渊源"。何为"法律渊源"？法律渊源是一个具有多面性的概念，是众多法律规范之中的秩序因素，因此是法

[①] 姜明安主编《行政法与行政诉讼法》，北京大学出版社、高等教育出版社2019年版，第57页。

律规范得以产生和存在的表现形式；法律规范是指法律渊源所表达的处理内容。[①] 进一步，最高人民法院"不是正式的法律渊源"的判断基础在于，对于《立法法》已经明文规定的法律、法规、规章这些"正式的"渊源形式而言，规范性文件属于"无名规范"，对法院自然不具有法律约束力。最高人民法院此判断着眼于规范的渊源及其外形表现，乃形式上将行政规范划分为法律规范与非法律规范。

但是，有学者考察认为，通过形式标准划分出的这一类不是"法"的规范性文件，就其规范性而言，时常无法与法律规范相区分。同时，规章以下规范性文件所指的也不是一种具有共同性质的行政规范，就其内容上可能涉及私人的权利义务，效力上可能作为行政审判基准而言，无法断言其中并不存在法律规范。[②]

既然规范性文件不具备形式上的"法"的外形，那么在何种意义上作为行政审判依据呢？根据前述《座谈会纪要》的内容，在"法律规范意义的约束力"之外，还存在另一种"效力"，其乃基于法院审查后，确认规范性文件"合法、有效"且"合理、适当"而承认的效力。从前述法院审查逻辑来看，规范性文件是基于其实质内容发挥司法审查依据的作用的。由此，本案的典型意义在于，关于附带审查规范性文件的审查依据，二审法院基于实质内容，将审查依据的形式由《行政诉讼法》规定的法律、法规、规章，扩展到规范性文件。

2. 何为"上位"

将审查依据由法律、法规、规章的"法律规范体系"，扩展到规范性文件，应如何判断不同规范性文件之间的位阶关系呢？原有法律体系的位阶理论是否可用于规范性文件呢？

何为法律位阶？法律渊源丰富多样，但法秩序的存立要求法体系中各种

[①] [德]哈特穆特·毛雷尔：《行政法学总论》，离家伟译，法律出版社2000年版，第70页。
[②] 朱芒：《论行政规定的性质——从行政规范体系角度的定位》，《中国法学》2003年第1期。

法规"不抵触",即法规拘束力的前提,建立在法律系统的不矛盾性与一体性。① 法律规范来源不同,客观上可能导致相互冲突。解决不同法律渊源的法律规范冲突的办法是将这些法律渊源纳入一个位阶,上位阶的法律规范被赋予优于下位阶法律规范的地位。② 此即法律位阶的由来,其法理学基础可追溯到实证主义法学,"法律规范之所以有效力,是因为它是按照另一个法律规范决定的方式被创造的,因此,后一个规范便成了前一个规范的效力的理由"。③

如何判断规范性文件中的位阶次序呢？理论上,有学者认为,如同样从制定主体出发分析,那么行政规定虽然在渊源方面不具有行政法规等法定形式,但这只是形式本身意义上的区别,形式的自由并不改变行政规范的渊源依然受制于相对应的行政职权这一规律。因此,在整个行政规范体系中,作为无名规范的行政规定也与有名规范一样,作为其对应的行政职权体系的"镜像",自身也构成纵向效力的等级序列体系。④ 由此,行政规定之间的位阶次序,应按照规范制定主体的行政职权等级确定。

司法实务中也基本持这一判断。例如,在最高人民法院发布的规范性文件附带审查典型案例中,袁某北诉江西省于都县人民政府物价行政征收案中,法院认为,于都县政府制定的城市污水征收方案,国家发展和改革委员会《污水处理费征收使用管理办法》、江西省发展和改革委员会《关于统一调整全省城市污水处理费征收标准的通知》及赣州市物价局《关于核定于都县城市污水处理费征收标准的批复》中规定的污水处理费征收范围,违反法律法规规章及上级行政机关规范性文件规定。其中,"上级行政机关"表明了最

---

① 李建良:《行政法基本十讲》,台湾元照出版公司 2013 年版,第 155 页。
② [德]哈特穆特·毛雷尔:《行政法学总论》,法律出版社 2000 年版,第 70 页。
③ [奥]凯尔森:《法与国家的一般理论》,沈宗灵译,中国大百科全书出版社 1996 年版,第 141 页。转引自章剑生《行政诉讼中规章的"不予适用"——基于最高人民法院第 5 号指导案例所作的分析》,《浙江社会科学》2013 年第 2 期。
④ 朱芒:《论行政规定的性质——从行政规范体系角度的定位》,《中国法学》2003 年第 1 期。持同样观点的还有叶必丰、周佑勇、胡建淼等。参见叶必丰、周佑勇《行政规范研究》,法律出版社 2002 年版,第 201 页;参见胡建淼主编《行政法学》,复旦大学出版社 2003 年版,第 131 页。

高人民法院对规范性文件之间存在基于职权的位阶次序的判断。

尽管如此,规范性文件中规范位阶的确定,虽基于上级行政机关对下级行政机关的指挥权,是否也应为下级执行机关保留制定规范性文件的裁量空间呢?尤其在以鲜明的属人性为特质的社会行政中[①],基于属人性要求行政机关为个案裁量,需要尊重下级行政机关制定相关规定的裁量权。但是,没有不受限制的裁量权,这种尊重是有一定界限的。本案中,下级机关制定的规范性文件,已然超越了这种裁量的界限,造成了规范性文件冲突而不合法。

(二)"冲突"的认定:限缩行政相对人的权利

前述已知,本案对规范性文件附带审查中,作为审查依据与审查对象条款均为规范性文件,其中如何判断冲突呢?

1. 何为"冲突"

法律冲突主要被应用于国际私法(冲突法),意指对同一涉外民事法律关系因所在各国民法规定不同且都有可能对它进行管辖而发生的法律适用上的冲突。[②]法律冲突也被应用于所有的法律适用关系。一般而言,只要法律对同一问题作了不同规定,而某种事实又将不同的法律规定联系在一起时,法律冲突便会发生。法律冲突是法律适用上的冲突。行政法律规范冲突的根源在于立法而表现则在于适用。[③]普遍意义上,法律冲突既发生在纵向法规之间,也发生在横向法规之间;既包括抵触,也包括不一致。[④]

本案中,法律冲突主要发生在上下位法之间,属于"抵触"情形的法律

---

① [德]施密特·阿斯曼:《秩序理念下的行政法体系建构》,林明锵等译,北京大学出版社 2012 年版,第 118 页。阿斯曼认为,社会法法律关系具有高度的"属人性"乃社会行政法之特征。
② 参见《元照英美法词典》法律出版社 2003 年版,第 283 页。
③ 董暤:《我国行政法律规范适用冲突的调整原则》,《法学杂志》1991 年第 2 期。
④ 胡建淼:《法律规范之间抵触标准研究》,《中国法学》2016 年第 3 期。

冲突。《座谈会纪要》就"下位法不符合上位法"规定了多种情形。① 有学者基于法律关系原理,提出判断"相抵触"的两项标准:(1)在权利与义务关系中,下位法限缩、取消上位法已经确认的权利或者扩大、增加上位法没有设置的义务的;(2)在职权和职责关系中,下位法扩大、增加上位法没有授予的职权或者限缩、取消上位法已经设置的职责的。②

回到本案中,冲突的具体情形为"限缩行政相对人选择就医的权利",将其补充完整为下位法限缩行政相对人选择就医的权利,与上位法相冲突。可见,冲突包含两个要素,情形以及冲突结果。下面分别讨论。

2. 新农合医保法律关系与选择就医的权利

就冲突的情形而言,本案符合上述判定"抵触"之第(1)项标准。本案中,下位法是如何限缩权利的呢?对此,还需深入本案中的法律关系。

本案中,原告为徐某英(继承已故丈夫刘某喜的法律地位)、被告为五莲县医保处,刘某喜于五莲县加入新农合医疗保险,后病故,徐某英继承其与五莲县医保局之间成立的新农合医保法律关系。在新农合医疗保险法律关系中,由于行政机关需要通过医疗机构向行政相对人提供医疗服务,并结算医疗费用,属于行政机关通过第三人提供社会给付服务。在此架构下,行政机关通过第三人提供服务,与相对人之间产生一种符合社会国原则的距离,其中,第三人也得以通过提供服务的方式参与合作,但第三人的参与也产生新

---

① 具体包括:下位法缩小上位法规定的权利主体范围,或者违反上位法立法目的扩大上位法规定的权利主体范围;下位法限制或者剥夺上位法规定的权利,或者违反上位法立法目的扩大上位法规定的权利范围;下位法扩大行政主体或其职权范围;下位法延长上位法规定的履行法定职责期限;下位法以参照、准用等方式扩大或者限缩上位法规定的义务或义务主体的范围、性质或者条件;下位法增设或者限缩违反上位法规定的适用条件;下位法扩大或者限缩上位法规定的给予行政处罚的行为、种类和幅度的范围;下位法改变上位法已规定的违法行为的性质;下位法超出上位法规定的强制措施的适用范围、种类和方式,以及增设或者限缩其适用条件;法规、规章或者其他规范性文件设定不符合行政许可法规定的行政许可,或者增设违反上位法的行政许可条件;其他相抵触的情形。

② 章剑生:《行政诉讼中规章的"不予适用"——基于最高人民法院第5号指导案例所作的分析》,《浙江社会科学》2013年第2期。

的风险，需要以多元法律关系架构来组织参与者之间的交错关系。①

新农合医疗保险法律关系中有哪些主体？根据《社会保险法》第31条的规定②，新农合医保给付法律关系至少涉及三方主体：保险人、被保险人、医疗机构。保险人与被保险人之间成立保险基础关系；保险人为了完成提供医疗服务的行政任务，与医疗机构签订医疗服务提供协议，成立行政协议法律关系；被保险人与医疗机构之间的法律关系则较为复杂，原则上主要是为私法上的医疗服务提供法律关系，同时，如果医疗机构接受行政机关委托在其内部为相关结算业务时，可能与相对人成立其他的法律关系。

本案中，五莲县医保处与徐某英之间成立保险人与被保险人之医保基础法律关系，相关争议也围绕上述医保基础法律关系展开。

学理上一般认为，保险基础关系的法律性质为公法上法定之债。③ 被保险人拥有社会保险待遇请求权，该权利是指符合法律规定条件的被保险人在遭受社会风险时，可以依据法律规定的程序，请求给付主体依照有关规定提供社会保险待遇（社会保险给付）的权利，这是社会保险法律关系的核心。其法定性在于，该请求权属于公法上的请求权，产生的依据在于法律的直接规定并排除当事人的意思自治。④

本案中，徐某英之社会保险待遇给付请求权也产生于法律的直接规定，并无当事人意思自治。本案中，规定相对人社会保险待遇请求权之规范，以规范性文件为渊源、载体，具体是指作为本案审查依据、审查对象条款的相关文件。通过这种方式，影响行政相对人获得社会保险给付请求权的范围。

具体来看，根据审查依据，被保险人在市外（省内）就医时，其社会

---

① ［德］施密特·阿斯曼：《秩序理念下的行政法体系建构》，林明锵等译，北京大学出版社2012年版，第122页。

② 《社会保险法》第31条规定：社会保险经办机构根据管理服务的需要，可以与医疗机构、药品经营单位签订服务协议，规范医疗服务行为。医疗机构应当为参保人员提供合理、必要的医疗服务。

③ 蔡维音：《全民健保之给付法律关系析论》，台湾元照出版公司2014年版，第106页。除此之外，还有已经式微的公法契约说，以及行政处分说等；本文采公法上法定之债说。

④ 蔡维音：《全民健保之给付法律关系析论》，台湾元照出版公司2014年版，第106页。

保险待遇给付请求权受参保地行政机关是否与就医地行政机关签订定点医疗机构互认协议的影响。对此，作为下位法的被审查条款，则径行规定必须在"政府举办的公立医疗机构就医"，方可获得社会保险待遇给付。下位法规定限缩了被保险人于市外私立机构就医获得社会保险待遇给付的权利，缩小了被保险人在市外选择就医的医院的范围，减损其选择的自由，最高人民法院在典型意义中将称此自由为选择就医的权利。对此应如何理解呢？有学者研究认为，选择就医权系源于人格权中的自主选择权，在医疗服务领域具体化为选择就医权，该权利的性质为私权利，对其限制要符合必要性原则和适当性原则。[①]

《宪法》第45条规定："中华人民共和国公民在年老、疾病或者丧失劳动能力的情况下，有从国家和社会获得物质帮助的权利。国家发展为公民享受这些权利所需要的社会保险、社会救济和医疗卫生事业。"该宪法条款涉及相对人医保相关权益。学理上，此项权利属于社会基本权的范畴，而社会基本权原则上仅能依照法律所彰显出来的社会政策予以落实。[②]本案中，社会政策相关法律规范的载体是规范性文件，其发挥了类似法律规范的作为权利基础的作用，即准法律规范。

3. "冲突"的结果

本案中，法院以规范性文件作为审查依据，对规范性文件进行附带审查。即本案中的规则冲突表现为规范性文件之间的冲突。大体上，可照此判断：以上级行政机关制定的规范性文件为准，下级机关所制定的规范性文件失效。理由在于，上级机关对下级机关有指挥权，因此下级机关有服从上级机关决定的义务。由此，与上级机关所制定的规范性文件产生冲突的下级行政机关

[①] 参见陈小嫦《医疗联合体与就医的自我选择权》，《医学与哲学（A）》2014年第8期。陈小嫦：《就医选择权研究》，《中国卫生事业管理》2014年第3期。陈小嫦、雷光和、吴传俭、冯林林：《我国就医选择权的现状及其对策》，《中国卫生法制》2014年第4期。

[②] 李建良：《基本权利的理念变迁与功能体系——从耶林内科"身份理论"谈起》，载李建良主编《宪法理论与实践（三）》，台湾学林文化事业有限公司2004年版。

制定的规范性文件应归于无效。①

四、遗留的问题与展望

《行政诉讼法》（2015 年）第 63 条规定，人民法院审理行政案件依据法律、法规，参照规章。本案罕见的以规范性文件为依据，故被纳入了典型案例。本案中，法院以规范性文件的内容作为审查依据，以实质审查的方式，对作为行政行为依据的规范性文件条款的具体内容进行审查，审查标准为该规定是否限缩行政相对人的权利。其中，判定规范性文件之间位阶效力的标准是规范性文件制定主体的职权等级，冲突表现为对行政相对人的权利限缩。如此，法院在原有法律、法规、规章的法定依据外，将规范性文件纳入法院附带审查规范性文件的依据范围中，这是本案的主要特征。但是，作为本案中附带审查规范性文件合法性依据的，仅仅是两份规范性文件，而规范性文件并非行政诉讼的法定依据。根据《行诉解释》第 62 条第 2 款的规定②，法院适用规范性文件进行裁判的前提是规范性文件是否合法有效。由此，就本案仅以规范性文件作为裁判依据的情形，在适用规范性文件前，法院是否需要先行判定作为附带审查规范性文件合法性依据的规范性文件的合法性。

同时，根据行政诉讼首先应依据法律进行审查的原则，本案中仅适用规范性文件作为附带审查规范性文件合法性依据应限于法律、法规规定不明确的情形。判断法律、法规规定不明确可以采用以下两条标准，即上位法已经就争议问题作出解答，或者明确授权行政机关裁量：上位法是否已就下位法所涉政策或价值问题作出选择、上位法是否明确授权行政机关就某事项行使

---

① 黄异：《行政规则》，《法令月刊》2000 年第 7 期。
② 该规定内容为：人民法院审理行政案件，可以在裁判文书中引用合法有效的规章及其他规范性文件。

裁量权。①同时，授权规则中的授权根据应当是"行为根据"，而非笼统的"组织根据"，否则也属于上位法规定不明确的情形。②

除此之外，本案还涉及法律授权国务院制定新农合管理办法。《社会保险法》第24条第2款规定新农合医疗管理办法由国务院规定。在法律授权国务院制定管理办法的前提下，法院是否需要依据立法授权，尊重行政机关制定的规范性文件？其实，司法实务中，地方法院大多尊重行政机关制定的规则。以下列案件为例，法院根据各地新农合组织对新农合基金的管理权，新农合基金的收支平衡原则，全国未统一规定时可适用本地规定等，判定应适用地方行政机关制定的规范性文件进行裁判。在杨某水、大冶市医疗保障局劳动和社会保障行政管理案中，法院认为：新农合基金主要用于补助参合农民医疗费用，各县（市、区）根据筹资总额，结合当地实际确定新农合基金的支付范围、支付标准与额度以及对参合农民进行补助的范围、标准与额度。③在莫某春与永福县新型农村合作医疗管理中心卫生行政管理上诉案中，法院认为：基于新农合基金收支平衡的原因，各地新农合组织在制定补偿医疗费用范围和标准上有一定的自主权，有权对参合农民非因自身疾病治疗产生的费用的补偿加以限制；同时，在《社会保险法》规定新农合医疗管理办法由国务院专门规定而目前国务院没有统一规定的情况下，可适用地方政府制定的规范性文件作出行政行为。④在苏某榕、龙岩市医疗保障基金管理中心卫生行政管理案中，新农合被保险人因酗酒导致受伤，根据行政机关规定，此种情形不纳入医保基金支付范围。法院支持行政机关制定的规范性文件，认为该规范性文件是根据2017年全国医改工作电视电话会议精神及福建省规范性文

---

① 俞祺：《上位法规定不明确之规范性文件的效力判断——基于66个典型判例的研究》，《华东政法大学学报》2016年第2期。
② 杨旸：《上位法模糊情形下规范性文件合法性审查问题研究》，全国法院第28届学术讨论会，北京，2017年。
③ 湖北省黄石市中级人民法院（2020）鄂02行申2号行政裁定书。
④ 广西壮族自治区桂林市中级人民法院（2017）桂03行终字第36号行政判决书。

件相关规定提出的实施办法,并未与上位法冲突,可以适用。[①]

相对于其他地方人民法院对规范性文件的尊重,本案提出了对规范性文件内容实质审查的方式,最高人民法院将本案上升到规范性文件附带审查典型案例的高度,鼓励法院以行政相对人的权益作为司法裁判的基础,对规范性文件进行实质审查,以维护公民的合法权益。

---

① 福建省龙岩市中级人民法院(2019)闽08行终字第76号行政判决书。

第八部分

职业病工伤案件裁判综述

28

职业病工伤案件裁判综述：
以2021—2022年裁判案例为考察对象

汪敬涛　浙江大学光华法学院

提要　2021—2022年与职业病工伤相关的诉讼共103起，可以大致分为职业病工伤认定相关诉讼与职业病工伤保险待遇支付相关诉讼两类。案件判决呈现出一定的规律性与地域性。诉讼争点主要集中在离岗后职业病工伤认定及待遇支付、用人单位变更后工伤认定、可否以未进行职业健康检查或欠缴等为由不予支付工伤保险待遇等几点上，且出现了一定程度的同案不同判现象。

一、2021—2022年职业病工伤行政诉讼概况

以"职业病"为关键词在北大法宝上检索，2021—2022年（3月）共审结703个相关行政诉讼案例，其中，与职业病工伤相关的诉讼共有103起，涉及职业病工伤认定的共50起，涉及职业病工伤保险待遇支付的共53起。103起案件中，一审案件30起，二审案件68起，强制执行案件2起，再审案件3起，其中并无最高人民法院审结案件。

50起涉及职业病工伤认定的裁判中，有35起是用人单位起诉行政机关的工伤认定违法，要求不予认定工伤；12起是劳方起诉行政机关不予认定工伤违法，要求予以认定；其余3起是就职业病鉴定本身存在争议。

53起涉及职业病工伤保险待遇支付的裁判中，劳方起诉要求工伤保险基

金支付的共 28 起（包括先行支付 1 起），占比过半；用人单位起诉要求工伤保险基金支付的共 17 起；其余 8 起是有关工伤保险基金支付后的具体金额争议。53 起案件中法院最终支持原告请求的共 14 起，占比 26.4%。

103 起案件中，尘肺病工伤案件共 80 起，占比约 77.7%，职业性中暑（热射病）5 起，职业病噪声聋 3 起，职业性肿瘤 3 起，职业性眼炎 1 起，职业性减压病 1 起，职业性浆膜炎 1 起，慢性中度苯中毒 1 起，其余 8 起职业病名不明或不成立职业病。

二、裁判情况简述

45 起劳方或用人单位起诉要求工伤保险基金支付工伤待遇的案例中，共胜诉 14 起。法院不支持的理由通常是欠缴、未安排职业健康检查、工伤保险关系已终结等。判决结果的地域倾向性明显。以欠缴为由拒付工伤保险基金待遇的案件通常发生在重庆地区，且法院无一例外地不支持原告请求，而发生在重庆地区外的案例中法院均支持原告主张，不认可工伤保险部门以欠缴为由拒付工伤保险基金待遇。以未安排职业健康检查为由拒付工伤保险基金待遇的案件通常发生在湖南地区，且法院也均不支持原告请求，发生在湖南地区外的案例中法院却并不认可以未安排职业健康检查为由拒付工伤保险基金待遇。这背后实际上是由两个地区较为独特的相关地方法规规章导致的，具体分析详见下文。

35 起用人单位起诉要求不予工伤认定的案例中 34 起败诉，1 起胜诉。用人单位通常以员工职业病与其工作环境无关，或员工职业病系在其他用人单位处罹患等理由起诉。在现有法律法规中，社会保险行政部门认定工伤后，如果用人单位认为不应当认定的，则应由用人单位举证。但从这 34 起案例来看，用人单位往往在没有明确证据证明的情况下起诉。不过其中一起合肥美亚光电技术股份有限公司诉合肥高新技术产业开发区人事劳动局工伤认定案①中，用人单位虽有明确证据证明其工作环境不存在相关致病因素且法院也认可的情况下仍旧败诉，本案较为复杂，具体详见后文分析。12起劳方起诉要求认定工伤的案例中，法院支持原告主张的有4起。不支持的理由大致主要有超过时效与不属于职业病等。

三、诉讼争点归纳

职业病系工业社会中因工作原因而形成的与职业有关的疾病类型。②依时《职业病防治法》第2条第2款规定，职业病是指企业、事业单位和个体经济组织等用人单位的劳动者在职业活动中，因接触粉尘、放射性物质和其他有毒、有害因素而引起的疾病。职业病特点是致病周期长，病程由轻到重，与非职业病工伤有明显区别。也正是因为此种特殊性，职业病工伤相关案例中除会出现一些工伤诉讼中常见争点外，还会出现一些特有的争诉。结合2021年的职业病工伤诉讼，可以归纳分析出六个主要争点。

（一）离岗后职业病工伤认定及待遇支付争议

离岗包括用人单位注销、劳方与用人单位解除劳动合同等情况。通常而言，离岗之后不会发生工伤，但是职业病致病有其过程，具有隐匿性、迟发性的特点，往往在离岗一段时间后才发病，或者离岗前已确诊工伤，但离岗后病情加重。在离岗后，职业病如何认定工伤以及工伤待遇如何支付往往形成争诉，实务中情况较为复杂。从2021—2022年的案例来看，往往出现同案不同判的现象。

对于离岗后职业病工伤认定问题，《人力资源社会保障部关于执行〈工伤保险条例〉若干问题的意见》第8条规定："曾经从事接触职业病危害作业、

---

① 安徽省合肥市中级人民法院（2021）皖01行终字第51号行政判决书。
② 郑尚元：《职业病防治与职业病患者权利之救济》，《东南学术》2020年第2期。

当时没有发现罹患职业病、离开工作岗位后被诊断或鉴定为职业病的符合下列条件的人员，可以自诊断、鉴定为职业病之日起一年内申请工伤认定，社会保险行政部门应当受理：（一）办理退休手续后，未再从事接触职业病危害作业的退休人员；（二）劳动或聘用合同期满后或者本人提出而解除劳动或聘用合同后，未再从事接触职业病危害作业的人员。"该条规定在内容上较为清楚，不难适用。如胡某莲诉蕲春县社会保险事业管理局行政给付案[①]中，蕲春县社会保险事业管理局上诉称原告在孺子牛鞋业集团就业期间未出现苯中毒的职业病，在离职两年后才鉴定为职业病，因此工伤待遇应由未参加工伤保险的原用人单位支付。法院即依据《人力资源和社会保障部关于执行〈工伤保险条例〉若干问题的意见》第8条规定，驳回了蕲春县社会保险事业管理局的上诉。问题在于离岗前已经认定为职业病工伤，离岗后病情加重的情况下，工伤待遇如何支付的问题。

1. 以工伤保险关系终结为由不予支付

在何某喜诉韶关市社会保险服务管理局行政给付案[②]中，原告在工伤保险关系存续期间确诊职业病并认定为工伤，获得了工伤保险待遇。2013年5月30日，用人单位与原告签订了《解除劳动合同协议书》，支付了经济补偿金，并向韶关市社保局申请了一次性医疗补助金待遇。2019年12月18日，原告被鉴定为职业性煤工尘肺二期，故向韶关市社保局申请工伤保险4级伤残待遇。但韶关市社保局以已与何某喜终结了工伤保险关系为由，不予支付。法院亦认为，原告在领取了一次性医疗补助金后已终结了与韶关市社保局的工伤保险关系，其再次要求韶关市社保局支付其伤残待遇，不符合法律规定。

无独有偶，艾某付诉奉节县社会保险局行政给付案[③]中，法院也持类似见解。该案原告系沙包煤矿的采煤工人。沙包煤矿在2012年3月至2016年

[①] 湖北省黄冈市中级人民法院（2021）鄂11行终字第44号行政判决书。
[②] 广东省韶关市中级人民法院（2021）粤02行终字第13号行政判决书。
[③] 重庆市第二中级人民法院（2021）渝02行终字第73号行政判决书。

8月为其参加工伤保险,并按时足额缴纳了工伤保险费。2016年6月20日,原告经重庆市疾病预防控制中心诊断为职业性煤工尘肺一期,后认定为工伤。后奉节县社保局于2017年2月核发原告工伤保险待遇。2018年10月19日,原告复查诊断为职业性煤工尘肺二期,2019年5月29日复查鉴定为伤残4级。原告向奉节县社保局申请支付其工伤保险待遇,奉节县社保局认为原告在2016年8月与用人单位终止劳动关系,同时与社保经办机构终止工伤保险关系,工伤保险基金已按政策规定支付原告应该享受的一次性伤残补助金,工伤保险基金不再支付原告终止工伤保险关系后发生的工伤保险待遇。

原告不服,向法院提起诉讼后,法院认为根据《重庆市工伤保险实施办法》第38条的规定,经复查鉴定,伤残等级及护理程度发生变化的,自作出复查鉴定结论的次月起,以复查鉴定结论为依据享受《工伤保险条例》和本办法规定的除一次性伤残补助金之外的工伤保险待遇。根据上述规定,在保留劳动关系的前提下,劳动者伤残等级发生变化的,可以享受除一次性伤残补助金之外的工伤保险待遇,在工伤保险关系存续的情况下可以要求社会保险经办机构支付相应的工伤保险待遇。而本案原告的伤残等级变化发生在终止工伤保险关系之后,故原告复查鉴定为4级伤残的工伤保险待遇不应由工伤保险基金支付,故驳回起诉。

两法院均认为在劳方关系终结之后职业病加重的,均不应由工伤保险基金支付。但如果持此种见解,从劳工权益角度出发,其职业病加重后应当如何获得救济?从诉讼实务来看,出现了三种解决方案:以公平公正原则与目的解释判决、对"当时没有发现罹患职业病"作类推解释及将加重诊断视为新的职业病诊断。

2. 以公平公正原则与目的解释判决

江某平诉重庆市开州区社会保险事务中心行政给付案[①]中,法院考量职业病特点,结合具体案情,以公平公正原则为依据,辅以目的解释,要求即

[①] 重庆市第二中级人民法院(2021)渝02行终字第24号行政判决书。

使在终结劳动关系后，社会保险事务中心仍应当对加重后的职业病支付待遇。

原告江某平系开县宏源煤业有限公司井下采煤工人，从2009年11月23日开始在该公司从事采煤工作，从业期间，该公司已经依法为江某平参加工伤保险并缴费。2015年，江某平被鉴定为煤工尘肺，其后被认定为工伤。之后，江某平从工伤保险基金中享受了一次性伤残补助金，并离开了工作岗位，但未与开县宏源煤业有限公司解除劳动关系。离岗期间，开县宏源煤业有限公司为其缴纳了工伤保险费直至该单位因政策被关闭。该公司在关闭时，已经按照政府要求从企业奖补资金中扣除100万元用于处理该公司的社保遗留问题。2020年7月2日，经鉴定后江某平的伤残级别加重。江某平遂向社保事务中心申请工伤保险待遇的审核发放。2020年9月8日，社保事务中心向江某平作出核定不予支付的回复。江某平不服，诉请责令社保事务中心支付工伤保险待遇。

本案争议点在于，江某平伤残级别加重的鉴定时间是在劳动关系终结且工伤保险关系也随之终结后，其待遇是否应当由工伤保险基金支付。

对此，一审法院提出两条论据支持原告主张。第一，煤工尘肺病是因煤工在采煤过程中长期接触烟煤或无烟煤粉尘而致煤尘在肺内弥漫性结节样沉淀，其发病周期长，病情进展缓慢，需要每隔1年至2年定期检查。国家对于离岗后被发现罹患职业病的人员尚能参照《工伤保险条例》享受待遇。第二，开县宏源煤业有限公司被关闭并非江某平或者用人单位原因，而是政策调整需要，其用人单位还按政府要求缴纳100万元作为解决社保遗留问题资金。在此情形下，江某平若不能因伤残级别提高而享受相应的伤残待遇，既不符合法律的公平公正原则，也不符合《工伤保险条例》保障工伤职工获得医疗救治和经济补偿的立法目的。二审法院亦持同样见解。

3. 对"当时没有发现罹患职业病"作类推解释

在何某喜诉韶关市社会保险服务管理局行政给付案中，原告主张依据《人力资源和社会保障部关于执行〈工伤保险条例〉若干问题的意见》第8条规定的对"当时没有发现罹患职业病"作类推解释，应当理解为没有发现罹患真实等级的职业病，也即原告主张对该条作类推解释或扩大解释，将离岗后职业病情加重的情形也包括在内。前述江某平诉重庆市开州区社会保险事务中心行政给付案中，一审法院提出的"国家对于离岗后被发现罹患职业病的人员尚能参照《工伤保险条例》享受待遇"一语实际上也是类推解释。

笔者认为此种主张具有合理性。正如原告所言，职业病有隐匿性、迟发性的特点，也正因为如此，才有《人力资源社会保障部关于执行〈工伤保险条例〉若干问题的意见》第8条规定的存在。该条规定的目的，即保障在离岗后发病的职业病工伤劳工的权益。而离岗后病情加重与离岗后发病在实质上并无不同，均符合该条规定的目的。法院机械地认为病情加重并不符合"曾经从事接触职业病危害作业、当时没有发现罹患职业病、离开工作岗位后被诊断或鉴定为职业病"的前提条件，而将其排除在适用之外，并不符合该条规定的立法目的。

4. 将加重诊断视为新的职业病诊断

实务中也有法院将离岗后职业病加重诊断视为新的诊断，从而保障劳工权益的，这也是一种可供参考的解释路径。杨某强诉石门县人力资源和社会保障局工伤认定案[①]中，原告杨某强系石门县永兴矿业有限责任公司的职工，该公司一直为其缴纳工伤保险费。2006年12月，杨某强被常德市劳动卫生职业病防治所诊断为二期矽肺职业病。2018年12月，杨某强与石门县永兴矿业有限责任公司解除劳动合同，石门县永兴矿业有限责任公司不再为杨某强缴纳工伤保险费。2019年9月26日，杨某强向常德市劳动卫生职业病防治所申请职业病申请鉴定。当日，杨某强被常德市劳动卫生职业病防治所诊断为职业性煤工尘肺三期。2020年8月17日，杨某强以职业性煤工尘肺三期为由向石门县人社局提出工伤认定申请。石门县人社局以杨某强应在规定期限的一年内提出申请为由，作出不予工伤认定的决定书。杨某强不服，提起诉讼。

---

① 湖南省常德市中级人民法院（2021）湘07行终字第38号行政判决书。

该案一审法院认为原告所患职业性煤工尘肺三期属于长期接触煤尘等有害物质而引起的职业疾病，与普通工伤的当场性、即时性不同，是在较长时间的职业活动中因所处特殊职业环境日积月累慢慢形成的，其形成具有连续性、缓慢性的特点，程度往往具有滞后性。《工伤保险条例》第17条第2款规定，用人单位未按前款规定提出工伤认定申请的，工伤职工或者其直系亲属、工会组织在事故伤害发生之日或者被诊断、鉴定为职业病之日起1年内，可以直接向用人单位所在地统筹地区劳动保障行政部门提出工伤认定申请。该案中，原告于2006年12月被确诊为二期矽肺职业病后虽未向相关社会保险行政部门申请工伤认定，但经常德市劳动卫生职业病防治所于2019年9月26日再次诊断为职业性煤工尘肺三期，属于新的职业病诊断证明。被告经调查后机械地认为属于2006年11月诊断基础上的复查，不属于新的诊断证明，作出涉案不予受理决定书，不符合法律规定，亦不利于保障劳动者的合法权益。

本案虽然并非涉及工伤保险待遇，而只是关于工伤认定，但该案一审法院将加重后的职业病诊断视为新的职业病诊断的解释路径对于解决相对问题均有一定启发性。工伤保险制度最主要的目的在于保障受工伤或者职业病的工人的权益，如果机械地认为职业病加重后的诊断仅属于复查，则会导致一部分脱离工伤保险关系的劳工无法在病情加重后及时获得给付，因此应当对现有法律法规灵活解释。一审法院的解释路径既未偏离实定法，也保障了劳工权益。

（二）用人单位变更后工伤认定争议

用人单位变更可以分为两种情况，一种是用人单位自身分立、合并、转让，另一种是员工更换工作单位。

对于第一种情况，实务中较容易判断。如赤城县忠信矿业有限责任公司诉张家口市人力资源和社会保障局工伤认定案[①]中，原告主张其营业执照的营业起始日期是2009年1月1日，而劳方声称的劳动起始时间为2003年，

---

① 河北省张家口市中级人民法院（2021）冀07行终字第42号行政判决书。

双方不可能成立劳动关系。但实际上赤城县忠信矿业有限责任公司是由原来的赤城县龙宇矿业发展有限责任公司在2008年10月改制而来的，法院最终依据《工伤保险条例》第43规定，用人单位分立、合并、转让的，承继单位应当承担原用人单位的工伤保险责任，不支持原告诉请。

第二种情况往往争诉较多，案情也较为复杂。夹江县华兴陶瓷有限公司诉乐山市人力资源和社会保障局与乐山市人民政府工伤认定案[①]中，第三人罗某全于2017年12月10日到原告处从事制粉工作，2020年3月10日离岗，7月29日诊断为职业性陶工尘肺一期。罗某全于2020年8月5日向市人社局申请工伤认定，市人社局同日受理后于8月31日作出《认定工伤决定书》。原告华兴陶瓷有限公司诉称，第三人自述2011年8月至2017年10月在其他陶瓷厂从事制粉工作，工作中接触粉尘，离岗后也与他人签订制粉干燥塔承包合同，接触大量粉尘。第三人的职业病是一个渐进的过程，并没有直接的证据证明罗某全的伤害是在原告单位期间造成的伤害。

法院认为，在本案工伤认定过程中，华兴陶瓷有限公司在市人社局指定的举证期限内并未出示罗某全所患职业病是在其他单位形成的有效证据，罗某全虽然自述在2011年8月至2017年10月在其他陶瓷厂从事制粉工作，但并无证据证实其在此期间确已患上职业病，且华兴陶瓷有限公司亦未提供证据证明其已依法按照《职业病防治法》第35条的规定，对从事接触职业病危害作业的劳动者组织上岗前职业健康检查，而是直接安排罗某全从事接触职业病危害的作业，存在过错，也导致无法排除罗某全的职业病在其公司工作期间罹患致害的可能，依法应承担相应的责任。

罗某全所患的陶工尘肺一期不是在短期之内可以形成的，罗某全在离开华兴陶瓷有限公司之后的几天即3月21日到医院检查即发现尘肺病的征兆，故罗某全不可能是在离开单位之后在其他单位患职业病。因此认定华兴陶瓷有限公司为工伤用人单位，并无不当。

---

① 四川省峨眉山市人民法院（2021）川1181行初字第10号行政判决书。

正如各法院一直强调的，问题在于职业病不是短期之内可以形成的。即使有上岗前职业健康检查，也不能排除更换工作岗位后才出现症状的可能性。在这种情况下，在具体认定工伤用人单位时，需要鉴定中心与行政机关根据职业病严重程度与劳方从业经历综合判断，通常而言，在用人单位没有明确证据的情况下，法院都信任鉴定中心与行政机关的专业判断。

1. 雷家冲煤矿案——法院以客观事实认定工伤用人单位

涟源市三甲乡雷家冲煤矿诉涟源市人力资源和社会保障局与涟源市人民政府工伤认定案[①]中，第三人姚某权于1991年4月至2012年在涟源市三甲乡阳硐煤矿从事采掘工作，接触煤矽尘。2012年5月至2015年12月在原告雷家冲煤矿采煤，接触煤矽尘。2012年6月14日至2014年6月23日，原告雷家冲煤矿为第三人姚某权于2012年6月14日参加工伤保险并正常缴费。后第三人姚某权于2015年12月14日至2017年1月20日在湖南天地人和建设有限公司做杂工工作。2017年6月5日，第三人姚某权经娄底市疾病防控中心诊断为煤工尘肺三期。

第三人姚某权起先于2018年5月10日申请工伤认定，被告涟源市人社局后认定第三人姚某权为工伤，用人单位为湖南天地人和建设有限公司。该公司不服，向被告涟源市人民政府申请行政复议。被告涟源市人民政府认为第三人姚某权在湖南天地人和建设有限公司的工作场所为矽尘环境的依据不足，同时第三人在湖南天地人和建设有限公司处的工作时间为198.8天，相对于煤工尘肺的发病工龄而言较短，故根据煤工尘肺形成的特点和原因可推定湖南天地人和建设有限公司与第三人姚某权煤工尘肺三期职业病的形成没有直接因果关系，故撤销先前的认定工伤决定书。

2020年8月11日，被告涟源市人社局重新作出工伤认定决定书，认定第三人姚某权所患职业病为工伤，原告雷家冲煤矿为第三人形成职业病在时间上为最后的用人单位，故认定雷家冲煤矿应承担用工主体责任。原告不服提

---

① 湖南省双峰县人民法院（2021）湘1321行初字第字第31号行政判决书。

起诉讼。法院认可被告主张，判决驳回。

本案中，有明确证据证明第三人的职业病与现有工作单位无关，因此，法院认为应当由与员工职业病有关联的原用人单位作为工伤用人单位，承担工伤责任。这似乎也符合《工伤保险条例》第 19 条第 2 款 "职工或者其近亲属认为是工伤，用人单位不认为是工伤的，由用人单位承担举证责任" 的规定。但是在实务中，也有在有明确证据证明员工所患职业病与现用人单位无关的情况下，法院仍要求现用人单位承担工伤责任的案例。

2. 合肥美亚光电公司案[①]——法院以目的解释认定工伤用人单位

本案中，员工在美亚光电公司总装车间从事机械装配工作，确认该公司无职业病危害因素接触，但法院依然认为原用人单位合力公司合肥铸锻厂不应当作为申报工伤认定的单位，现用人单位美亚光电公司依法应当作为用人单位提出工伤认定申请。

本案中，第三人王某于 1997 年至 2011 年 6 月在原用人单位合力公司合肥铸锻厂工作，自 2011 年 6 月起王某到现用人单位美亚光电公司工作；2018 年 6 月 4 日，经合肥市职业病防治院诊断为职业性铸工二期尘肺。2018 年 8 月 8 日，王某向高新区人事局提交工伤认定申请。2018 年 10 月 24 日，高新区人事局作出高新工认〔2018〕0687 号认定工伤决定书，认定王某所受的伤害为工伤。美亚光电公司不服，提出行政复议；合肥市人力资源和社会保障局经复议，于 2019 年 2 月 13 日作出合人社复决〔2018〕105 号行政复议决定书，决定撤销高新区人事局作出的高新工认〔2018〕0687 号认定工伤决定书。高新区人事局于 2019 年 5 月 29 日重新作出高新工不认〔2019〕0009 号不予认定工伤决定书，认定王某受到的伤害属于不得认定或者视同工伤的情形，决定不予认定工伤；王某对该认定不服，诉至法院，该院经审理作出（2019）皖 0191 行初字第 102 号行政判决书，判决撤销被告作出的高新工不认〔2019〕0009 号不予认定工伤决定书。美亚光电公司不服，提出上诉；2020 年

[①] 安徽省合肥市中级人民法院（2021）皖 01 行终字第 51 号行政判决书。

4月，合肥市中级人民法院作出（2019）皖01行终字第92号行政判决书，维持该院的判决。高新区人事局据此重新作出高新工认〔2020〕0419号认定工伤决定书，认定王某所受的伤害为工伤。美亚光电公司不服，提起上诉，请求：（1）撤销由高新区人事局作出的高新工认〔2020〕0419号认定工伤决定书；（2）判决由合力公司合肥铸锻厂承担王某的工伤保险责任。

本案的争议焦点为：提出工伤认定申请的单位是原用人单位合力公司合肥铸锻厂还是现用人单位美亚光电公司。

一审法院的观点与依据可以总结为以下三点。（1）《职业病范围和职业病患者处理办法的规定》第8条规定：职工到新单位后，新发现的职业病不论与现工作有无关系，其职业病待遇由新单位负责。过去按有关规定已作处理的不再改变。（2）《合肥市人民政府关于贯彻实施工伤保险条例的若干意见》第7条规定：职工在原用人单位从事接触职业危害作业，到现用人单位后被诊断患有职业病的，现用人单位应当提出工伤认定申请。（3）最高人民法院发布的关于工伤保险6条意见的会议纪要第4点意见指出，职业病诊断鉴定结论所列明的单位对其承担工伤保险责任有异议，但社会保险行政部门依据职业病诊断鉴定结论先行认定职工的职业病为工伤的，人民法院应予支持。职业病诊断鉴定结论所列明的单位或工伤保险基金承担相应工伤保险责任后，有权机关否定相关单位为工伤责任单位的，相关单位或工伤保险基金可以向实际致害单位依法另行主张权利。综上，驳回由美亚光电公司的诉讼请求。

美亚光电公司上诉，主要对一审法院的第一个依据予以驳斥，美亚光电公司称《职业病防治法》第53条规定："劳动者被诊断患有职业病，但用人单位没有依法参加工伤社会保险的，其医疗和生活保障由最后的用人单位担承；最后的用人单位有证据证明该职业病是先前用人单位的职业病危害造成，由先前的用人单位承担。"对于"职业病患者的职业病待遇应由新单位还是先前的用人单位承担"这一问题，第53条作出了与《职业病范围和职业病患者处理办法的规定》第8条相反的规定。根据新法优先于旧法、上位法优先于下位法的原则，第 53 条实际已经废除了《职业病范围和职业病患者处理办法的规定》第 8 条规定的法律力。

二审法院亦不支持美亚光电公司的上诉，理由有二：（1）鉴于职业病区别于一般工伤事故，往往潜伏期较长，职工被确诊为职业病时的工作单位可能已经发生变化，故对上述焦点问题应综合考虑工伤保险、职业病防治的相关立法宗旨及规定。对于职工患职业病认定为工伤，并未规定职工须在用人单位工作期间患职业病这一限制条件，也并未将职业病职工的用人单位限定于具有职业病危害因素、导致职工患职业病的工作单位。一旦在工伤制度中将职业病职工的用人单位限定为导致其患病的工作单位，将容易导致职工被诊断为职业病时，仍需联系其多年前的工作单位作为用人单位为其申请工伤，甚至很有可能出现原工作单位已不复存在的情形，有可能导致职业病患者作为最典型的因工致害者，其工伤保险权益反而难以获得保障，与工伤保险制度保障工伤或患职业病职工获得医疗救治和经济补偿的立法宗旨不相吻合。（2）《工伤保险条例》第 17 条第 1 款规定，职工被诊断、鉴定为职业病，所在单位应当自被诊断、鉴定为职业病之日起 30 日内，向统筹地区社会保险行政部门提出工伤认定申请。即职工被诊断为职业病时的所在单位负有作为《工伤保险条例》中用人单位申请工伤认定等法定义务。《职业病防治法》第 53 条"劳动者被诊断患有职业病，但用人单位没有依法参加工伤社会保险的，其医疗和生活保障由最后的用人单位承担；最后的用人单位有证据证明该职业病是先前用人单位的职业病危害造成的，由先前的用人单位承担"的规定已在该法 2011 年修正时被删除。

最后，法院认为美亚光电公司依法承担相应工伤保险责任后，如有相应证据，可以向相关单位主张权利，但因与本案不属同一法律关系，美亚光电公司需依法另行主张。

从该案来看，即使有明确证据证明员工的工伤与现用人单位无关的，现用人单位仍要承担工伤责任。对于该案王某原用人单位合力公司合肥铸锻厂的主张,现行《职业病防治法》已将原第53条调整为第59条"劳动者被诊断患有职业病,但用人单位没有依法参加工伤保险的,其医疗和生活保障由该用人单位承担",简化了工伤申报的程序。一旦发现职业病,申报工伤不用两单位之间相互推脱,这样对劳动者有利,因为职业病所支付的费用现在均由工伤保险基金支付,只有不足的部分才由单位来承担。

目前,对于正常缴纳保险费用的用人单位而言,员工认定为工伤后其仍要负担伤残津贴与一次性伤残就业补助金。如果员工确实是在上一用人单位工作时导致的职业病,由新用人单位来负担这部分工伤待遇,即实现用人单位承担责任后可以其他途径主张权利,但不可否认的是仍构成了现用人单位的负担。本案法院从工伤保险制度的立法目的考量,认为此种处理模式有助于帮助职业病员工及时获取救济。

(三)对鉴定标准的自由裁量范围

谭某杰诉佛山市司法局、广东省司法厅司法行政管理案[①]中,广东通济司法鉴定中心按《人体损伤致残程度分级》评定原告谭某杰因矽肺二期致呼吸功能障碍评定为8级伤残。但原告曾按《劳动能力鉴定职工工伤与职业病致残等级》被相关劳动能力鉴定部门评定为矽肺二期评4级伤残。不同标准下伤残等级的不同直接影响了原告的合法权益与工伤保险待遇。

广东通济司法鉴定中心之所以采用《人体损伤致残程度分级》是用人单位在委托时明确指定了依照该标准。在鉴定中心接受委托后,向原告寄出《通济鉴定中心司法鉴定告知书》,告知书上写了鉴定标准,原告签字确认后鉴定中心开始鉴定。

原告在鉴定结果出来后,向被告投诉广东通济司法鉴定中心违规评定。但广东通济司法鉴定中心主张两次鉴定依据的标准不同,鉴定书使用目的不同,前者是劳动工伤认定,后者是损害后果评定。《人体损伤致残程度分级》

---

① 广州铁路运输中级法院(2021)粤71行终字第273号行政判决书。

的适用范围为"适用于人身损害致残程度等级鉴定",没有规定具体的适用范围,因此该标准适用于任何损伤,包括劳动工伤致残所导致的损害后果的伤残评定。因此,鉴定中心使用的标准符合被鉴定人的伤情,客观准确;原告主张是片面理解只要鉴定条款中没有罗列具体疾病名称就不应鉴定,是误读鉴定程序标准。

被告佛山市司法局曾发函向南方医科大学司法鉴定中心咨询原告投诉事项,中心医师回复称,《劳动能力鉴定职工工伤与职业病致残等级》属于国家标准,《人体损伤致残程度分级》可视为部门或行业标准,后者并未明确规定可以适用于工伤和职业病评残,根据《司法鉴定程序通则》第23条及第15条第4项之规定,通济鉴定中心采用《人体损伤致残程度分级》标准对谭某杰进行伤残程度评定,不符合《司法鉴定程序通则》中采用标准的顺序规定,不应受理该鉴定;职业病伤残评定有特殊性,不能以普通损伤对等看待,鉴定机构采用《人体损伤致残程度分级》评定伤残结果,应当先行与委托单位进行沟通,并应书面告知相应风险。

但嗣后被告佛山市司法局仅以广东通济司法鉴定中心在此次鉴定中有鉴定风险告知的瑕疵,对广东通济司法鉴定中心给予批评教育的行政处理,认为广东通济司法鉴定中心是在原告于《通济鉴定中心司法鉴定告知书》签字确认后才开始鉴定的,这表明双方当事人均一致同意采用该标准进行鉴定,因此鉴定结论本身没有问题。

原告就被告回复诉至法院。最后法院认为虽然《劳动能力鉴定职工工伤与职业病致残等级》对矽肺伤残的评定条款较《人体损伤致残程度分级》更为细化和明确,但两种鉴定标准的鉴定范围、依据以及目的不同,并无矽肺伤残等级鉴定排除适用《人体损伤致残程度分级》的有关规定。而且,《人体损伤致残程度分级》系广东通济司法鉴定中心经当事人同意采用的鉴定标准,符合广东省司法鉴定协会发布的粤鉴协〔2018〕31号附件1《法医临床司法鉴定若干问题的执业指引》4.1.1规定,伤残程度评定的标准、规范适用,应依据具体案情确定。办案机关有明确委托要求，或当事人双方一致同意采用某个标准、规范的，委托人应在委托书中载明，按委托书载明的鉴定标准、规范与事项进行伤残程度评定，因此驳回原告起诉。

目前，不论是司法鉴定中心还是劳动鉴定委员会的伤残等级鉴定结论均非可诉的行政行为。司法鉴定中心并非行政机关，其行为自不属于行政行为。而劳动鉴定委员会是由劳动、卫生、工会等相关职能部门组成的临时性常设机构，没有明确的编制、人员、经费，不具有法人资格，无独立的行政职权，其伤残等级及护理程度的鉴定结论只是一种技术性结论，不具有行政确认的性质，不属于具体行政行为，因而也不能产生行政复议和行政诉讼。[1] 目前，鉴于劳动鉴定结论的不可复议性和不可诉性，当事人只能按照《企业职工工伤保险试行办法》的规定，向本级劳动鉴定委员会申请复查。对复查结论不服的，还可向上一级劳动鉴定委员会申请重新鉴定，也可以在劳动争议仲裁或诉讼中对鉴定结论提出异议，申请重新鉴定。[2] 而本案正是原告在鉴定结果出来后，向被告佛山市司法局投诉广东通济司法鉴定中心后，就佛山市司法局的回复起诉。

本案中，鉴定中心与委托方有无鉴定标准选择的自由裁量权是案件最核心的争议点。伤残鉴定毕竟是科学项目，有科学标准，结论有科学数据佐证。据原告所称，目前广东范围内的司法鉴定机构对相同矽肺二期尘肺病有三种鉴定结果。对同一客观疾病却有着三种不同的鉴定结果，这反映了目前鉴定标准的混乱，也极大影响了被鉴定人的利益。

被鉴定人往往并不熟知相关鉴定标准，也不清楚不同标准下评定结论的不同。本案中鉴定的委托方是用人单位，并非原告自身，且原告虽然在《通济鉴定中心司法鉴定告知书》上签字确认，但恐怕签字当时也并不了解《人体损伤致残程度分级》与《劳动能力鉴定职工工伤与职业病致残等级》在评

---

[1] 参见刘继雁《劳动能力鉴定结论不具可诉性》，《人民司法》2011年第18期。
[2] 刘继雁：《劳动能力鉴定结论不具可诉性》，《人民司法》2011年第18期。

定结果上的差异。在这种情况下，即使原告签字也难谓"双方一致同意"。本案中，法院仅对"一致同意"作了形式审查，而并没有考虑到原告自身的认知状况。在被鉴定人对鉴定标准存在争议的情况下，法院不应当宽泛认可鉴定中心与委托方对鉴定标准的自由裁量权，从保护劳方权益的角度来看，应当选择认可有利于保护劳方利益的鉴定标准。目前在我国的伤残评定体系中，《劳动能力鉴定职工工伤与职业病致残等级》标准与《道路交通事故受伤人员伤残评定》标准一样，处于伤残评定的核心地位，是我国目前法医临床学领域为数不多的国家标准，更是其他涉及人身损害司法鉴定的重要参考。[①] 笔者认为，鉴于该标准的使用范围与影响力，一般情况下，可以优先适用该标准，在适用其他标准有利于职工的情况下可以选择适用其他标准。

（四）未进行职业健康检查可否构成不予给付理由

《职业病防治法》第35条规定，对从事接触职业病危害的作业的劳动者，用人单位应当按照国务院卫生行政部门的规定组织上岗前、在岗期间和离岗时的职业健康检查，并将检查结果书面告知劳动者。职业健康检查费用由用人单位承担。用人单位不得安排未经上岗前职业健康检查的劳动者从事接触职业病危害的作业；不得安排有职业禁忌的劳动者从事其所禁忌的作业；对在职业健康检查中发现有与所从事的职业相关的健康损害的劳动者，应当调离原工作岗位，并妥善安置；对未进行离岗前职业健康检查的劳动者不得解除或者终止与其订立的劳动合同。该条是对员工职业健康检查的规定，课予用人单位为员工安排健康体检的义务。但是对用人单位违反该规定的，仅在第71条规定了由卫生行政部门责令限期改正，给予警告，可以并处罚款，并未规定是否影响职工的工伤待遇。但在实务中，法院就工伤保险部门是否可以用人单位未组织员工职业健康检查为由拒绝支付工伤保险待遇，见解并不

[①] 王旭：《〈劳动能力鉴定职工工伤与职业病致残等级〉（2014）相关问题研究》，《证据科学》2015年第6期。

一致。

宜章县鑫联矿业有限公司因诉郴州市工伤保险管理服务中心行政给付案[1]中，第三人欧某春2008年2月至2013年2月，在原宜章县赤石兴旺铅锌矿从事风钻工作。2012年3月至2012年8月、2013年1月至2013年5月，原赤石铅锌矿为欧某春办理了工伤保险。2013年5月3日，欧某春被诊断为矽肺三期、轻度肺功能损伤。2013年6月21日，郴州市人力资源和社会保障局认定欧某春为工伤。2013年12月10日，郴州市劳动能力鉴定委员会作出劳动能力鉴定结论书，认定欧某春为伤残3级。2015年3月3日，湖南省郴州市中级人民法院作出（2015）郴民一终字第3号民事判决，判决由原赤石铅锌矿赔付欧某春工伤保险待遇共计512972.00元。随后，欧某春向湖南省宜章县人民法院申请执行（2015）郴民一终字第3号民事判决所确定的义务。原赤石铅锌矿经过湖南省宜章县人民法院的执行，已履行完毕民事判决所确定的赔付欧某春工伤保险待遇共计512972.00元。

之后原赤石铅锌矿向宜章县工伤保险管理服务中心提出《请求依法履行工伤保险赔付职责的申请书》，该中心于2015年4月20日作出回复，要求原赤石铅锌矿按照规定，提交欧某春上岗前、在岗期间和离岗时的职业健康检查资料和职业健康监护档案，或在岗期间的周期体检资料，才按规定程序依法处理。

原赤石铅锌矿不服，以郴州市工伤保险管理服务中心为被告提起行政诉讼。一审法院支持诉请，判决被告郴州市工伤保险管理服务中心履行按照规定核定工伤保险待遇的法定职责。一审判决后，鑫联矿业公司向市工保中心提交申请，市工保中心作出不予支付工伤保险待遇决定，认为鑫联矿业公司未依法组织从事接触职业危害作业的第三人进行岗前健康检查，决定其职业病工伤保险待遇由工伤保险基金支付的金额为零。鑫联矿业公司不服，再次提起新的诉讼，请求依法撤销市工保中心作出的不予支付工伤保险待遇的

---

[1] 湖南省郴州市中级人民法院（2021）湘10行终字第16号行政判决书。

决定。

本案的争议焦点是市工保中心是否可以用人单位未组织岗前健康检查为由不予支付工伤保险待遇。

两审法院均认可被告主张。依据是《湖南省实施〈工伤保险条例〉办法》第 38 条规定，对从事接触职业病危害作业的职工，用人单位应当依法组织上岗前、在岗期间和离岗时的职业健康检查，并为职工建立职业健康监护档案。用人单位不得安排未经上岗前职业健康检查的职工从事接触职业病危害的作业；不得安排有职业禁忌的职工从事其所禁忌的作业；对未进行离岗前职业健康检查的职工不得解除或者终止与其订立的劳动合同。用人单位违反前两款规定，职工患职业病的，其工伤保险待遇由用人单位支付。

对另一起相似案件法院也持同样见解。在吴某华诉冷水江市工伤保险服务中心行政给付案[1]中，一审被告冷水江市工伤保险服务中心以用人单位没有及时申报、未参加离岗前健康体检和未建立职业健康档案以及终止工伤保险关系为由，不予支付工伤保险待遇。吴某华不服，提起行政诉讼。请求撤销冷水江市工伤保险服务中心作出的《关于吴某华请求享受工伤保险待遇的答复》，并裁定重新作出新的行政行为。

法院仍依据《湖南省实施〈工伤保险条例〉办法》第 38 条的规定，认为原审原告吴某华在锡矿山中心医院和娄底市第三人民医院的职工健康检查是与本案上诉人冷水江市湘晖劳务派遣有限责任公司终止劳动合同后自行检查的，不能认定冷水江市湘晖劳务派遣有限责任公司为吴某华履行了离岗时的职业健康检查。因此，判决驳回。

但在杜某科诉巫山县社会保险事务中心行政给付案[2]中，一审被告同样以杜某科未与用人单位保留劳动关系，也未在离岗前进行职业健康检查为由不予支付工伤待遇。法院却认为未在离岗前进行职业健康检查并不构成不予

---

[1] 湖南省娄底市中级人民法院（2021）湘 13 行终字第 67 号行政判决书。
[2] 重庆市高级人民法院（2020）渝行申 517 号行政裁定书。

支付的理由。

这实际上涉及了地方规章的不同。前两起案例都是湖南省的案例。前述《湖南省实施〈工伤保险条例〉办法》第 38 条专门规定了未组织职业健康检查的后果。该条是沿用了《湖南省劳动和社会保障厅、湖南省卫生厅关于做好职业病待遇有关问题的通知》的规定:"各参保企业必须严格按《中华人民共和国职业病防治法》和《职业健康监护管理办法》的有关规定,安排和组织接触有毒有害作业的职工进行职业健康检查,并建立和完善职业健康监护档案……。(1)对于新聘职工应当进行上岗前职业健康检查;(2)职工在岗期间应当按照《职业健康监护管理办法》所规定的体检周期和项目进行职业健康体检,对身体健康已经受到损害的职工应及时安排治疗疗养并按规定调离有毒有害作业岗位;(3)职工在离岗时必须进行职业健康检查。……对参加工伤保险后诊断为职业病的,应当按照体检周期追溯既往职业健康监护档案,如果参保企业已按规定进行了职业健康检查并建立了职业健康监护档案,且既往资料显示参保前未发现职业病的,由工伤保险基金支付相关待遇;如果参保企业没有按规定进行职业健康检查或既往体检资料显示参保前职业病已存在(尽管没有诊断)的,应按老工伤问题的处理规定,由参保企业承担相关工伤保险待遇。"在有明确法规规章的情况下,湖南省的法院通常认可工伤保险部门可以以用人单位未组织员工职业健康检查为由拒绝支付工伤保险待遇。

(五)工伤保险部门明知劳方患职业病仍建立工伤保险关系的工伤认定问题

前述杨某强诉石门县人力资源和社会保障局工伤认定案[①]中,原告杨某强系石门县永兴矿业有限责任公司的职工,该公司一直为其缴纳工伤保险费。2006 年 12 月,杨某强被常德市劳动卫生职业病防治所诊断为二期矽肺职业

---

① 湖南省常德市中级人民法院(2021)湘 07 行终字第 38 号行政判决书。

病。2018年12月，杨某强与石门县永兴矿业有限责任公司解除劳动合同，石门县永兴矿业有限责任公司不再为杨某强缴纳工伤保险费。2019年9月26日，杨某强向常德市劳动卫生职业病防治所申请职业病申请鉴定。当日，杨某强被常德市劳动卫生职业病防治所诊断为职业性煤工尘肺三期。

2020年8月17日，杨某强以职业性煤工尘肺三期为由向石门县人社局提出工伤认定申请。石门县人社局以杨某强应在规定期限的一年内提出申请为由，作出不予工伤认定的决定书。杨某强不服，提起诉讼。

二审法院认为，本案中，杨某强在2006年初次被诊断为二期矽肺职业病后，该公司于2014年5月26日为其购买了工伤保险，石门县工伤保险处明知其患有二期矽肺职业病仍将其列入参保范围，与其建立工伤保险关系，现又以其申请工伤认定超期为由不予受理，明显不当。

（六）可否以欠缴为由不予支付工伤保险待遇

在本书"欠缴与工伤保险待遇支付：张某明与沐川县社会保险事业管理局等行政给付纠纷案"案例分析中，笔者曾提及重庆地区的法院，倾向于将《工伤保险条例》第62条第3款"用人单位参加工伤保险并补缴应当缴纳的工伤保险费、滞纳金后，由工伤保险基金和用人单位依照本条例的规定支付新发生的费用"作扩充解释，纳入已经参保但欠缴的情形。之所以如此，是因为《重庆市工伤保险实施办法》第51条规定，用人单位应当参加工伤保险而未参加，或少报、漏报参保职工以及未按时足额缴纳工伤保险费的，按以下办法办理：……（2）2011年1月1日后受伤的工伤人员及工亡职工的供养亲属，按《工伤保险条例》第62条规定，用人单位补缴工伤保险费和滞纳金后的次月起，新发生的除一次性工亡补助金、一次性丧葬补助金和一次性伤残补助金外的应由工伤保险基金支付的工伤保险待遇由工伤保险基金支付。该规定明确已经参保但欠缴的情形同样适用《工伤保险条例》第62条。

从2021年发生的类似案件判决结果来看，此种倾向相当明显。在其他地区并无类似规章的情况下，其他法院在类案中的判决与重庆地区法院迥然不同。2021年发生的涉及欠缴是否影响工伤保险待遇的裁判共14起，其中仅发生在重庆地区的就有10起，占大多数。

1. 认可以欠缴为由不予支付工伤保险待遇

发生在重庆地区的10起案件简述如下。

（1）重庆市綦江区大庆煤业有限责任公司诉重庆市綦江区社会保险事务中心行政给付案[①]。该案原告重庆市綦江区大庆煤业有限责任公司由綦江县大山煤矿和綦江县后庆煤矿于2008年4月24日经工商注册登记出资成立，成立后以自己的名义申报参加了工伤保险。第三人王某易从2002年11月1日起在綦江县大山煤矿从事井下采掘工作，后进入綦江县大庆煤业公司大山煤矿、綦江区大庆煤业公司大山煤矿工作，中间未曾间断。从2008年1月1日起，其所在用人单位均为其参加了工伤保险并缴纳了工伤保险费。2017年9月20日，原告与第三人签订《终止（解除）劳动合同通知书》，解除了双方的劳动关系。2018年7月24日，重庆市职业病防治院诊断第三人为职业性煤工尘肺一期，《职业病诊断证明书》上载明的用人单位为綦江区大庆煤业公司。其后原告綦江区大庆煤业公司向綦江区社保中心提出工伤保险待遇支付申请，中心作出《关于你司申请工伤保险基金支付待遇的回复》，以王某易2002年至2008年在原告綦江区大庆煤业公司从业期间未依法参加工伤保险为由，决定不予支付第三人的工伤保险待遇。原告起诉至法院，二审法院认为被告所作回复合法。

（2）卢某保诉奉节县社会保险局行政给付案[②]。该案原告卢某保系永昌公司的采煤工人。永昌公司在2009年3月9日至2017年1月为卢某保参加工伤保险，参保期间按时足额缴费至2015年1月，永昌公司于2017年4月18日补缴2015年2月至2017年1月的工伤保险费。2016年12月9日，卢某保经

[①] 重庆市第五中级人民法院（2021）渝05行终字第202号行政判决书。
[②] 重庆市第二中级人民法院（2021）渝02行终字第74号行政判决书。

重庆市疾病预防控制中心诊断为职业性煤工尘肺一期。2017年3月3日，卢某保的职业性煤工尘肺经奉节县人力资源和社会保障局认定为工伤。2017年5月19日，卢某保经奉节县劳动能力鉴定委员会鉴定为伤残7级，无生活自理障碍。后卢某保向县社保局申请支付其工伤保险待遇，县社保局于2020年7月31日作出《奉节县社会保险局关于卢某保信访事项的答复意见》，认为卢某保从业期间（1997年1月至2015年3月），永昌公司未依法为卢某保参加工伤保险并按时足额缴纳工伤保险费，卢某保的工伤保险待遇应当由永昌公司承担。法院认可了被告的主张。

（3）潘某明诉重庆市奉节县社会保险局行政给付案。[①]该案原告潘某明系奉节县丝毛包煤矿（以下简称丝毛包煤矿）的采煤工人，丝毛包煤矿从2012年2月6日开始为潘某明参加工伤保险，按时足额缴纳工伤保险费至2014年12月，于2017年12月补缴2015年1月至2017年1月的工伤保险费。2016年12月5日，潘某明经重庆市疾病预防控制中心诊断为煤工尘肺一期。2017年3月21日，潘某明的煤工尘肺被奉节县人力资源和社会保障局认定为工伤。2017年5月17日，潘某明经奉节县劳动能力鉴定委员会鉴定为伤残7级，无生活自理障碍。潘某明向奉节县社会保险局申请支付其工伤保险待遇（一次性伤残补助金），奉节县社会保险局于2019年3月11日作出《奉节县社会保险局关于潘某明工伤待遇的复函》，认为潘某明工伤发生前用人单位未按时足额缴费，潘某明的工伤保险待遇（一次性伤残补助金）应由用人单位支付。法院认可了被告的主张。

（4）陶某林诉重庆市奉节县社会保险局行政给付案[②]。该案被告县社保局于2020年9月29日作出《奉节县社会保险局关于陶某林工伤待遇的复函》，认为宏瑞公司为陶某林参保时间为2007年8月13日至2007年9月20日，陶某林从业期间（2007年8月至2010年12月）内，宏瑞公司未为其依法参

[①] 重庆市第二中级人民法院（2021）渝02行终字第75号行政判决书。
[②] 重庆市奉节县人民法院（2020）渝0236行初字第270号行政判决书。

加工伤保险并按时足额缴费。根据《社会保险法》《工伤保险条例》等的规定，陶某林的一次性伤残补助金、按月伤残津贴应由宏瑞公司支付。原告陶某林系第三人宏瑞公司的工人，第三人在2007年8月13日至2007年9月20日为原告参加了工伤保险。原告2017年8月3日被诊断为煤工尘肺三期，2017年12月25日认定为工伤。原告向被告申请支付其工伤保险待遇后，被告以宏瑞公司未为其依法参加工伤保险并按时足额缴费为由不予支付。法院认可了被告主张。

（5）袁某山诉重庆市奉节县社会保险局行政给付案[①]。该案原告所在单位丝毛包煤矿在2011年9月13日至2017年1月为原告袁某山参加工伤保险，并按时足额缴纳工伤保险费至2015年2月，2015年3月至2017年1月的工伤保险费于2017年12月补缴。2016年8月17日，原告经重庆市疾病预防控制中心诊断为煤工尘肺一期，其后被认定为工伤。原告向被告申请支付其工伤保险待遇后，被告以用人单位存在未按时足额缴费情节为由，不予支付。原告不服。法院认为劳动者从工伤基金中享受工伤保险待遇的前提是用人单位依法为劳动者参加了工伤保险，并按时足额缴纳了工伤保险费。本案中第三人未依法按时足额为原告缴纳工伤保险费，故原告不符合从工伤基金中享受工伤保险待遇的情形。

（6）卢某亮诉重庆市奉节县社会保险局行政给付案[②]。该案原告卢某亮系奉节县天赐矿产品有限公司寨官煤矿（以下简称寨官煤矿）的采煤工人。寨官煤矿在2009年8月7日至2011年1月20日、2011年2月22日至2012年1月6日为卢某亮参加工伤保险，卢某亮参保期间寨官煤矿按时足额缴纳了工伤保险费缴。2018年6月20日，卢某亮经重庆市疾病预防控制中心院诊断为煤工尘肺三期。2019年7月15日，卢某亮的煤工尘肺三期经奉节县人力资源和社会保障局认定为工伤。卢某亮向县社保局申请支付其工伤保险待遇，县

---

① 重庆市奉节县人民法院（2020）渝0236行初字第194号行政判决书。
② 重庆市第二中级人民法院（2021）渝02行终字第92号行政判决书。

社保局以用人单位欠缴为由，认为卢某亮的工伤待遇应由寨官煤矿支付，卢某亮不服，向法院提起行政诉讼。法院支持被告主张，判决驳回。

（7）瞿某华诉重庆市奉节县社会保险局行政给付案[①]。该案原告瞿某华系奉节县湘四沟煤炭有限公司采煤工人（以下简称湘四沟公司）。湘四沟公司在2011年9月7日至2011年11月17日为瞿某华参加工伤保险，瞿某华参保期间湘四沟公司按时足额缴纳了工伤保险费。2016年9月28日，瞿某华经重庆市疾病预防控制中心诊断为职业性煤工尘肺三期。2017年9月18日，瞿某华的职业性煤工尘肺经奉节县人力资源和社会保障局认定为工伤。瞿某华向县社保局申请支付其工伤保险待遇，县社保局以用人单位欠缴为由，不予支付。瞿某华的总接尘工龄约19年，从1992年3月到2011年11月17日在湘四沟公司从事主采煤工作，但湘四沟公司仅在2011年9月7日至2011年11月17日为其参保。明显存在未依法参保并按时缴费的情形，因此法院支持被告主张，判决驳回。

（8）黄某银诉重庆市奉节县社会保险局行政给付案[②]。该案原告黄某银系回春公司的采煤工人，于2008年至2017年在回春公司从事井下采掘工作。回春公司从2010年4月19日为黄某银参加工伤保险，2017年1月黄某银退出工伤保险，黄某银参保期间，回春公司为其按时足额缴纳了工伤保险费。2017年10月19日，黄某银经重庆市职业病防治院诊断为职业性煤工尘肺二期。2017年12月20日，黄某银的职业性煤工尘肺经奉节县人力资源和社会保障局认定为工伤。2018年2月28日，黄某银被奉节县劳动能力鉴定委员会鉴定为伤残4级，无生活自理障碍。后黄某银向县社保局申请支付其工伤保险待遇（一次性伤残补助金、伤残津贴），县社保局以欠缴为由不予支付。法院支持被告主张，判决驳回。

[①] 重庆市第二中级人民法院（2021）渝02行终字第84号行政判决书。
[②] 重庆市第二中级人民法院（2021）渝02行终字第106号行政判决书。

（9）邓某平诉重庆市奉节县社会保险局行政给付案①。该案原告邓某平系老井湾煤矿的采煤工人。老井湾煤矿在 2013 年 4 月 9 日至 2015 年 5 月 18 日为邓某平参加工伤保险，邓某平参保期间，老井湾煤矿未按时为其足额缴纳工伤保险费，老井湾煤矿于 2016 年 12 月 30 日补缴 2015 年 3 月至 2015 年 5 月的工伤保险费。2016 年 12 月 16 日，邓某平经重庆市疾病预防控制中心诊断为职业性煤工尘肺二期，后被认定为工伤。邓某平向县社保局申请支付其工伤保险待遇，县社保局以欠缴为由不予支付。法院支持被告主张，判决驳回。

（10）蒲某发诉重庆市奉节县社会保险局行政给付案②。该案原告蒲某发系重庆巨能矿产有限公司新桥煤矿的采煤工人。新桥煤矿在 2009 年 4 月 22 日至 2018 年 11 月 2 日为蒲某发参加工伤保险。蒲某发参保期间，新桥煤矿为其按时足额缴费至 2015 年 9 月，2015 年 12 月补缴 2015 年 10 月至 11 月的工伤保险费，2017 年 4 月补缴 2016 年 1 月至 12 月的工伤保险费。2015 年 11 月 13 日，蒲某发经重庆市疾病预防控制中心诊断为煤工尘肺。2016 年 12 月 20 日，蒲某发的煤工尘肺经奉节县人力资源和社会保障局认定为工伤，后蒲某发向奉节县社会保险局申请支付其工伤保险待遇，奉节县社会保险局以欠缴为由不予支付，两审法院均支持被告主张，判决驳回。

从上述 10 起案件中可以看到，法院无一例外地均认可工伤保险部门以欠缴为由不予支付的主张。其中像重庆市綦江区大庆煤业有限责任公司诉重庆市綦江区社会保险事务中心行政给付案中，第三人在原告处从 2002 年起从业 15 年，从 2008 年起不间断缴费 9 年，只因前 6 年未缴费即不予支付工伤保险待遇。黄某银诉重庆市奉节县社会保险局行政给付案中，用人单位在 9 年的用工期间里，欠缴逾 2 年，正常参保缴费 7 年。更有甚者，卢某亮诉重庆市奉节县社会保险局行政给付案中，用人单位在 2 年多的参保期间中仅欠缴 1

---

① 重庆市第二中级人民法院（2021）渝 02 行终字第 78 号行政判决书。
② 重庆市第二中级人民法院（2021）渝 02 行终字第 8 号行政判决书。

个月，就要承担工伤保险基金不予支付的法律后果。

而其余四起重庆地区以外的案件中，法院却均不认可以欠缴为由不予支付工伤保险待遇，显示出了巨大的差异。

2. 不认可以欠缴为由不予支付工伤保险待遇

发生在重庆地区以外的 4 起案件简析如下。

（1）黄某美诉贵州百里杜鹃管理区人力资源和社会保障局行政给付案[①]中，原告黄某美系仁和林场煤矿工人，于 2013 年 3 月至 2017 年 12 月 22 日在仁和林场煤矿处从事井下炮工工作。仁和林场煤矿于 2014 年 4 月 23 日为黄某美办理了工伤保险，2016 年 7 月 6 日仁和林场煤矿因停产停保，2017 年 3 月 13 日续保，仁和林场煤矿为黄某美参加的工伤保险于 2017 年 12 月 26 日经百里杜鹃人社局同意后停保。2018 年 12 月 17 日黄某美经贵阳市公共卫生救治中心诊断为职业性煤工尘肺一期。2019 年 5 月 15 日经毕节市人力资源和社会保障局认定黄某美所患职业病为工伤，之后，其向百里杜鹃人社局申请工伤保险待遇，百里杜鹃人社局以系统显示工伤发生时欠费为由拒绝支付。黄某美因此起诉。

一审法院认可原告主张的理由主要可以归纳为三点。一是工伤保险的目的。法院认为，工伤保险的目的是保障因工作遭受事故伤害或患职业病的职工获得医疗救治和经济补偿，促进工伤预防与职业病康复，分散用人单位的工伤风险。依法参加工伤保险的职工，因工作原因受到事故伤害或者患职业病，且经工伤认定的，有依照规定享受工伤保险待遇的权利，社保经办机构应当按照规定核定工伤保险待遇。二是职业病的特征。工伤认定决定书反映原告的职业性煤工尘肺一期是 2013 年 3 月至 2017 年 12 月形成，即黄某美所患职业病是在仁和林场煤矿依法为其缴纳工伤保险费期间发生，故黄某美的工伤保险待遇应由百里杜鹃人社局依法核算并支付。三是被告自身的过程。《社会保险法》第 61 条规定"社会保险费征收机构应当依法按时足额征收社

[①] 贵州省毕节市中级人民法院（2020）黔 05 行终字第 336 号行政判决书。

会保险费，并将缴费情况定期告知用人单位和个人"，第63条规定"用人单位未按时足额缴纳社会保险费的，由社会保险费征收机构责令其限期缴纳或者补足"，仁和林场煤矿与黄某美在未解除劳动关系的前提下，百里杜鹃人社局应根据《社会保险法》第63条的规定对社会保险费进行依法收缴。并且，参照《工伤保险经办规程》的规定，仁和林场煤矿申请为黄某美停止参加工伤保险，应提供解除或终止劳动关系的证明，但百里杜鹃人社局在仁和林场煤矿与黄某美在未解除劳动关系情况下同意仁和林场煤矿停止为黄某美参加工伤保险明显存在过错。

二审法院认可原告主张的理由主要归纳为三点。一是被告自身过错。百里杜鹃人社局并未提供证据证明其对仁和林场煤矿漏缴欠缴工伤保险费的行为履行了监管职责。二是公平原则与立法目的。百里杜鹃人社局收取了部分工伤保险费而不承担支付工伤保险待遇的义务，违背权利义务对等原则，不符合工伤保险在于分散用人单位的风险责任，快速及时地保障工伤职工的合法权益的立法精神，且《工伤保险条例》第10条第1款规定："用人单位应当按时缴纳工伤保险费。职工个人不缴纳工伤保险费。"黄某美对用人单位欠缴工伤保险费的行为以及百里杜鹃人社局未履行监管职责的行为均不存在过错，不应由其承担不利后果。三是无法律依据。法院认为现有法律法规并未因用人单位漏缴欠缴工伤保险费的行为而禁止职工享受工伤保险待遇。

（2）古蔺县石屏乡三桂煤矿诉古蔺县社会保险事业局行政给付案[①]中，陈某才、王某高、陈某忠均系原告三桂煤矿的职工，三人前后均被诊断为煤工尘肺，经仲裁委与民事判决，由原告支付了工伤待遇。原告按期为陈某才、王某高、陈某忠缴纳了2010年至2013年5月的工伤保险费，此后的工伤保险费一直欠缴至2017年12月企业政策性关闭。2018年，石屏镇财政所为原告划拨了所有欠缴的工伤保险费，将陈某才等三人的工伤保险费补缴至2014年6月。原告自2013年起停业整顿至2017年12月14日被政策性关闭。

---

① 四川省古蔺县人民法院（2021）川0525行初字第6号行政判决书。

原告代为支付了陈某才等三人应享有的工伤保险待遇后要求被告支付代为垫付的工伤保险，被告以在该期间欠费和有文件规定不应支付为由拒绝支付。

法院认为，陈某才于2013年11月6日诊断为煤工尘肺一期，王某高于2011年5月4日诊断为煤工尘肺一期，陈某忠于2014年5月13日于诊断为煤工尘肺二期。其中王某高在确诊为职业病时，原告并未欠缴保险费，陈某才、陈某忠在确诊为职业病时，原告由于客观原因未及时缴纳保险费，但在2017年12月县政府决定关闭煤矿后，于2018年按规定向被告补缴了所欠的工伤保险费。且尘肺病是在工作中由轻到重逐渐形成的，而在认定工伤之前的期间，原告为二人办理了工伤保险并缴纳了工伤保险费，该三人并不是在补缴或欠缴后才产生的职业病。因之前原告作为用人单位未按期补缴工伤保险费用，生效法律文书确定由原告作为赔偿主体支付了应当由工伤保险基金支付的有关费用，现原告已向陈某才等支付了工伤保险待遇中应享受的全部款项，取得相应的代位权利，在其代为支付了该款项后有权向被告申请支付相应的工伤保险金。

（3）朝阳新华钼业有限责任公司诉喀喇沁左翼蒙古族自治县人力资源和社会保障局行政给付案中，第三人姜某永分别于2008年7月17日至2011年12月8日、2013年5月16日至2014年11月12日两次到原告处工作，其中2013年5月16日至2014年11月12日原告为第三人姜某永参加了工伤保险并缴纳了相应的费用。2017年3月6日，朝阳市疾病控制中心诊断姜某永为职业性矽肺三期。其后被认定为工伤。2020年4月7日，被告作出关于对姜某永工伤待遇工伤保险基金不予支付的决定，理由是新华钼业只在2013年5月至2014年11月为姜某永参加工伤保险，2008年7月17日至2011年12月18日、2015年至2017年没有为姜某永参加工伤保险，姜某永所受伤害不是发生在缴费当期。

一审法院认为，被告主张第三人所受伤害不是发生在缴费当期的，需要提交证据证明第三人姜某永所受的伤害完全发生在未参加工伤保险当期。被告作为社会保险行政部门在法律未对此种情况作出明确规定的情况下，作出不予支付决定，于法无据。亦不符合《工伤保险条例》关于为保障因工作遭受事故伤害的职工获得医疗救治和经济补偿，分散用人单位的工伤风险的立法目的，也有背于权利、义务相一致的公平原则。二审法院维持原判。

（4）陈某海诉犍为县社会保险事务中心行政给付案[①]中，原告在2008年1月至2018年4月就职于双发煤矿，双发煤矿在2008年1月至2014年1月为原告参加了工伤保险并缴纳工伤保险费，2014年2月起至2018年4月未缴纳工伤保险费。原告后于2019年6月至2019年7月就职于犍为县东风煤业有限责任公司，该公司为原告正常参保。

因原告提交的《职业病诊断证明书》中载明其于2006年7月至2018年4月在双发煤矿从事井下采煤工作，因双发煤矿存在欠缴情节，故被告以此为由不予支付工伤保险待遇。

法院认为，本案原告在用人单位工作期间，用人单位为其参加了工伤保险，不属于《工伤保险条例》第62条第2款关于"依照本条例规定应当参加工伤保险而未参加工伤保险的用人单位职工发生工伤的，由该用人单位按照本条例规定的工伤保险待遇项目和标准支付费用"的情形。另外《社会保险法》第41条中规定的"职工所在用人单位未依法缴纳工伤保险费，发生工伤事故的，由用人单位支付工伤保险待遇"，系指职工所在用人单位在参加工伤保险后中断缴纳工伤保险费期间，职工发生工伤的，应当由用人单位支付工伤保险待遇。本案被告没有提供证据证明，原告的职业病工伤系在用人单位中断缴纳工伤保险费期间所造成的，故本案不适用该条规定。对于用人单位未按时足额缴纳社会保险费的，可以依法征缴，也可以依法处罚。换言之，可以通过这些措施来担保用人单位履行缴费职责，而不应当拒绝支付工伤保险待遇。

[①] 四川省乐山市市中区人民法院（2021）川1102行初字第51号行政判决书。

可以看出，这几个案件中法院支持原告主张的理由较为类似。首先，法院均考量了工伤保险制度的目的。工伤保险制度在于保障劳工权益与分散用人单位风险，因此仅以欠缴为由就拒绝支付工伤保险待遇是不符合立法目的的。在进行目的解释时，法院也会辅以公平原则的论述，增加说服力。其次，法院均认为对于用人单位的欠缴行为，法律已另有规定处罚措施，但没有法律规定对欠缴的用人单位可以不支付工伤保险待遇。最后，结合职业病的特征，职业病致病过程较长，法院认为，除非工伤保险部门有明确证据证明职业病是完全发生在欠缴期间，否则不应该拒绝支付工伤保险待遇。

四、结语

从2021—2022年职业病工伤案件裁判情况来看，一方面，反映了现实中用工环境仍有待完善，尤其是涉及煤矿、建材等用人单位的尘肺病职业病案例占了大多数，从根源上改善用工环境是保障劳工权益的最有效措施。另一方面，从裁判结果来看，同案不同判的现象较为严重。部分原因是对现有法律法规的解释出现差异，也有的是由各地地方性法规、规章不同所致，但总体而言均反映了中央法律法规的缺位，对于实务中争议较大的问题没有及时制定规范或出台解释，或者同时有数个不同规范引发混乱。在一些裁判中，法院灵活运用各种解释方法充分保障劳工权益，富有启发性，其审判理路也值得为其他裁判借鉴参考。